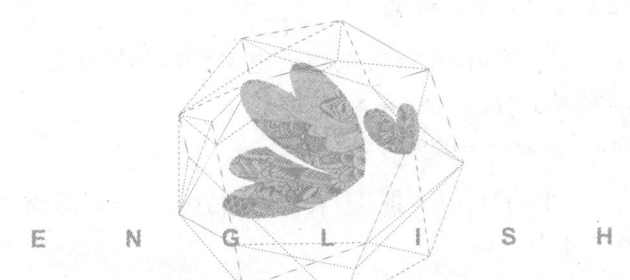

国际群览 文化连航

北京市东城区史家教育集团 编著

图书在版编目（CIP）数据

国际群览　文化连航/北京市东城区史家教育集团编著.
北京：中国发展出版社，2018.8
ISBN 978－7－5177－0890－2

Ⅰ.①国… Ⅱ.①北… Ⅲ.①文化—世界—小学—教材
Ⅳ.①G624.451

中国版本图书馆 CIP 数据核字（2018）第 191796 号

书　　　名：	国际群览　文化连航
著作责任者：	北京市东城区史家教育集团
出 版 发 行：	中国发展出版社
	（北京市西城区百万庄大街 16 号 8 层　100037）
标 准 书 号：	ISBN 978－7－5177－0890－2
经　销　者：	各地新华书店
印　刷　者：	三河市东方印刷有限公司
开　　　本：	710mm×1000mm　1/16
印　　　张：	17.75
字　　　数：	260 千字
版　　　次：	2018 年 8 月第 1 版
印　　　次：	2018 年 8 月第 1 次印刷
定　　　价：	45.00 元
联 系 电 话：	（010）68990642　68990692
购 书 热 线：	（010）68990682　68990686
网 络 订 购：	http://zgfzcbs.tmall.com//
网 购 电 话：	（010）68990639　88333349
本 社 网 址：	http://www.develpress.com.cn
电 子 邮 件：	fazhanreader@163.com

版权所有・翻印必究

本社图书若有缺页、倒页，请向发行部调换

本书编委会

编委会主任：

王　欢　洪　伟

编委会副主任：

范汝梅　金　强　南春山　陈凤伟　王　伟　金少良

主编：

褚风华

编委：（按姓氏笔画排序）

马　婧　马宜平　王　映　王国玲　乌　兰　付　蕊
刘璐晨　齐　瀛　闫　晖　芮雅岚　李　享　李　洁
李　彬　李丹鹤　李民惠　邹　晨　宋　莉　张　弘
武　炜　苗姗姗　金　琳　郑忠伟　郝杰宏　荣　岩
胡媛媛　姚静文　袁俊奇　徐　莹　高　幸　崔　旸
梁　红　谢　添　藏　娜

> 前言

英语：迈向世界的舞台

褚风华

语言是文化交流的重要工具，也是文化的重要组成部分和载体。外语教学和文化是不可分割、相互交织的，外语教学的最终目的就是培养跨文化交际能力。在 OECD 发布的名为《为了一个包容世界的全球胜任力》工作文件中，提出了"全球胜任力"概念，并明确指出"对全球议题的知识与理解力、跨文化知识和理解力"将成为 PISA 的重点考核内容。此外，由美国国家外语教学协会发布的《21 世纪外语核心技能地图》提出了外语学习的五大关注点，其中"跨文化"和"文化比较能力"就赫然在列，并将"全球意识"排在未来教育培养目标的首位，指出外语教育和跨文化理解是培养学生全球意识的核心。同时，在当今以及未来世界中，大多数人都需要与来自不同文化背景的人相互合作，需要理解不同的想法、观点和价值体系，需要跨越文化差异、观点差异、价值差异。因此，学校应该且必须为学生融入这样的未来世界做好准备。

一、发展定位

外语部以"文化无边界"定位，站在全球视野的角度，致力于让每一名孩子成为拥有社会责任和实践能力的世界参与者，提升孩子的国际视野及文化交流素养，让他们真正成为未来"世界参与者"。"文化无边界"打破地理、时空的界限，着重引导学生深入了解不同国家的文化内涵、语体文化、人文地理和风俗习惯，把握不同文化在文化取向、生活方式、价值观念、思维方式、社会规范等方面的差异。通过外语教学，使学生对世界上的不同文化保持尊重和开放的心态，并在文化交流与活动中全方位提升学生的文化洞察力、文化理解力乃至文化创造力，表现中国学生的民族自信，培养学生的"全球意识"和"世界领导力"。未来，外语部还将进一步积极探索小语种的教学。

二、课程设置

1. 80%国家课程整合思路与策略

在国家课程整合方面，英语学科按照横向和纵向的整合形式，立足教材，在精准领会课标要求及教材编写的基础上，充分利用教材、开发教材、活化教材，抓准教材之间的连接点，进行有效的课程设计。

在"校本化教材+阅读特色"的整合思路下，我们还对学生提出了校本化要求，以"一年级学会12首英语歌曲，二年级学会12首英文诗，三年级能读12个英文故事，四年级会讲12个英文故事，五年级能进行12个场景对话，六年级掌握12个科学知识（科技英语）并写出自己的毕业感言"为目标，切实提高学生的英语技能，增进学生的跨文化意识。

2. 10%学科综合课程发展方向与策略

语言是文化的载体，是文化镜像的折射，是人们表达文化观点和参与社会交际的主要工具。通过对语言的学习，了解民族、国家文化背景的深刻内涵，才能更准确地把握语言材料的真正意义。语言技能的提升能够加深对文化的理解，文化理解水平的提高反过来又能促进语言的学习。

我们追溯历史，不难发现中国近代史的第一批留学生正是从史家胡同走出去的，他们大多成为中西文化交流的使者和各行各业的领跑者。因此，文化内涵必须在史家孩子们的身上得以体现。英语老师责无旁贷，将"跨文化交流"课程与常规教材相结合，经过学习，在孩子们的心中绘制出中国特色文化地图和世界文化地图。（详见表）

《跨文化交流》课程内容设置

模 块	课程内容	文化地图	
		中 国	外 国
岁时节令	介绍中国和国外的节日文化，包括各国重要的、富有代表性的、有趣新奇的节日	• 重大庆典：不同国家庆贺国庆的不同方式与传统庆典 • 重大节日：说民俗，找年味：聚焦不同国家的迎接新年的特色活动；圣诞习俗大不同：介绍不同国家的圣诞特点 • 节气对比：中国"第五大发明"——二十四节气 VS 古埃及历法 • 小众节日：被遗忘的传统节日 VS 新奇的西方节日	
美食美客	介绍各国饮食文化，包括食源、食具、食品、烹饪方法、食用方法及其文化内涵等	• 茶语：比较中国、日本、韩国和英国等国家的茶文化，以及其他国家的独特茶俗 • 典型美食文化：老北京糕点的美食文化、探寻西方美食背后的故事——奶酪的美食文化、俄罗斯美食文化特点、法国牛角面包的文化起源、人口大国印度的美食文化、舞曲风味的西班牙美食、英国下午茶的美食文化、精巧细腻的日本美食文化	
匠心巧手	介绍中国和国外的手工技艺文化，包括具有地域特色的、有趣的各种手工艺品以及背后的文化故事，并尝试动手制作	• 魅力陶艺：比较不同国家的陶瓷制品特点和风格，如中国、日本、法国、墨西哥的陶器 • 文化娃娃：北京兔儿爷、云南民族娃娃、木偶娃娃、俄罗斯套娃、日本女儿节人偶等 • 外国传统手工艺：喀麦隆手鼓、尼泊尔吉祥唐卡、泰国泰丝工艺品、肯尼亚手工艺品等 • 留住手艺：介绍中国传统手工艺与手工匠人的现状，包括手工榨糖、酿酒、造纸工艺、竹编……从文化多样性的角度，感悟先祖们的生活哲学、智慧和艺术，揭示"留住手艺"的必要性和迫切性	
文海拾贝	介绍中国及国外的文学文化，包括各种传说故事、谚语、诗歌等	• 童话：中国神话故事 VS 一千零一夜 • 诗歌：中华好诗词 VS 经典英语诗歌 • 谚语：中华谚语 VS 西方谚语 • 童谣：中国经典童谣 & 外国经典童谣	
环球畅游	介绍国内外地标性景点和其背后的历史故事	• 世界遗产：将遗产作为人类教育的题材，引导学生认识我国世界遗产，并对比世界各地的人类遗产 • 江山如画：聚焦世界各地知名的山川河流 • 宫殿：世界十大宫殿（当卢浮宫遇见紫禁城等） • 博物馆：世界十大博物馆 • 宗教场所：西方教堂与东方庙宇 • 建筑艺术：万里长城 VS 柏林墙	

续表

模 块	课程内容	文化地图	
		中 国	外 国
翰墨艺缘	介绍不同国家绘画、雕塑、音乐、舞蹈等艺术门类的不同风格和特色	• 艺术名人：中外艺术名人堂 • 书法艺术：中华书法 VS 西方书法 • 绘画艺术：国画与油画 • 乐器大观园：中国民族乐器 VS 西洋乐器 • 舞蹈艺术：中国孔雀舞《雀之灵》VS 俄国芭蕾舞《天鹅湖》	
衣冠礼乐	介绍古今中外的服饰文化及各种礼仪规范	• 别具"衣"格： 丝绸之路与中外服饰文化 汉服 VS 和服 VS 韩服 中西方民族服饰特色 古今中外话帽子 • 礼仪大不同： 中外餐桌礼仪对比 中外服饰礼仪对比 中外社交礼仪对比	
科技视界	介绍国内外的科技文化，代表性创造发明和科技成果	• 航天传奇：介绍航天技术发展和中外航天英雄 • 科技发明：中国古代四大发明 VS 改变世界的发明家 • 互联网科技：中国移动互联网发展现状 VS 人工智能发展趋势 • 铁路蓝图：高铁外交时代	

在课程实施方面，我们将打破传统的授课制，充分利用外交部和使馆资源（如美国、加拿大、瑞典、挪威等国家使馆）以及其他专业机构（如外研社、国际友好校）的文化资源，根据课程不同的文化关注点，既有针对性地邀请相关机构的专业人员"走进来"，通过讲座等形式，介绍当地的社会经济、地理环境、风土人情、文明礼仪等，同时也大力鼓励和支持学生"走出去"体验真实的他国文化并传播中华民族的优秀文化，在"你来我往"的互动中，展现史家"文化小使者"的风采，从而形成良好的外语学习循环生态。

3. 拓展课程发展方向与策略

除了国家课程校本化和英语学科实践课程建设，外语部还承担拓展课程中的海外游学营课程群建设。海外游学营以多元文化理解为目标，通过海外研学活动开展跨文化交际，进一步培养学生的全球胜任力。在"文化无边界"的定位之下，我们充分基于原有的课程基础，建构了包括"语言进阶""潜能激发""小小外交官""E起游"四大模块在内的拓展课程群。课程尊重差异发展、厚植东方文化、深蕴西方思维，助力于提升史家学子的综合国际竞争力，引导学生积极参与、系统思维、整体发展，成长为具有"世界参与者"风范的史家少年。

目 录

第 1 篇　英语课堂的变化

第 1 章　语言与故事 / 3
- 通过绘本学习，锻炼学生思维 / 3
- 要让孩子领悟，阅读是最美妙的活动 / 7
- 小学低段英语绘本教学 / 10
- 通过蓝思分级阅读提高学生阅读素养 / 17
- 单元整合在小学英语教学中的实践 / 22
- 浅谈如何结合教学内容将"绘"本镶嵌于常规课堂中 / 29
- 基于文本分析探讨故事性绘本教学研究 / 35
- 在绘本创编中发展低年级学生英语创造性思维 / 44

第 2 章　传统与文化 / 50
- 探索中国传统文化的密码 / 50
- 传承茶文化　拓展新课堂 / 54
- 整合教材文本　趣谈十二生肖 / 57
- 从中国传统文化视角谈论如何在英语教学中促进学生思维品质的发展 / 61
- 从文本解读到渗透传统文化的课例分析 / 65

第 3 章　情境与交际 / 72
- 创设英语教学情境，提高学生口语水平 / 72

- 如何利用多媒体技术创设课堂情境提高课堂教学实效性 / 76
- 小学低年级英语教学中，基于教材内容创设真实情景的实践与思考 / 81
- 调动感官　享受英语的乐趣 / 86
- 运用现代信息技术创设真实语言情境的研究 / 88
- 让英语作业成为学生创作的园地 / 92
- 创设真实有效情景在小学英语教学中的实践 / 96

第4章　国际与理解 / 102

- 国际理解校本课程实施经验与不足 / 102
- 网络视频助力国际交流与理解 / 105
- 世界上的饥荒教学设计 / 109
- 反对歧视　尊重他人 / 114
- 可持续发展——低碳生活 / 119
- 消除偏见　抵制歧视 / 122

第2篇　英语课程的建设

第5章　科研促教研 / 129

- 浅谈故事教学中的有效设问 / 129
- 对于人教新版小学英语教材文本重组的几点实践与思考 / 135
- 聚焦英语戏剧，给成长无限可能 / 144
- 小学英语教学中培养学生品行的实践研究 / 148
- 小学英语课堂小组活动的行动研究 / 155
- 小学英语课堂阅读教学有效性的研究 / 162

第6章　活动乐趣多 / 174

- 浅谈如何将游戏与英语课堂相结合促进学生创新思维 / 174
- 游戏，让英语课堂充满活力 / 178

- 快乐学英语 / 181
- 创新课堂活动设计，培养学生思维品质 / 185
- 浅谈小学英语教学中的兴趣培养 / 190
- 在英语游戏活动中运用语言 / 192
- 利用多彩的英语活动培养学生创造性思维 / 200
- 让每一个学生在游戏中体验英语学习的乐趣 / 204
- 通过游戏与多媒体资源的运用提升学生英语语音学习 / 208
- 早起的劳动节：兴趣点燃英语的智慧 / 212

第7章 英语万花筒 / 218
- Science Experiments For Young Learners / 218
- 330 尤克里里英语弹唱 / 221
- 电波架起沟通的桥梁 / 226
- 史家英文戏剧社 / 227

第3篇 教师研修的共享

第8章 工作坊·成长的平台 / 237
- 小学英语课堂中各学段衔接问题的研究 / 237
- 以研促教，以研兴教 / 241
- 工作坊建设及其机制下的青年教师发展 / 243

第9章 提升·卓越的前奏 / 249
- 英语课堂游戏活动设计 / 249
- 参与外教培训，促进教师成长 / 252
- 在游戏活动中享受英语学习的乐趣 / 256
- "玩"转课堂 / 259
- 外教培训的收获与思考 / 262
- 学以致用，构建精彩课堂 / 264

第 1 篇

英语课堂的变化

集团英语部在遵循常规教材内容的基础上，将80%国家课程基于学生学习能力进行整合，在此基础之上，英语学科主打阅读特色，采用"5+35"的课堂教学形式：前5分钟为阅读时间，选择美国原版书籍，每个年级挑选80本书，完成两个级别阅读，并定期更新书目；后35分钟为教学时间，其中1、2年级课程还保留北京版教材中的结构框架，将教材内容和持续性阅读、绘本资源相结合，主推绘本特色。

史家作为区域内首屈一指的名校，传承了史家胡同的特殊外交属性，承接了大量的外事交流活动，这也为学生语言学习带来了天然的土壤和优势。因此，我们将基于"文化无边界"的定位，以培养史家"文化小使者"为目标，建设史家特色"跨文化交流课"，将10%学科综合课程融入集团课程中，充分结合学校常规性外事活动和学生海外游学交流项目，设置相关的系列文化介绍主题。"文化小使者"的培养目标既符合史家"独立思想者、终身学习者、世界参与者"的课程总定位，又充分考虑了史家位于外交部使馆区的地缘特色。文化交流课以"文化地图"切入，分为两大主线：一是"中国文化地图"，旨在让学生能够用英语流利、准确地介绍本民族的优秀文化成果；二是"国外文化地图"地图，旨在提升学生的国际理解力和全球意识，两条线交织展开。

第 1 章

语言与故事

阅读，在当今社会是一种极其重要的能力。我们为什么要阅读？孩子们说：阅读习惯的养成，能够使我们的生活更加丰富多彩；能够开阔我们的思维和眼界，还能够看到很多生活中看不到的东西……英语阅读也是如此，它是提高英语学习兴趣，增长知识的重要手段。随着阅读能力的不断提高，语言知识的不断增加，英语阅读量就会不断增加。学生的注意力就会有一部分转移到阅读材料的内容上，对题材，内容发生了兴趣，学生在英语阅读上感到了英语学习的进步与成就，反过来又进一步激发了英语学习兴趣。通过广泛大量的英语阅读，孩子们可以了解世界各地的风俗和文化背景，能够猎取更广泛的知识，增长见识，开阔眼界。阅读的收益是良多的。英语部的老师们积极开展阅读课的探索，从低年级绘本教学入手，以图片与语言的结合、以文本与信息的衔接给孩子们打开了英语阅读的全新视角。

通过绘本学习，锻炼学生思维
——Click，Clack，Moo 课例研究
李 彬

《英语课程标准》指出，"英语课程承担着培养学生基本英语素养和发展学生思维能力的任务，即学生通过英语课程掌握基本的英语语言知识，发展基本的英语听、说、读、写技能，初步形成用英语与他人交流的能力，进一步促进思维能力的发展，为今后继续学习英语和用英语学习其他相关科学文化知识奠定基础。"在《英语课程标准》中，强调了在英语课堂上锻

炼学生思维品质的教学目标。然而，绘本教学在锻炼学生思维品质方面有着独特的优势，因此，下面将以绘本故事 Click，Clack，Moo 为例，初步探讨如何通过绘本故事的教学，培养学生发散思维、多角度思考问题以及看图表达等方面的素养。

一、教学内容分析

1. 教学文本：教学文本出自美国原版英文绘本，*Click，Clack，Moo Cows That Type*（Written by Doreen Cronin，Pictured by Betsy Lewin），适合美国 3~5 岁孩子阅读。每页 23 个词汇左右，共 14 页，共约 320 个词汇。图文并茂，故事情节具有趣味性。

2. 文本改编说明：由于本课想要结合故事教学和阅读教学为一体，更多强调故事情节的悬疑性，因此我们对故事情节进行了改编，从而使情节更具合理性，帮助孩子们思考。同时为了减少学生对故事文本阅读中的障碍，我们删减了一些难词、偏词，例如"go on strike""impatient""furious""neutral party""ultimatum""snoop"。

3. 词汇教学：重点词汇为贯穿于整个故事的"electric blanket"和"typewriter"，高重复率帮助孩子们识记和应用。其他词汇包括情感词汇"unhappy""surprised""angry""happy"。

4. 语言点教学：通过阅读故事中的 note，学习如何礼貌地提出要求："I would like to…"。通过续写故事以及给父母写 note 的练习，帮助学生掌握并灵活应用此句型。

二、学情分析

本课的授课对象是小学五年级的学生。首先小学阶段的学生对绘本本身就十分感兴趣，其次绘本中生词量不大，可以减少学生阅读中的障碍，从而提高他们对情节的关注，并且教师可以通过有效提问，促使孩子可以更多地输出语言。另外，在北京版教材五年级上册第二单元学过用 would like to do 礼貌地提出自己的要求并学过相关动物词汇，如 cow, chicken, hen, duck 等。

三、教学片段举例说明

本课的教学分为以下几个环节，Greetings, Pre-reading, While-reading, Post-reading。下面我将就后三个环节举例说明如何通过绘本教学，锻炼学生思维品质。

在 Pre-reading 中，教师向同学们展示没有标题的绘本故事封面，并提问"What do you see in the picture?" "Who can use the typewriter?"引导学生通过观察图片（图1），猜测故事主要矛盾，揭示故事主题。学生会有不同的猜测，例如，"I can see cows, a duck and a hen in the picture. I guess cows can use the typewriter."，"The duck can use the typewriter." "The hen can use the typewriter."最后通过一段打字机的声音和牛叫的声音揭示答案，"Cows can use the typewriter!"教师做出一种惊奇的表情并问孩子们"Wow, a cow can use the typewriter! That's interesting! Do you want to know what will he type on the typewriter?"至此，学生们会对整个故事产生极大的兴趣，从而开始进行有效的绘本阅读。不同于以往的绘本教学，教师将绘本故事的标题隐藏，从而让孩子们通过阅读图片来猜测故事的发展，这其中既有孩子们的自主思考，也激发了孩子们的学习兴趣。

图1

在 While-reading 环节，学生再次通过观察图片体会到主人公 Farmer Brown 感到"unhappy"，并通过自主阅读了解到"unhappy"的原因是因为他养的牛会使用打字机。牛给 Farmer Brown 打了一封"note"，学生通过阅读这封"note"，学习了写"note"的格式，为后面的产出部分做铺垫。通过阅读，学生了解了牛的想法：天气太冷，牛想要电热毯取暖。至此，教师向学生们提问，"If you were farmer Brown, will you give the cow electric blanket? Why?"这是一个开放性的问题，将学生带入故事当中，让他们站在主人公的角度去思考，发挥自己的想象力，锻炼孩子们的创新思维，同时也对故事有自己的预测。通过实践检验，学生对此问题有各种各样的回答，例如，"I will give them the electric blanket, because if they feel cold and get sick, then farmer Brown can't get milk from them." "I won't give them the electric blanket, because it is very expensive. But I can give them some hot water to drink, so that they will feel warm." "I will put on fire for them." "I will give them chocolate, it can make them feel hot!" "They can go outside and run!" 以上是一部分学生的回答，由这些回答可以看出，老师的提问激发了学生的思考，拓宽了学生的思维，从而锻炼了学生的思维品质。最后，学生带着问题进行绘本阅读，得出故事中给出的答案，即农夫同意给牛电热毯，但要用打字机做交换，并由鸭子带回打字机，从而禁止牛再用打字机向农夫提出更多要求。

在 Post-reading 环节，教师带着学生对整个故事进行复述，接着教师提问"Is it the end of the story?"同时教师向学生展示图 2，学生回答"Ducks use the typewriter and type a note to farmer Brown."接着教师问，"What will ducks type?"这个提问也是个开放性问题，学生的回答可以天马行空，但教师要求孩子一定套用前面 note 的正确格式，从而对新授语言点加深理解。

图 2

例如：

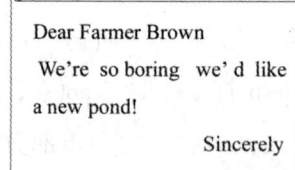

图 3

最后，教师将话题从故事转移到生活当中，引导学生以 note 的方式提出合理需求并使用We'd like/I'd like…句型进行有礼貌的表达，教师举例如

图 3。通过开放性问题的设计，学生能够与实际生活相联系，并提升思维品质，大胆表达自己的观点。

四、教学反思

本节课两条主线贯穿始终，一条是以农夫情感为主的明线，贯穿整个故事情节，并通过板书的方式体现出来。另外一条是以 note 为主的暗线，同样是故事中每个矛盾点的起点和终点。明线、暗线并行，帮助学生更好地理解故事并易于帮助学生打开思维，进行开放式的表达。

课上用了多种方法，让孩子进行故事体验，让孩子参与进来，教师用自己的肢体语言，引导学生进入故事情节当中。帮助打开学生思维，给孩子换位思考的机会：如果你是那个农夫，你会怎么做？让学生充分地去体验也是这节课比较突出的一个特点。

随着课程的结束，孩子们感受到了故事当中有一个 note，上课过程中教师非常关注这样的一个文本体裁，在故事当中让学生知道了写 note 的基本格式。最后以农场中其他动物给农夫写 note 的设计，不仅激发学生的创造性思维，将故事有所延续，并且又反复练习了写 note 的基本格式。

本节课仍有一些需要改进的地方，例如，应更多地引导学生去阅读，锻炼学生从文本中提取信息的能力，从而将故事课和阅读课有机结合起来。另外，应在课程设计中更多地关注故事情节的转折点与细节的探究。例如，如何处理牛写给农夫的第二封信？当农夫说"no way！"后牛的反应如何？处理好这些细节，可以帮助学生更深入地走入故事中。

要让孩子领悟，阅读是最美妙的活动
——与法国同学共上一节语言课

金　琳

接到学校的通知，来自法国友好校的老师和学生要走进我的课堂，和我的学生一起上英文课。我开始犹豫起来，是按照区级教研统一的模式上课，还是需要做一些调整？如何调整？

近年来，世界很多国家都把提倡阅读风气、提升阅读能力列为教育改革的重点，也都纷纷发起阅读运动。法国高度重视小学阅读教学，认为阅读教学是小学教育的奠基工程，不掌握阅读，就不会有事业的成功。

图1 学校教材

图2 绘本故事

《英语课程标准》曾提道："英语课程应根据教和学的需求，提供贴近学生、贴近生活、贴近时代的英语学习资源。"让孩子在自然的资源呈现中提高阅读量，增加词汇的积累。我想把绘本故事引入到我的教学中，并和所学的教材相结合，带着这种理念我进行了课堂设计。绘本很大的魅力在于，带给我们出其不意，有独到的创新之处。而这就像小火花一样点燃孩子的想象力与创造力。简简单单的事物，简简单单的组合在一起，却变成了一个不简单的，并且非常有趣的故事。

这节课需要学习四个新词 lamb、sheep、kid、goat 和操练一个基本句型 What's that in English? It's a…根据教材内容和孩子们的兴趣，我选用国外经典的绘本故事 The Three Billy Goats Gruff 作为导入。一堂阅读课的教学效果如何，导入十分重要。精彩的教学导入可以激起学生的兴趣和求知欲望，起到衔接教学各过程的作用。它如一块磁石，深深地吸引着孩子，水到渠成地把孩子们引入课堂情境。

故事里面的单词重复高，不断地出现加深了学生的印象，这个故事的不可预测性更引发了学生的兴趣，在故事一半的地方，学生非常想猜测一下情节，引发了他们想要表达的欲望。

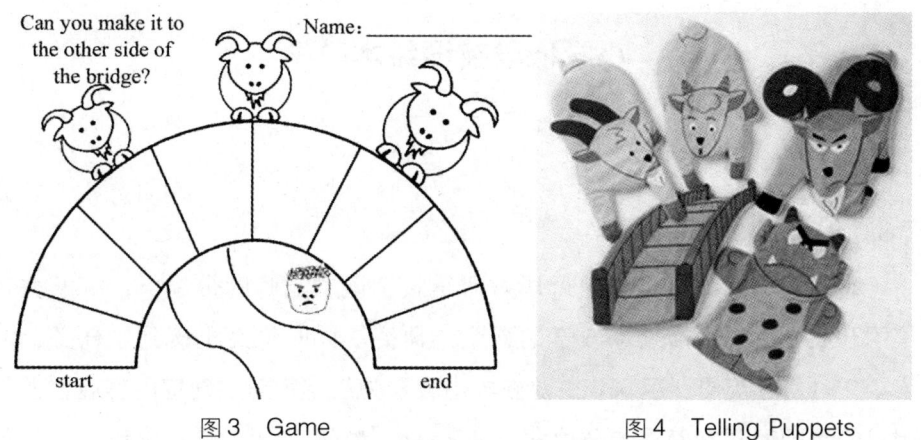

图3　Game　　　　　　　　图4　Telling Puppets

　　课堂中为了进一步发展学生的听说技能，促进学生思维能力的发展，我设计了 Guessing Game 的小组活动，并用 Thinking Map 的方式呈现给学生。Thinking Map 在国外语言类学科课堂作业中的使用非常普遍，无论是说话、写话，还是阅读、理解，Thinking Map 都有它的用武之地。To use Thinking Maps as a common visual language in your learning community for transferring thinking processes, integrating learning. （在认识和了解社会中，把 Thinking Map 当作一种普通的视觉语言去厘清思考的步骤，完善自己的学习。）这节课中，小组中几个学生按照 Thinking map 中的提示描述动物，一个学生猜测动物名称。借助 Thinking Map，我更清晰地表达自己的教学意图，学生有条有理地完成课堂语言活动，培养了学生思维的逻辑性和严密性，加强了语言的实际运用性，学生利用 Telling Puppets 把这个故事讲给同伴们。

　　在课堂上，法国学生和中国学生分别用法文和中文教了对方这几种动物的名称，孩子们表现出对语言浓厚的兴趣，非常积极地去交流。我在孩子的心底种下了友谊之花，更为孩子们今后有可能学习多种语言埋下希望，因为拥有优越的多种语言能力，绝对是不可缺少的重要因素，也是跨入21世纪迫切需要的基本竞争力之一。

小学低段英语绘本教学

乌 兰

一、背景介绍

2016年9月，在英语组低段教研组长王国玲老师的带领下，史家教育集团开展了小学英语绘本教学的探索与研究。同时笔者也接到了任务，从当年9月份起英语课后330主要教学内容定为绘本教学。确定内容后，低年级组的老师们开始着手准备收集绘本资料，最初大家从网上找到了一些免费的绘本资源，如海尼曼系列、哈考特系列等。由于绘本资源有限，虽然内容上与英语教学结合紧密，但是没有系统的教材体系，很难遵循英语学习规律从易到难，循序渐进，故事也缺乏连贯性，因此学生的学习兴趣也不高。当年12月份，好消息来了：史家教育集团英语部引进英国原版绘本蓝思阅读，并给每个年级配备了三套书，供学生们阅读；同时也给一二年级英语课后330的老师们提供了很好的绘本教学资料。

接触"英语绘本"这个词有几年的时间了，英语绘本又称为英语图画书（English Picture Book），指的是文字和图画相辅相成的图画故事书，是通过绘画和文字两种形式，在不同程度上交织、互动来说故事的。简而言之，英语绘本就是用英语讲述的绘本。英语绘本教学也从最初的教师声情并茂的读故事学生听故事的模式过渡到教师引导学生深挖绘本，和学生一起琢磨，与英语教材进行联系，激发教与学的灵感的课堂教学模式。

二、课例描述

【课例】

本学期我任教的年级是一年级，通过上一学期的英语学习，学生们已经建立了良好的学习习惯，并有了一定的英语基础。能够保证每周读三本英语绘本，部分学生在课后330的课上跟着老师学习了半年的绘本课，课上已学故事12本，对老师的教学模式有了一定的了解。在经过查找、翻阅大量蓝思绘本后，最终确定了绘本故事 The Tea Party 作为示范课。The Tea

Party 是一个下午茶的绘本故事，故事以小女孩邀请奶奶和小狗 Ellie 一起喝下午茶为主要情节，故事以图片为主，文字为辅，文字简洁易懂，行文以对话的方式展开。从故事文本语言难度来看，故事句式简单，在复习了已知句型 I like…\ I don't like…的基础上通过画面和故事情景去学习理解 Let's have a tea party！单词 sweet、fresh 可以通过一词多图等方式辅助理解，tea party、strawberry、cupcake 比较直观，可以借助画面帮助释义。

【教学过程描述】

1. 热身环节

在简单的 Greeting 之后，我通过 Good Memory 的小游戏来引导学生快速回忆已学实物、饮品词汇。

（1）T：I will quickly show cards with pictures of food or drinks. Tell me what you see.

S：bread、milk、juice、egg、cake、pear、apple…

（2）Today, a girl is having a tea party at her home. （讨论话题）

T：What food/fruits/drink/ will she have?

S：cake？bread？…

【游戏辅助激发趣味】

小学低年级段的学生活泼好动、善于模仿，注意力时间较短，在课堂上采用传统单一的教学模式，不能很好的根据学生的心理特征发挥作用。而且低年级学生钟爱游戏，游戏能激发学生的学习兴趣，使学习过程充满乐趣。因此在本环节，我利用 Good Memory 的小游戏，通过迅速闪卡片学生快速说出已学实物、饮品词汇的方式，既复习了之前的旧知又充分调动了学生的积极性。

板书呈现：bread、milk、juice、egg、cake、pear、apple。通过图片信息，激活学生的旧知，并围绕课本主题 The tea party 展开对话。

2. 读前环节

展示故事封面，谈论：What's the title of the book? Who are they? What will they do? How many people will attend the tea party? How do they feel? Do you want to read and get to know more? 通过引导学生预览封面信息，引发学

生对绘本故事学习的兴趣。

3. 读中环节——图片环游

师生一起进入绘本，看到绘本故事第一页图片提问 Who are at the tea party？下发绘本，学生快速阅读找出答案，整体感知绘本故事，并通过图片帮助寻找答案。接着学生们收起纸质版绘本，跟着老师一起逐页阅读。

T：Look at the picture. Who are at the tea party？

T：The girl invites her grandma to have a tea party. The girl says…

（highlight the sentence：**Let's have a tea party！**

Ask the students try to read the sentence.）

T：What do you see on the table？

T：Do you think they want to have the tea party？Why？

T：Are they happy？

T：Is Ellie at the tea party？How do you know it？

S：It is smiling

T：What's the dog's name？

Does the girl want Ellie to be with them at the tea party？

What does the girl say to Ellie？

Are they happy？Do they sit or stand？

Where does Ellie sit on a chair or on the floor？

What will they do next？Let's see.

T：What does grandma ask for？

T：Yes，let's read：**I'd like some tea，please.**

T：Does grandma like the tea？Why？（show the red circle on the picture and guide the students to answer. She is smiling.）

T: What does grandma say? Turn to the next page.

T: Yes! You are right. Let's read: **I like the tea.**

T: Why do you think grandma likes the tea?

T: Great! Let's read: **It's hot.** (Use the body language to help the students understand the sentence.)

T: Can you say the sentence? Let's read together.

I like the tea. It's hot.

T: What else would grandma like to have? (Let the students try to read the whole sentence)

T: Do you think that she likes the strawberry? Why?

T: When you like to eat something, what do you say? Yummy!

T: What do you think grandma says when she eats the strawberry?

T: Wow! Wonderful. Let's see the next page.

T: Let's read: **I like the strawberry.**

T: (Circle grandma's thumb) How do you know grandma likes it?

What does she do with her hand?

S: Thumbs up.

T: What does thumbs up mean? Is it good or bad. Why does grandma like it?

T: What do you do when you like something?

T: Great! Let's read: **It's fresh.** (Show different pictures of fresh to help the students understand the sentence.)

T: Can you read the sentence? Let's do it together!
I like the strawberry. It's fresh.

T: What is the girl doing? What does she have in her hands?

T: What is grandma doing? Does she look excited?

T: What does she say? Let's try to read. "I'd like a cupcake, please."

T: Good! Do you think that grandma likes the cupcake?

T: Let's Guess! Why does she like it? Turn to the next page.

T: How can we tell grandma likes the cupcake?

T: Great! Let's read the sentence together. "**I like the cupcake.**"

T: Do you like cupcakes? Why do you like cupcakes?

T: Why does grandma say she likes the cupcake?

T: Good! It's sweet. (Show different pictures of sweet to help the students understand the sentence.)

T: (Guide the students to read the six pages one by one, highlighting the main parts of the pictures with red circles.)

T: (the last page) Wow, Ellie likes the cupcake.

T: How many types of food does Ellie try?

Let's read again. (Read the six pages one by one again.)

T: Does the girl like the cupcake? Do grandma and Ellie like the cupcakes? Everybody likes the cupcakes!

T: What does grandma say? Let's read together.

T: Who has a smiling face? Why are they happy?

T: Can you read the sentence with a smile?

T: Everybody has had a good time at a happy tea party. They drank some tea, ate strawberries, and then ate cupcakes. What did they say to tell us they had fun?

T: They said: **Tea parties are fun**! (Highlight the sentence on the page)

T: Keep laughing and say: Tea parties are fun.

4. 读后活动

跟读绘本录音,然后3人一组进行小组活动,准备角色表演,最后分组展示。阅读是理解活动,而朗读则是理解后的强化活动,朗读能使学生保持高度的注意力,促进学生去记忆所学的语言知识,积累和丰富语言知识,培养学生用英语表达的能力。到最后角色表演的输出阶段,学生不仅不错词、忘词,而且还加上了自己的语言和动作,促进了语言的运用。在角色扮演结束后,教师引导学生对故事的主人公进行讨论,并通过小故事升华情感教育。

T: Is everyone happy? What do you think of the girl? Is she happy? (Discuss in groups、answer it and show it in class.)

T: It is important to love our family and do things with our family. What do you do with your family?（go to the park，have a picnic，etc）

5. 延伸作业

在现实生活中，虽然学生基本没有和家人在家下午茶的经验，但是此话题比较贴近生活，又比较新鲜。老师引导学生在学习完绘本故事后尝试在家举办下午茶的小活动，开展真实语言交流的同时让学生感受与家人在一起舒适放松的时光，培养学生和家人一起做健康有益活动的意识。

三、课后感悟

自从英语课后 330 讲英文绘本故事以来，我对英语绘本从一开始的束手无策到现在能略有感悟。在与教研组的磨课中，我对英文绘本故事教学有了一点经验。下面我就来谈谈通过绘本故事开展教学时的几个需要注意的地方。

1. 适当朗读

绘本一般语言精练，图画精美，但是不能让学生在绘本阅读中进行反复的朗读训练。个别老师在绘本课上不停地让学生进行自读、小组读、分角色读等朗读活动，让学生在枯燥的朗读中失去了对英语学习的兴趣。

2. 适当讲解

绘本本身讲述的是一个完整的故事，为了使学生在绘本教学中学习到更多的语言点，有的教师将绘本故事中的词汇和句子提炼出来，反复操练学生的听、说、读、写能力，破坏了绘本阅读课本身的特点。教师可以指导学生阅读封面、扉页、正文、封底等，引导学生自己去发现信息并积极思考，逐渐让学生掌握阅读方法，从而培养学生的阅读习惯。

3. 适当指导

在最初的绘本教学中老师们会认为绘本故事就是给学生看的，认为学生们通过自主阅读从量的积累慢慢进入质的飞跃。教师不参与、不引导、不提问，学生处于无助、无序的状态，有的学生只看图，不看文字，达不到最终的学习效果。英语绘本的价值不仅仅停留在学生的层面，开发英语绘本资源，设计英语绘本教学同时能让教师的教学得到提升。教师应发挥思考与创意，将绘本教学设计与促进学生身心发展结合起来，发挥英语绘本潜在的教育功能。

通过蓝思分级阅读提高学生阅读素养

李 洁

《英语课程标准》特别强调教学过程要整体地设计教学目标，面向全体学生，才能保证内容和方式的整体性、渐进性和持续性。激发和培养学生学习英语的兴趣，使学生树立自信，养成良好的学习习惯和形成有效的学习策略，发展学生自主学习的能力和合作精神，培养学生用英语做事情的能力。我校提倡无边界课程的理念，倡导学生开展自主、合作、探究的学习活动。在课堂教学中以解决问题为任务驱动，打破学科边界，充分调动学生多学科的知识联动，让学生实现对这个世界的整体认知，促使人的整体成长。基于这样的理论支持和指导思想，本节课我创设了以北京版五年级第二、第三单元所学的植物的知识为基础，通过阅读了解植物生命循环的过程，从调动学生学习兴趣入手，通过丰富的活动培养学生的小组合作能力、思维品质及阅读的学习策略。结合学生已有的知识，打破学科边界，调动学生英语学科和科学知识的联动，培养学生用英语做事情的能力。

一、教学内容分析

学乐指导性阅读资源是美国最成熟、使用最广泛的一套英语分级阅读和教学资源，我校英语部从 2016 年 10 月将这套分级阅读资源列入日常教学中，作为阅读教学的辅助资源。在北京版小学英语五年级下册中，第二单元和第三单元都谈论到了植物这个话题。第二单元中，谈论了植物的各部分名称、各部分功能、植物生长所需的条件；第三单元中谈论树的用途、食物来自植物的哪个部分、种子的传播。本课基于第二、第三单元的内容，选用学乐集团的蓝思分级读物 seed to plant，延续有关植物的话题，讨论植物生命的循环过程。

二、学生情况分析

本课授课对象为五年级学生。我校学生经过四年半的英语学习，他们能听懂日常的课堂指令，能很好地掌握并运用之前学过的知识。他们的课外知识比较丰富，大多数学生喜欢自然科学知识，喜欢思考和表达，乐于参与课堂活动，并且喜欢在活动中和自己的同桌、好朋友交流想法。因此，我在课堂上既设计了独立思考的活动，又有小组合作的活动，来满足学生想表达的需要。学生们在四年级的科学课中已经学习了有关植物的知识，通过第二单元的学习，已经掌握植物各部分的英文名称以及作用、植物生长所需要的条件等相关知识。通过第三单元的学习，学生了解了树木的作用，了解了食物来自植物的不同部分，并且知道了种子的几种传播方式。在本节课中，学生基于这些已有的知识，进一步讨论植物的生命循环过程。

三、教学目标

1. 语言能力

学生能够运用第二、第三单元的主要句型，围绕有关植物的相关知识进行交流；能够听懂、会说、认读、拼写有关植物的词汇；能够在教师的引导下讲述植物生命循环的过程。

2. 文化意识

通过本课学习，引导学生观察植物，培养学生热爱大自然，热爱自然科学，激发学生探索自然世界的兴趣。

3. 思维品质

培养学生深入地、逻辑清晰地思考问题，以及从不同角度思考问题的思维品质。

4. 学习能力

培养学生能够运用英语学习有关植物的科普知识；培养学生能够通过与他人合作，获取信息的能力；培养学生利用脑图的方式梳理阅读材料的能力。

四、教学过程

Step 1：Pre-reading

1. Watch a video about plant.

2. Free talk.

Q1：Where can we find many plants?

Q2：How can we make use of trees?

Q3：We get most of our food from plants. They come from different parts of plants. Can you give me an example?

Q4：What flowers do you see in the vedio?

Q5：What do you know about sunflowers?

3. Every group has a report paper. Today we'll make a report about sunflowers in group.

【教学资源运用】PowerPoint 演示文稿、学生用实验报告纸。

【教学指导策略及设计意图】通过观看自制的视频，让学生复习二、三单元学过的有关植物的知识；师生谈话复习相关句型，引出本节课主题，激活并发散学生思维；通过教师的提问，为后面学生自己提出问题提供语言支持。

Mission 1：Group work

S：Write down the different parts of a sunflower in groups.

T：Look, I have a sunflower, too. Can you show me the different parts of it?

S：Show the different parts and stick the name on the blackboard.

T：They have different jobs. What do…do?

T：What do you know about sunflowers?

T：What else do you want to know about sunflowers? (write the students' questions on the white paper)

【教学资源运用】PowerPoint 演示文稿、自制图片、词卡，板书呈现学生问题。

【教学指导策略及设计意图】通过小组活动，复习植物各部分名称，初步培养学生小组合作的能力；与老师交谈复习植物各部分的英文名称以及功能，激活学生已有的与植物相关的知识，一步一步引导学生提问并思考，培养学生的语言能力和思维能力。

Step 2：While-reading

Mission2：Individual work

S：Skim the book. And try to answer some questions they asked.

【教学资源运用】PowerPoint 演示文稿，阅读材料。

【教学指导策略及设计意图】选用植物生命循环题材的绘本，通过引导学生的提问，激活学生的已有知识和语言能力；给学生规定阅读时间，让学生带着问题进行阅读，培养学生略读的阅读策略。

Mission3：Individual work & Group work

Page 1

T：Read again for more details about sunflowers. Let's read page 1.

S：Read page 1.

T：What do you know from Page 1?

S：They have yellow, big flowers.

T：Let's color your sunflowers!

Page2～3

T：What do sunflowers begin life?

T：How do sunflowers begin life? Let read page 2～3.

S：Students got different page 3. They should talk with friends about the information gap.

（Lead students to answer the questions step by step. At the same time, teacher writes down the key words on the blackboard.）

Page 4～5

T：How do sunflower seeds travel? When do sunflowers begin new life? Let's read page 4～5.

S：Read and answer the questions.

【教学资源运用】PowerPoint 演示文稿、实验报告，板书辅助学生了解向日葵从种子到植株的步骤。

【教学指导策略及设计意图】教师通过问题引导学生精读文本，通过演示文稿和图片帮助理解文本内容；板书给出关键词，为学生后面梳理阅读材料、绘制植物生命过程提供支持。在第三页中，给出学生不同的文本，一方面节约了阅读的时间，另一方面引导学生思维和认真倾听他人的习惯。

Step 3：Post-reading

Mission4：Group work

S：According to the key words, students talk and draw the life cycle in group.

S：Feedback.

T：At the same time, teacher finish the life cycle on the blackboard.

【教学资源运用】PowerPoint 演示文稿，实验报告。

【教学指导策略及设计意图】教师引导学生根据重点词汇，小组合作绘制生命循环过程，培养学生梳理阅读材料的能力，小组合作能力，探索大自然的文化意识。

Mission 5：Group work

T：Lead students to retell the life cycle.

S：Practice in groups and then retell the life cycle.

【教学资源运用】PowerPoint 演示文稿、实验报告，辅助复述生命循环过程。

【教学指导策略及设计意图】通过小组合作复述向日葵的生命循环过程，培养学生小组合作能力、语言的条理性、综合运用语言的能力，充分调动学生多学科知识的联动。

Step 4：Homework

1. Introduce the life cycle to your friends.

2. Complete Page3.

3. Read for more about life cycle.

【教学资源运用】PowerPoint 演示文稿。

【教学指导策略及设计意图】通过布置课后作业，让学生进一步复习所学的生命循环过程；通过让学生完善文本中的内容，检测学生对文本的理解能力；把课内所学的内容拓展至课外，并运用到实际生活中去。

五、课后反思

本节课是一节综合实践课，是以培养学生核心素养为目标，以绘本为载体，以任务为引领，打破学科边界，充分调动学生多学科知识的联动。

1. 基于英语学科核心素养，培养学生的语言能力

语言最基本的功能就是交流。在 Pre-reading 环节，教师通过一段自制的视频让学生复习与植物相关的知识，与学生自由交谈，复习第三单元的功能句，丰富学生的语言，给学生创设了有效的语言学习的环境。

2. 基于英语学科核心素养，培养学生的学习能力

学习能力是所有能力的基础。本节课中，教师创编绘本并且引导学生完成实验报告的制作这一活动，培养了学生能够通过与他人合作，集思广益，获取信息，梳理阅读核心内容，制作脑图的能力。在 while-reading 环节，通过略读和精读两种方式引导学生理解文本内容，培养学生的阅读能力。

3. 基于英语学科核心素养，培养学生的思维品质

在 Pre-reading 环节，通过引导学生对向日葵的相关知识的提问，培养学生的思维能力。在 Post-reading 环节，鼓励学生与同伴合作，根据文本内容制作脑图，梳理阅读内容，培养学生的逻辑思维能力。

4. 基于英语学科核心素养，培养学生的文化意识

在本课教学中，培养学生文化的意识一直贯穿始终。在精读过程中，引导学生观察植物，培养学生热爱大自然，热爱自然科学，激发学生探索自然世界的兴趣。学生所制作的科学实验报告清晰、明了，科学严谨地向大家展示了有关植物生命循环的内容。

单元整合在小学英语教学中的实践

梁　红

在"整体语言教学"理论的指导下，我尝试了单元整体阅读教学模式。我研读教材，厘清单元中各课之间的联系，紧扣单元主题，创设合理有效的教学情境，整体推进教学，力求提高学生的核心素养。

一、教材整合

我的授课内容是第五单元关于奥运会的相关话题，三课时的话题内容分别是古代奥运、现代奥运以及北京奥运会。我对课文内容进行了灵活处理，加以单元整合，并且把会话教学改编为语篇阅读教学。在单元授课的第一课时就把所有新授知识教给孩子们，其余的两课时，重点处理细节信息。这样做的目的是使教材服务于教学，真正服务于学生，从而提高教学效率。当然原则就是基于课本但不拘泥于教材。

二、资源的开发和利用

首先是课内资源的开发使用，孩子们手里的阅读材料是我针对三课会话教学知识点的总结和提炼，通过时间轴的形式在板书中体现，15 课和 16 课的重点句型 When…? 孩子掌握起来相对容易，因此我的板书中只体现了第 17 课的重点句型 How many medals…? We won…medals. 对于课外资源的使用，如傅园慧的那段视频采访，通过用信息技术处理，把这段视频巧妙地放在了课程快结束那部分，对学生们进行了很好的德育教育。视频的冲击力可以使学生们形象生动地体会到了奖牌固然重要，但更重要的是要用积极的态度面对一切挑战。贴近学生生活的课外视频资源给本课的学习做了一个收尾，也是本课的一个升华。

三、语篇阅读

从试讲到本课的最终呈现，我对会话教学与阅读教学有了更深刻的理解，它们是有相通之处的，如在教学模式上会话教学是 presentation，practice，production，通过教师与学生多次的交谈，展开教学活动；而阅读教学也有"3P"模式：presentation，process，progress，通过教师有效的提问，学生能够深入思考文本内容，审辨式的完成各项阅读任务。与此同时，阅读教学更加注重学生思维品质的培养。本课中最后的辩论环节鲜明地体现了学生审辨式的思维。学生之间之所以能够展开激烈的辩论，都是基于学生对于文本信息做到了分析与综合，最终通过评价的方式展开辩论。

单元整体阅读教学模式仅仅是新课改后的一个尝试，其中也有一些存在的问题需要深入研究与探讨，如整体呈现新授文本后，仍然有一部分学生对重点句型掌握得不熟练，口语表达上存在语法错误等，长此以往，两极分化的现象可能会加剧。因此，在今后的单元整体阅读教学中，教师应该在注重学生思维训练的同时兼顾重点单词、句型的掌握，力争摸索出能将二者的学习训练巧妙地结合在一起的新途径。

（一）教学基本信息

课题：北京出版社 2016 年版小学英语六年级上册 Unit 5 The Olympic Games

（二）指导思想与理论依据

通过整体分析《课程标准（2011 年版）》，我们可以看到课程标准修订前后的变化主要集中在：①根据时代和社会的发展，提升了标准内容的时代性；②提出了英语学习对学生思维培养的作用。因此，本节课我把重点放在培养学生核心素养，注重学生思维品质的发展。通过复述课文以及课程最后的辩论环节，学生对文本做到了理解和内化，对信息的加工和整理最终理性地表达出来，体现了学生思维品质的发展，让学生在参与中启动思维机制，学生积极参与，最终使课堂教学得到深化和补充。

（三）教学背景分析

教学内容：小学英语六年级上册第五单元

学生情况：学生经过五年的英语学习，已经具备了基本的交际能力。本册书前四个单元的学习都是围绕一般过去时展开话题，因此本课中出现的过去时学生较易接受。2016 年里约奥运会结束不久，因此本课的话题 The Olympic Games 相对贴近学生的生活。学生已掌握奥运会相关常识，例如，举办过奥运会的国家、时间、多长时间举办一次奥运会、常见的运动项目等。

教学方式：情境导入、多媒体教学

教学手段：交际法、情景教学法、合作学习法

（四）教学目标

语言能力目标：学生通过本课的学习，能够掌握单词 olive branches, medals；能够掌握句型 How many medals did…win？They won…学生能够以 4 人一小组为单位进行文本复述，能够根据奥运会的话题展开话题，进行自

主交流。

思维品质目标：学生能够通过文本学习，理性分析奖牌在奥运会中的重要性，组织语言，通过辩论的形式理性表达自己的想法。

文化品格目标：学生能够了解各国都有机会举办奥运会，各国运动员擅长的运动项目不同，在奥运会中，运动员都是尽最大努力为各自国家争光。

学习能力目标：通过时间轴呈现关键信息，学生能够有效地组织语言并大胆地复述所学内容，树立英语学习的信心（认知策略、情感策略方面）；通过pair work和group work的形式，学生能够与同伴分享体会和经验，并在交流的过程中发现自身的不足，取长补短（元认知策略方面）；通过教师的肢体语言及转述策略，学生能够理解生词的意思（交际策略方面）。

（五）教学过程

（以下内容中，"T"表示Teacher，"S"表示Student）

SSR：5mins 持续默读时间

T：Take out your books. It's sustained silent reading time. 5mins and fill in the form. Go!

Ss read in silent for 4mins and then answer the following questions.

T：Time is up. Let's check. What's the topic of the story?

S：Sports. / Hobbies…

T：What's the main idea of the passage?

S：…

教师总结：

T：Different people have different hobbies. Doing sports can make us healthy. Agree?

Presentation：整体感知课文

1. Lead in.

T：Boys and girls, let's guess! It is a big sports festival. It's held every four years. What is it?

S: The Olympic Games.

T: Right. Today we're going to talk about the Olympic Games.

【教学指导策略及设计意图】通过猜谜引导学生,从而揭示本课主题:奥运会。

2. 整体感知本课文本

T: What do you know about the Olympics? Discuss in a group of four.

S: …

T: You know a lot about it. See! That is what I know. Can you read?

S: The Olympic Games have a long history. The motto of the Games is Higher, Faster and Stronger.

T: The motto of the Games is …(教师板书的同时,带着学生重复)

T: The Olympic Games have a long history.(教师板书时间轴)Today we learn from the beginning.

T: Watch the video first and then answer the question: There are two periods in the Olympic Games, What are they?

(After the video)

T: What are the two periods in the Olympics?

S: The ancient Olympic Games.

教师讲解 ancient 一词

T: what is the other?

S: The modern Olympic Games.

【教学指导策略及设计意图】学生在教师的引导下继续谈论奥运会相关话题,调动学生已有知识,通过泛听课文了解主旨大意。

Process:多种阅读途径,提高阅读效率

1. 精读文本第二段,两人一组完成表格信息。

T: Take out your paper, read in silent about the second paragraph and then fill in the form on the second paper Task 1. And we focus on these three parts: the time they began, the place people held them and who could take part. Clear?

Ss: yes.

(5mins later)

T: Have you got the answers? Please share in pairs.

T: Which pair wants to share with us? One tells us about the ancient Olympics and the other tells us the modern ones.

T: And if their answers are correct, the whole class read the sentence in this passage together. Ok?

(after finishing Task 1)

T: Good job. Now read the second paragraph again, and try to find the answers. What are the prizes for the ancient Olympics and what for the modern ones.

T: finished? Please share in pairs.

T: Which pairs?

S: Olive branches. / medals

(教授生词 olive、branches and medals)

T: Look, there are three types of medals, what are they?

S: gold, silver and bronze.

【教学指导策略及设计意图】考虑到学生的差异,因此在精读课文的环节我安排了 think pair share 的活动,学生通过独立思考,伙伴讨论,全班分享的方式内化课文内容,并通过小组汇报的形式检测表格信息。全班学生根据汇报小组答案是否正确来跟读课文重点句题。通过引领,自主到合作,由浅入深,逐层递进,培养了学生默读的习惯和合作精神。

T: Look at the timeline of the Olympics. What happened during this period of time? Did the ancient Olympics last till the modern Olympics? Of course not. (Scan the passage)

S: It stopped for 1500 years because of world wars.

T: see? During these time, there were not any events. What a pity!

2. 听文本信息,处理文本第三段内容。

T: Fortunately, it moves on and the modern Olympics began. China also joined the Olympics. Now let's listen to the recording and then answer the questions. Who can read?

（在学生有问题的时候，讲授新词 athletes）

T: Have you got the answers? Share in pairs.

T: Question 1, which pair wants to show the answers? One reads the question, the other tells us the answer.

【教学指导策略及设计意图】通过多种途径学习文本内容，调动学生阅读兴趣。

Progress：小组协作完成复述课文并展开辩论

1. 教师示范复述课文。

T: Look at the timeline of the Olympics. The ancient Olympic Games began in 776 BC…（可根据情况，让学生接着复述）

2. 四人一组，一人一部分进行复述。

T: Now work in a group of four. Try to retell the whole story of the Olympic Games.

3. Show time.

4. Debate

T: Today, we know some knowledge of the Olympic Games and we also know Chinese athletes excellent records. They tried their best in the Games and won great honor for our country.

T: which Chinese athlete do you know?

S: …

T: They are champions. / They are all in the gold medal table. / They won great honor for China. Here we have a debate. Medals are very important in the Olympic Games. Do you agree or disagree?

T: what's your idea? What about you?

T: All right. If you agree with the idea, please come to this part with your chair. And if you don't agree with it, come to this part. 10 seconds, ready? Go!

【教学指导策略及设计意图】 学生四人一组借助板书奥运会时间轴复述课文，有助于学生对于文本的记忆。最后以"奖牌在奥运会中非常重要"为论题展开辩论，有助于提高学生的综合语言运用能力，更重要的是培养了学生批判性思维的能力。

Ending：总结评价，升华主题

T：I think we had a hot debate today. All your viewpoints are reasonable. On the one hand, medals will bring us honor and glory. They make us excited. However, on the other hand, we also need to enjoy the process, enjoy the happiness the sports bring to us and feel the spirit of the Olympics. As the motto goes, Higher, Faster, Stonger.

T：Look！Who is she？

Ss：傅园慧。

T：did she win the gold medals？But she is still happy and excited.（随着问随着播放视频）

T：we should learn from her. Even though we don't win any medals, we face all the challenges with positive attitude.

Assessment：Make a poster about the Olympic Games.

浅谈如何结合教学内容将"绘"本
镶嵌于常规课堂中

苗姗姗

绘本是指以绘画为主，并附有少量文字的书籍，读者可以通过绘本读故事、学知识等。而对于英语教学来说，英文绘本是很好的教学资源，根据绘本的内容可以将其进行调整作为辅助阅读材料或者设计一节完整的绘本课。但是在很多情况下，不是所有我们已知的绘本都可以和我们的教学内容相结合，那么我们可以沿用绘本的思路，将已有资源，如动画视频资源等，进行改编调整，成为孩子们的阅读材料；而这种"绘"本的形式，我们也可以进行学习，结合教学内容留为作业，使作业形式更加丰富。

下面，笔者以北京版教材五年级下册 Unit 3 How do seeds travel? Lesson 11 为课例，阐述如何将教学内容与"绘"本相结合，用于常规课堂中。

一、教学内容分析

本单元围绕植物的相关知识进行交流表达，在第二单元中，学生已经学习了一些植物的相关知识，延续上一单元内容。本单元前两课学习了植物的作用和用途。而本课时主要学习种子的传播途径，主要围绕 How do seeds travel? 进行学习，从而掌握语言，进一步激发学生探索自然世界的兴趣。因此我将本课中与植物不相关的内容进行调整，将 Listen and choose 挪到复习课；又将 Let's do 环节的内容与二单元学习内容相结合，进行整合迁移。本单元出现的科学知识，学生在中年级时已在科学课有所接触，在低年级语文课中有所涉及，对本课中出现的知识并不陌生。本课的重点在于教授学生如何运用英语学习简单的科普知识并能进行简单的交流介绍。

二、学生情况分析

本节课的授课对象是五年级学生，他们已经有了四年的英语学习经历，具备了一定的语言基础和听说读写能力。本单元的主要内容是让学生能够简单描述我们是如何利用植物为人类服务的，以及植物的种子是用什么方式进行传播的。学生在上一单元已经学习过了植物的相关知识，即植物结构名称及作用，为这一单元的学习做了铺垫。本课时出现的词汇，学生已经接触过，多数为以前的"三会"词汇，因此理解起来并不困难。另外，在上学期的学习以及第二单元的学习时，学生对于 How…? 和 Can you… 的问题也有了一定的接触。在三年级下册 Unit 1 Spring is here；四年级上册 What's the nature? 及三年级下学期科学课上也对植物和自然有了一定的了解。学生对植物类话题的内容比较熟悉，课前对学生进行问卷调查，发现学生能够知道一些基本的种子传播方式，如蒲公英通过风传播种子，椰子通过水流进行传播。学生出现的困难是运用英语清晰地表达种子的传播途径,学生需要经过思维活动,组织语言,描述种子的传播途径,表达时可能会出现词汇匮乏或者不通顺的情况。针对上述学生可能出现的困难,可以运用思维导图的方式,引导学生先做好梳理信息的工作,即种子的传播途径有哪些,帮助学生形成框架,便于学生理清思路,进行语言表达。

三、教学目标

基于以上分析,制定如下教学目标:

学生能够听懂、会说、认读 in water, with people and animals, with wind, with bird 等相关词组,并能够描述种子的不同传播方式。

学生能够用"How do…travel?"进行询问,并用适当形式进行回答,如"Some…, and others…""They travel…"

学生能够在插图的帮助下理解课文内容并朗读。

学生能够在学习中体会探索自然世界的乐趣。

四、教学过程及评析

Step 1:Warming up

1. Guessing game:Shark Attack 猜单词游戏(Answer:Plant).

2. Free talk.

T:What do you know about plant?

【设计意图】以猜谜游戏的形式进入课程的学习,调动学生积极性,开动脑筋思考,激活已有知识,迅速进入学习模式。再与学生进行自由交谈,复习学过的与植物相关的知识,继而引出本课的主题图。

Step 2:Presentation

1. Show them the main picture in lesson 11, ask:

(1) Which season is it?

(2) Who are they?

(3) Where are they?

(4) What are they doing?

Then, students work in two to talk about the picture.

2. What are they talking about? Let's watch the video. （观看课文视频）

Show them 3 selections to choose the answer. （stems, flowers, seeds）

3. What does Baobao want to know about seeds?

（1） Is corn a kind of seeds?

（2） What else are seeds?

（3） How do seeds travel?

Let's solve the three questions together.

【设计意图】学生观察主题图，根据问题进行讨论，帮助学生学会观察图片，挖掘图片信息；根据课文提取三个问题，此问题贯穿课文的学习，为学生提供思考的空间。

4. Solve question 1 and 2.

（1） Students will listen to the text and try to answer Baobao's questions, then stick the right pictures around the word "seeds".

（2） Show them pictures on PPT to give them more information about nuts, wheat and rice.

（3） Ask them what else seeds they know? Show them pictures of peas, coconut and dandelion. （connect to the second picture in lesson 11）

5. Solve question 3.

T：We know people travel in many ways：We go by plane, train…what about seeds? Do they travel by plane? So here is Baobao's question：How do seeds travel?

（1） Students will listen and repeat to learn this sentence. （Teacher will write down this sentence on the blackboard.）

（2） Play the radio, students listen and get the answer.

Teach the phrases, with wind, in water, with people and animals, by using pictures. （write down on the blackboard.）

（3） Summarize：Seeds travel in many ways.

【设计意图】学生听录音获取信息并完成任务。在解决问题的过程中，帮助学生锻炼获取信息并进行筛选作答的能力。学生通过不同方式进行学习,如图片、音频等,结合提出的问题进行思考,有助于培养学生解决问题的能力。

Step 3:Practice

1. Students will read the text in roles.

2. Students retell the text based on the information on the blackboard.

【设计意图】读书环节帮助学生夯实巩固课文,根据板书内容复述环节,帮助学生整理思路,内化课文。

3. The teacher asks students if they have any questions about seeds. If yes, let them ask and answer. If no, the teacher will give 2 questions.

(1) Do seeds travel only in three ways?

(2) Why do seeds travel?

4. Students will read a piece of worksheet to find the answers.

5. Solve question 1 and practice the sentences "How do…travel?" "They travel…" Then, solve the question 2.

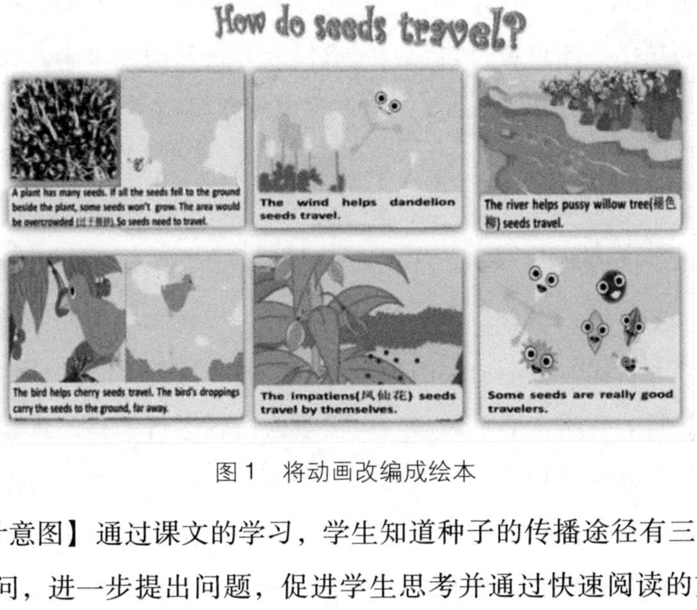

图 1 将动画改编成绘本

【设计意图】通过课文的学习,学生知道种子的传播途径有三种,通过教师的追问,进一步提出问题,促进学生思考并通过快速阅读的方式找到答案。在此过程中学生进行思考的同时在真实情景中操练运用语言。

Step 4: Production Make a plant book

1. Work in four, each group will make one page of the book.

2. Fill in the blanks, then, students will discuss how seeds travel and write down the answer.

3. Introduce the page.

4. Show time. Teacher will collect each group's page and staple them.

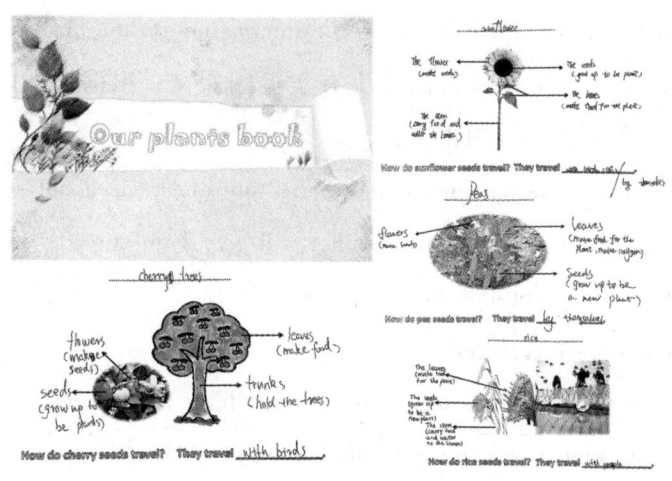

图 2 学生作品

【设计意图】学生小组合作，集体制作属于本班的关于植物的科普绘本。学生运用已学知识进行讨论，完成任务并将其展示出来。在这个过程中学生开动脑筋，综合运用所学，共同完成任务。

五、小结反思

在本节课的设计中，我做到了活学活用。"活用"指的是教材的活用以及课外资源的活用。结合二、三单元的内容进行教学内容的调整，根据本节课的重点和目标，将不相关的内容进行替换，被替换的部分将被安排到复习课中进行。我还将书中最后一个板块的内容进行调整，将其与二单元内容以及第十课内容相结合，同时在"热身"环节与学生一起讨论植物，调动学生已有知识，更好地为学生服务。另外，根据本节课内容，借助课外资源将视频进行改编，整理成方便学生快速阅读的绘本样式的阅读单，为学生提供更丰富的学习资源。

"活学"指的是学生活学,五年级学生已经接触过植物的基本知识,利用孩子们的已知内容,激活孩子的兴趣,采取游戏、阅读、动手制作的方式调动学生的积极性,使学生乐于参与到活动中并运用语言,在素材的选取上,贴近学生生活,使学生能够真实地运用语言,突破教学难点。在活动的形式上多样,有助于学生同伴间的交流学习。

基于文本分析探讨故事性绘本教学研究
—— 以绘本 Belinda, the Ballerina 教学为例

谢 添

《义务教育英语课程标准(2011年版)》对英语课程性质做出了明确的界定,即英语课程具有工具性和人文性双重性质。就工具性而言,英语课程承担着培养学生基本英语素养和发展学生思维能力的任务。就人文性而言,英语课程承担着提高学生综合人文素养的任务。而英语绘本作为丰富英语课程的资源之一,教师对其文本的解读不仅是从人文性和工具性两大方面展开分析理解与体会揣摩,更是为了让学生在教学实践过程中感受英语工具性和人文性两大特征,并将其内化于自己的生活中。

一、教学内容分析

本节课的教学内容选自课外绘本读物 Belinda, the Ballerina。故事讲述的是一个叫贝琳达的女孩很喜欢跳芭蕾,而大赛的评委嫌她的脚太大而拒绝看她的表演。她只好放弃跳舞,找了一份餐厅的工作。她也很喜欢餐厅的老板和客人,可是,她还是常常想念跳舞。有一天,餐厅里来了一个乐团,在他们美妙的音乐里,贝琳达不知不觉中跳起舞来。在老板的邀请下,贝琳达开始为餐厅的客人跳舞,她跳得美极了,餐厅的客人越来越多,连大都会芭蕾舞团的指挥都来看她跳舞了,并被她感动了。贝琳达终于又回到了舞台,开始为更多的人跳舞。贝琳达很快乐,因为她可以一直跳舞,跳舞。至于那些评审们会说些什么,她一点也不在乎了。

深入解读文本后发现:

(1)此绘本故事的主题:梦想,与目前学生正在学习的北京版小学英

语教材（一年级起点）五年级下册第六单元的主题联系紧密，不仅可以丰富学生语言知识，拓宽学生视野，还可以促使学生形成的正确价值观。

（2）此绘本的内容相对较长，有些词汇难度较大，涉及过去时态，但绘本书内配有精致优美、生动的图片，这在一定程度上降低了学生阅读绘本故事的困难。

因此，教师基于学情，在不影响绘本故事整体性和连贯性的前提下，针对文本中的部分词汇和句型进行了适当的取舍和整合。

二、学生情况分析

本节课的授课对象为五年级学生。该年级段的学生自我意识较强，乐于和敢于表达自己的见解。经过四年的英语学习，学生不仅已掌握一定的英语语言知识，初步形成了一定的听、说、读、写的能力，而且还具备小组合作、乐于互动交流的能力。此外，教师在前期的试讲以及与学生课后交谈中发现，班中个别学生读过此绘本的中文版。

基于以上学情分析，教师在此节堂课中设计了许多独立思考与合作学习的活动，以便提升学生的思辨能力以及培养学生自主与合作学习能力。

三、教学目标

基于以上分析，本节课的教学目标如下：

（1）能够听说、理解 yelled, care a fig, as big as boats 等词句。

（2）理解主人公的经历、感受其内心情绪的变化。

（3）通过给图片排序、复述故事等活动加深对故事的理解，组织并操练故事。

（4）通过教师开放性问题的设计，学生能够多角度思考问题，提升思维品质，并大胆表达自己的观点。

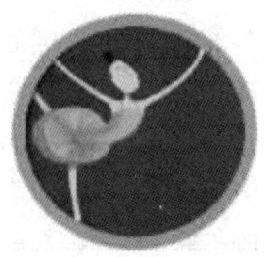

图 1

（5）在完成任务的过程中学会合作、交流和分享。

（6）借助故事学习，正确认识自我并调整自我，建立积极的人生观。

四、教学过程

1. 读前活动（pre-reading）

（1）呈现故事主人公部分图片，回答问题。

T：Today we are going to learn a story about a girl named Belinda. Let's look at her picture, What does Belinda want to be?

S：Dancer.

【设计意图】通过观察人物部分图片，引出本堂课的故事主人公。

（2）观看经典芭蕾舞视频，出示单词。

T：Yes, a ballet dancer. Just like them. And we usually call them Ballerina.

【设计意图】通过观看视频，帮助他们建立与生活实际的联系，理解 ballet dancer 和 Ballerina 词义，学生通过齐读单词，认读词汇，为课程最后呈现绘本题目做铺垫。

（3）根据文本，展开讨论。

教师在 PPT 中呈现绘本故事第一页，并讲述故事开头，学生再根据文本内容进行讨论。

T：Belinda loved to dance. She went to dancing school every day and practice very hard. Do you think she can be a good ballet dancer?

S：…

T：So, a good dancer should…

【设计意图】借助文本，引导学生对文本信息进行挖掘，初次思考 Belinda 是否能成为好的芭蕾舞者？由学生的回答引出评判好舞蹈家的标准。

（4）呈现故事主人公部分图片，回答问题。

T：What's special about her?

S：Her big feet.

T：Think again. Can she be a good ballet dancer?

S：…

T：so is it a problem to be a good ballet with such big feet?

【设计意图】培养学生仔细观察图片的能力，产生视觉冲击，聚焦 Belinda 大脚的特点，再次引导学生思考 Belinda 是否能成为好的芭蕾舞家。通过学生的回答再次引出评判好舞蹈家的标准，并揭示主题 "Is it a problem？"

2. 读中活动（While-reading）

（1）逐图阅读，回答问题。

T：Is it a problem for her？let's read it together.

S：No.

T：Belinda thought they were not a problem. But，when Belinda took part in a dancing competition，is it a problem in judges' eyes？Let's take a look！Who can read？

S1："STOP RIGHT THERE！"

S2："STOP！Your feet are too big. They are as big as BOATS！"

S3："Go home. You will NEVER be a dancer with those feet."

图 2

T：So，is it a problem in judges' eyes？

S：Yes.

T：How do they judge Belinda？By her trait or by her skill？

S：Trait.

【设计意图】教师在 PPT 中呈现绘本故事，以图片环游的方式，引导学生一起阅读，并获取文本信息。

（2）角色扮演。

T：Who wants to be these judges and Belinda？

S：…

T：After hearing these harsh words，How does Belinda feel？

S：Sad.

【设计意图】学生通过观察图片，把握所扮演角色的语气语调和肢体动作。学生再通过表演体验，感受主人公 Belinda 自我评价和评委评价上的反差，体会主人公在受到他人否定评价后的情绪变化。

图 3

（3）思考故事主人公的内心独白。

T：Belinda was sad. She stayed sad for a long time. She stood in front of the mirror. What might she say to herself?

S：…

【设计意图】：绘本故事中的适当留白，激发学生想象力与思考，丰富学生情感体验。

（4）猜测、听故事。

T：What will Belinda do? Can you guess?

S：…

T：Let's Listen!

S：Stopped dancing and went to a restaurant.

图 4

【设计意图】学生通过猜测，预测故事发展情节，随后带着问题听绘本阅读，根据问题快速获取信息。

（5）完成任务单。

T：Is it the ending you want to see? Look! Is she still sad?

S：No.

T: She was happy and she danced on the stage. But we said Belinda stopped dancing and she went to a restaurant. What happened in the restaurant? I can tell you, Belinda met some people in the restaurant. They are the chef, customers, the band and the master. Please try to guess what happened and number these pictures.

【设计意图】呈现 Belinda 所做决定与故事结局不同的图片，从而产生强烈的对比冲突，激发学生主动去阅读的好奇心。教师通过给学生提供部分线索，让学生在观察图片的同时，在小组中讨论并猜测故事情节发展，培养学生的想象力和合作学习的能力。

（6）阅读文本，核对答案。

T: Do you want to know what real happened in the restaurant? Please read the book and check your answer.

S: …

T: Is it a problem in the chief's eyes? How about the customers and the master?

S: no.

T: How do they judge Belinda?

S: By her skill

【设计意图】：阅读文本，学生在核对答案的过程中简单复述故事情节，在回答问题时，加深对故事情节的理解，培养学生语言能力。此外，引导学生发现文本传达的另一关键点：针对某一件事情，不同的人在不同的场合有不同的评判标准。

（7）再次阅读故事。

T: How about Belinda? we know Belinda is dancing on the stage now. But before this, Belinda's decision was to stop dancing. Does she really stop dancing in her heart?

S: No.

T: Which sentences show Belinda stopped dancing, but in her heart she still loved dancing? Please read this part of the book again and find them out.

S: …

【设计意图】：学生通过自主阅读，再次细读此部分内容，寻找 Belinda 并没有从内心放弃跳舞的细节信息，提取并挖掘文字背后更深的寓意。

（8）学生独立阅读文本。

【设计意图】：再次感知全篇故事。

3. 读后活动（post-reading）

（1）复述故事。

【设计意图】评定学生对所学故事的掌握程度以及锻炼学生的语言运用能力。

（2）呈现主人公 Belinda 故事前后两种状态图（如图5）。

图 5

T：Are they the same Belinda? Why?

【设计意图】用现在的 Belinda 和曾经的 Belinda 做比较，使学生发现 Belinda 的变与不变，培养学生多角度思考问题，如转换时空角度、转换地位角度等。

（3）写信并分享。

T：If the present Belinda can talk to the past Belinda, what might she say to herself? Please write it down.

S：…

图 6

【设计意图】通过设计现在自信的 Belinda 与曾经自卑的 Belinda 自我对话活动，鼓励学生建立积极的人生观、价值观。让学生在走进文本之后，也能走出文本，联系自身生活经历，促进其进行深度思考。懂得现实生活中，每个人在追求梦想的过程中都会遇到许多类似或相同的困难与挫折，要学会通过积极的自我对话，正确认识自我并调整自我，用积极的心态面对困难。

（4）给书起名字。

T：Now we still don't know the name of this book. Could you give a name for this book?

S：…

【设计意图】培养学生概括文本内容的能力。

（5）了解作者。

T：Do you want to know who wrote this book?

S：Yes.

T：The write is…

【设计意图】了解其绘本作者，鼓励学生多阅读。

4. Homework

（1）Read the story again.

（2）Finish the letter.

（3）Find the information about the author.

【设计意图】课后作业是课堂学习的进一步延伸，鼓励学生拓展自己的阅读。

五、板书设计

根据本节课的教学内容，教师设计了重难点突出、简明明了的课堂板书（见图7）。板书既可以帮助学生明了此节课的学习内容，又可以为学生语言输出提供语言支架。

六、教学效果评价

课堂评价方式的多样化，可以激发学生课堂学习的动力，提高学生课

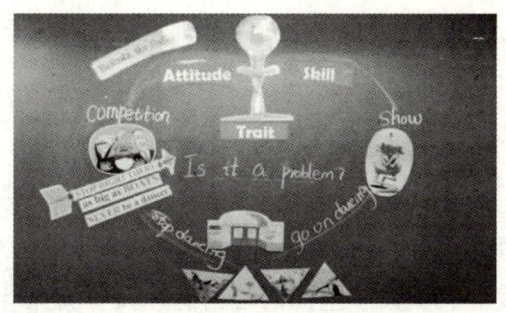

图 7

堂学习的热情。教师通过学生的课堂反应，如积极回答问题、表演展示等，即时在语言评价方式上给予评价，并鼓励学生之间互相评价。

七、教学反思

在本节课的教学设计中，教师努力基于文本和学情研究阅读教学内容，从而提高阅读教学的实效性。本课特点主要体现在以下三点。

1. 借助绘本，激发学生阅读兴趣

教师让学生阅读英语绘本故事，不光是为了让学生学习语言而选择阅读，以此来激发学生的阅读兴趣，更应是为了促使学生产生阅读动力，让学生可能会因绘本中的某一图画甚至为其中的故事或自己的想象而想到阅读，从而让学生在阅读教学中走进文本，化被动为主动。

2. 运用绘本，培养学生自主阅读能力

阅读绘本故事的过程是一个富有创造意义的活动过程，教师有效地引导学生进行阅读，可以充分发挥学生在阅读学习中的想象力和创造力，培养他们成为自主阅读、富有创造精神的学习者。因此，教师在绘本教学中引导学生通过观察图片、合理想象、猜测、判断分析与推理等形式，深度挖掘文本，与文本进行对话交流，锻炼学生自主阅读技能。

3. 通过绘本，注重学生读后的语言实践

教师无论讲授哪一本绘本故事，绘本故事中都有其要学习的语言知识。学生在听、读绘本的过程中不断地接触文本，分析其语言，进行反复输入，从而习得语言。在绘本学习后，教师组织学生进行复述，不仅有利于学生加深对绘本故事的理解，巩固所学的语言知识，还可以提高学生的语言记忆以及表达能力，为学生运用语言提供了机会，是增强学生语言实践的有效形式之一。

八、结语

教师对文本解读的水平直接影响到绘本故事能否激发学生的阅读兴趣、促进学生的语言发展、熏染学生的内心情感以及提升学生的价值观念。因此，教师应采取更加多元而独特、丰富而深刻的视角解读文本，最终实现英语课程的高效性以及课程的人文性与工具性的价值。

在绘本创编中发展低年级学生英语创造性思维

王国玲

一、引言

现代社会的发展，尤其是网络时代带给我们生活方式及思维方式的巨大改变都警示着我们的教育必须将创新能力的培养置于首位，它将是一个民族及国家未来发展的原动力。我们的教育也越来越意识到培养学生思维品质的重要性。《小学英语课程标准（2011年版）》明确指出：英语教学"在培养学生听说读写技能的同时，要关注学生思维能力的培养"，而创造性思维是思维能力的核心。创造性思维，是思维主体大脑在原有思维的基础上组合出新的思维形式，把输入的信息加工改造成新的信息的思维活动。创造性思维的目的是要创造出前所未有的、有价值的精神或物质产品。[1]

作为小学英语教师的我，开始关注低年级段创造性思维能力的培养源于教学中的巨大反差带给我的困惑。工作十年后再一次接手一年级的小孩子，惊讶于他们"渊博"知识的同时，却注意到当他们对一幅图展开联想时，思维有些单向，想象似乎被太多的知识填塞而没有了空间。

---

[1] 张玉洁："高中英语教学过程中培养学生想象力的策略"，《教学设计与策略》，2013年第1期。

如何激发学生的好奇心？如何提高低年级学生的英语创造性思维？笔者尝试在教学中用低年级孩子最喜欢的绘画入手，结合课本的主题句带领孩子们一起创编绘本，并根据实践经验及总结，建议借助绘本创编发展低年级学生英语创造性思维。

二、绘本创编在低年级开展的可行性

绘本，英文中称为 picture book，顾名思义就是画出来的书，它以绘画为主，附有少量文字。绘本符合孩子的思维特点，从人类的发展史上看，图画语言甚至还早于文字语言，它比文字符号更加直观，表达的系统更符合儿童形象性思维的特点。① 幼儿园至小学低年级的儿童，是儿童绘画表意特征最为明显的时期。② 在小学低年级的英语学习过程中，如果利用易于儿童接受的儿童绘画表达方式，配以一定的语言支撑，同时有供学生发散思维创作的留白，那么绘本创编就有了它在低年级段实践的可能性和意义。利用绘本创编在绘画和语言之间架起一座桥梁，让学生不怕用写的方式表达，并热衷于此，在绘画和语言表达互动互应的过程中发展儿童语言、激发儿童想象力，达到培养其创造性思维的目的。

三、绘本创编在低年级的实践

（一）如何设计绘本创编活动

1. 激发学生兴趣，调动学生写的欲望

在绘本创编中，激发学生的兴趣，是培养创造性思维的前提。"如果创作的过程是趣味十足且幽默的，那将会极大的激发创造性思维。"③ 以此为原则，并结合平时的教学实践经验，我在实践绘本创编的过程中设计了以下几种的活动：疯狂句创编；小韵文创编（罗列押韵的已知词汇，尝试造句，合体成文）；回环式故事创编（从填词开始，到仿句，最后到故事创编）。

---

① 李静纯：《小学英语故事教学》，外语教学与研究出版社 2013 年版。
② 张君："小学低年级以儿童绘画促进语言表达的实践研究"，四川师范大学，2010 年。
③ Herbert Puchta, Marion Williams. Teaching Young Learners to Think. Helbling Languages. 2011.

比如，在学习 Feeling 一单元时，老师将已学的课本中的句子 kiss the apple tree，eat ice cream with cheese 等句子放在一个盒子里，将班里学生的名字及老师的名字放入另一个盒子中，由学生分别从两个盒子中任意抽取两条组成句子大声念出来，熟悉的人物和不可思议的事情产生的强烈戏剧效果让学生痴爱到一有机会就会要求 Making Crazy Sentence。每个同学都想表达自己的 crazy sentence，教师顺势让他们写出来，并配图，写作欲望就此被点燃。

2. 图配词：突破词拼写障碍

我在多年的中、高年级教学中发现，孩子在写作时常常困惑于某个词（多为名词）的表达或拼写，从而阻碍了流畅的写作表达。这时候如果教给他用图来替代的技能，或者不要计较正确性尝试根据自然拼读去拼写，保障他写作思维的流畅性为首，则会在很大程度上降低学生对于写作的畏难情绪，从而减轻写作的心理负担。

因此，在低年级实施绘本创编的第一阶段是以图配词的方式展开的，即学生选取所学的课本词汇，为之配图。随后则是鼓励学生根据发音拼写单词，同时用图来注解不确定拼写的单词或代替不会用英文表达的单词。下面便是在最近一次的关于 Are you scared of…？ 的绘本故事创编中，这个同学想要表达"Look, the horsing is walking to you."不会拼写 walking 的她机智地选择了用行走的双腿来替代（如图1），完美地完成了她的表达。

图 1

3. 整合课本，提供绘本创编文本

在开展绘本创编的过程中教师必须充分考虑到低年级学生语汇积累的

状况，教师提供的绘本创编的语汇文本必须源于学生所学课本或由课文改编而来。绘本的创编一方面复习巩固了课堂所学知识，另一方面所提供文本中的留白给了学生创作的空间。本研究中的主要语汇素材来源于剑桥国际少儿英语 *Playway To English* 1～3 册。

（二）如何在绘本创编中进行评价

原则一：让学生自由思考（Be free to think）

小学生对一切事物都充满着好奇和想象，尤其在英语课中，面对在不同文化背景下呈现的各种现象，课堂上总能听到各种的"奇思怪想"。作为老师，我们一方面要积极鼓励学生创造性的思维，同时对于他们可能近乎"荒诞的"（wacky），或者"不着边际的想法"（off-the-wall idea）不能加以简单的否定[①]，不要让学生因为怕被批评，甚至嘲笑，而不敢自由思考和发表自己的见解。

原则二：不做价值评判（Non-judgmental attitude）

"…it needs to be evaluated carefully. In order to create something new we need to go into a mental state that activates our imagination. the key…is a non-judge mental attitude"[②]。对于学生的表达，教师可以做细节的追问，但尽可能不要做评判，同时引导学生在自我思考时，也这样去做。这样方能给创造性思维提供沃土。

原则三：关注故事本身（Focus on the story）

绘本创作很大一部分是绘图过程，学生极有可能将大部分的精力放在对绘画的关注上，尤其是喜爱绘画的低年级学生，从而忽视了故事本身的发展。所以需要老师在评讲及批阅评价时引导孩子关注故事本身，从表达是否完整、清晰，是否具有创意等方面展开[③]，同时也不能忽略了写作中的标点、书写及重点的文法问题，为学生进入中高年级的写作打下良好的

---

① Herbert Puchata · Marion Williams. Teaching Young Learners to Think. Helbling Languages. 2011. pp. 13.

② Herbert Puchta, Marion Williams. Teaching Young Learners to Think. Helbling Languages. 2011.

③ Ruth Culham. 6 + 1 Traits of Writing The Complete Guide For The Primary Grades. Scholastic Inc, 2005.

基础。

四、绘本创编对培养低年级学生创造性思维的价值

1. 高度的个体化

在绘本创编的写作方式中，个体被高度的重视，个体思维被关注具有了可能性。在教学中我们会发现，那些善于口头表达的学生几乎占据了课堂发言的主战场，那些安静的同学因此很容易被遗忘。而同样作为语言输出的写，绘本创编能极大地规避这一问题。每个学生都会创编自己的绘本故事，而每一份绘本创编作品都会得到老师的关注与点评。

2. 发散性思维和聚合性思维的完美结合

激活意向是所有写作活动的基本前提，没有意向或意向单一死板，就不会产生好的写作，而头脑风暴的核心问题就是激活意向。① 头脑风暴能极大地激发学生的发散性思维，是培养学生创造性思维广泛被接受的方式，而头脑风暴过后的个体写作又是聚合性思维的集中体现。这二者都是创造性思维的特征。

3. 以绘本创编的方式写作降低了学生的畏难情绪，让学生思维更顺畅，更敢于放开了去想

每个学生都有想象力，一般情况下，他们的想象只能偶尔以母语的形式表现出来。当学生接受了故事的简笔画训练之后，他们的想象就会因此增添了翅膀。② 其实每个孩子都是天生的绘画大师，所以当学生有不会表达或拼写的词时，引导他用图画表述，这样就不会给思维造成不必要的障碍，同时能激发学生的创造力。

五、结语

创造性思维对拓展思维深度和广度、发挥想象进行写作创作起到了积极的作用。创造性思维指导着绘本的创编，而绘本作为载体，表达自我内

---

① 李静纯：《小学英语故事教学》，外语教学与研究出版社 2013 年版，第 126 页。
② 李静纯：《小学英语故事教学》，外语教学与研究出版社 2013 年版，第 253 页。

在想法的同时，激发了更多创作的灵感。笔者非常期望通过低年级绘本创编这样的写作尝试，一方面对于学生进入中高年级后开展进一步的写作奠定基础；另一方面，能培养学生创造性思维，从而影响他们一生的学习与生活。同时，对于英语写作课我们能有新的认识：英语写作课不仅仅局限于语言运用的训练，还是创造性思维的重要训练；英语写作课在低年级段开展的可能性和具体操作。

传统与文化

中华优秀传统文化是中华民族的重要文化软实力，也是中华民族强大的精神力量。我们在英语课堂中有机地渗透中国传统文化，使中国优秀传统文化在小学英语课堂绽放光芒。这不仅能够丰富英语教学的内容，增加学生的学习兴趣，而且能够为培养优秀的跨文化交际人才奠定基础。那么如何在小学英语教学中渗透中国传统文化呢？老师们在英语教学中进行了有效的尝试。每学期的第十周均为英语传统文化周，在这一段时间里，各年级组都制定了规范的教学计划，根据学生年龄特点将中国传统文化的特点逐步渗入课堂中，教师们自编教材、搜索丰富的教学资源，力求带给学生既传统又有创新的学习内容。知识来源非常广泛，从博物馆到胡同历史、从茶文化到各个节气和节日，在学习英语的过程中，我们让学生在了解西方先进文化的同时，也加深对中华传统文化的理解，从而发展和提高学生跨文化交际的意识和能力，提升学生们对传统文化的认同感与自信心。将中国传统文化一代一代传承下去，使中国传统文化在世界舞台上绽放光彩。

探索中国传统文化的密码

金 琳

依据我国素质教育主旨及中共中央办公厅、国务院办公厅《关于实施中华优秀传统文化传承发展工程的意见》，为了更好地肩负起传承发展中华优秀传统文化的历史责任，培养中华优秀传统文化的忠实继承者、弘扬者和建设者。

一、新模式的探索

本节课从教学内容到教学模式都是一次新的尝试，教学内容结合学校的博物馆课程进行整合。

一幅书画，一件陶器，一方印章……这些藏品蕴含着历史信息，每一件由自然与人工合力成就的艺术，守护着一段关于中国物质与精神之美，教师和学生一起探索了中国传统文化的密码。

这部分的词汇是课本中不常见、生活中不常用的，教师经过整合与梳理，化繁为简，并指导学生从历史、年代、外形等方面介绍这些历史瑰宝。

教师始终有意识地加强对学生学习策略的指导，在参与不同的课堂活动中有效地进行了知识的学习。运用策略，学习语言。引导学生运用观察、发现、归纳和实践等学习策略，学习语言知识，感悟语言功能。

师生努力探索中华文化国际传播与交流新模式，学生综合运用所学的英语知识，讲好中国故事、传播中国声音、阐释中国特色，推动中外文化交流互鉴，构建全方位、多层次、宽领域的中华文化传播格局。

【课题】Museum Trip

学段：高年级

年级：六年级

相关领域：综合实践博物馆课程，中国传统文化

【指导思想与理论依据】依据我国素质教育主旨及中共中央办公厅、国务院办公厅《关于实施中华优秀传统文化传承发展工程的意见》，为了更好地肩负起传承发展中华优秀传统文化的历史责任，培养中华优秀传统文化的忠实继承者、弘扬者和建设者。

【教学背景分析】学生情况：学生对国博中的文物比较熟悉，能够用中文介绍，但涉及文物的英语词汇不常见、不常用，学生还不具备用英语进行表达并对外传播的能力。

【技术准备】PPT演示文稿，单词卡片，贴图。

【教学目标（内容框架）】本课程引导孩子用英文来表达、传播中国文物的悠久、深厚、绮丽和多姿，孩子了解中国的国宝，让这些艺术瑰宝发

扬光大。

师生努力探索中华文化国际传播与交流新模式，学生综合运用所学的英语知识，讲好中国故事、传播中国声音、阐释中国特色，推动中外文化交流互鉴，构建全方位、多层次、宽领域的中华文化传播格局。

二、教学过程（文字描述）

（一）Warming up

Watch & talk

活动目标：情境创设，引出话题。

实施方法：

1. 为学生展示马王堆图案丝巾，让学生找到文物在生活中的运用。

2. 学生开展头脑风暴自由发言后，教师引出本课主题。

3. 出示图片，帮助学生和已有相关知识与经验建立联系。

教师：Shall we go on a museum trip today？

【设计意图】利用资源策略，激发学生的原有认知，使学生明确本课的主题。

（二）Presentation

Activity 1：Listen & answer

活动目标：中外知名博物馆的初步感知与对比，学习 masterpiece, ancient China, modern China.

实施方法：

1. 教师展示油画框，学生猜名画。

2. 在时间轴中了解 ancient China, modern China 的划分年代及原因。

【设计意图】在猜画中学习 masterpiece，在时间轴中了解 ancient China, modern China 的划分通过观察主题图，利用认知策略，直观感知种子传播途径，用简单的词语进行描述。

Activity 2：I SPY

活动目标：探究发现文物的分类，学习 bronze, silver, jade, gold, pottery。

实施方法：

1. 观察主题图，发现更多信息。

2. 预设学生语言：gold earrings, necklace, clay。

【设计意图】通过观察主题图，利用认知策略，直观感知文物的类别，用简单的词语进行描述。

Activity 3：Fun Game

活动目标：理解探究文物的类别。

实施方法：

【设计意图】近距离观察文物，调动学生的学习兴趣，引导学生采用发现和归纳等方法，帮助学生理解文物的类别，培养学生组织语言和运用语言的能力。

（三）Practice

Activity：Gallery Walk

活动目标：结合语境，理解词汇实施方法；提出问题引导思考，继续引发学生对文物分类的进一步思考。

【设计意图】词汇 bronze, silver, jade, gold, pottery 的理解，并没有直接给中文解释，而是通过学生对旧知识的迁移、推断等方法，并结合英文解释，初步了解其意，锻炼了学生用英语思维的能力。

（四）Production

Stick, talk & show

活动目标：综合运用语言，归纳描述文物。

1. 出示文物，并且向学生介绍名称。

2. 开展小组活动，引导学生从 When、Where、What、How 几方面介绍文物。

3. 小组展示，预计展示 2~3 组

4. 鼓励学生当朋朋哥哥，做文化的使者。

图1

【设计意图】在这个活动中,学生使用观察、归纳等学习策略,根据短文内容选择相应的图片,以小组合作的形式完成描述文物的语段,综合运用语言。

(五)家庭作业

制作海报,从几个方面介绍文物。

"学思知行"课堂教学模式的体现:

在落实"学思知行"课堂教学模式的过程中,关注学生思维品质的培养;

基于英语学科特点,在课堂实施过程中着重研究如何提升学生思维品质的策略;

本节课的角色,教师由讲授者转变为组织者、倾听者;

通过问题的设计,真正激活学生思维,是思维品质培养的有效途径;

同时,也真正做到了以学生为中心的课堂。

传承茶文化　拓展新课堂

李　享

文化教学是目前英语课堂教学中的新思路。茶文化不仅是我国传统文化的精华,在外国也有悠久的历史,在英语课堂中,老师应该有效地利用中外两国的共同文化,可以从兴起的时间、品饮的习惯、精神内涵等入手,对中外茶文化的差异进行分析。在英语课堂教学中,适当融入茶文化,可以促进学生对语言文化的学习,提高学生对茶文化的了解,提高学生的英语水平能力。

语言和文化有着密切的关系,语言是文化的载体,文化是语言的背景,两者是相互依存的。我们只有通过语言去了解文化,语言的学习就是对文化的学习,了解文化才能够对语言更好地学习。如果在平时的英语教学中脱离对文化的宣传,则语言的学习就没有了意义。本学期,结合我校三年级学生学情,我们开展了为时一周的以茶文化为主线的传统文化课程,传统文化走进英语课堂,在中西方文化的精彩碰撞中,孩子们汲取了知识,拓展了眼界,更学会了包容。

一、茶文化融入英语课堂教学的创新思路

1. 阅读、查找资料提高英语认知能力

传统文化课堂中的英语教学,可以通过对文化的了解来展开语言教学,以此来提高学生的英语水平能力和文化的底蕴。准备过程中,学生阅读适量的中英结合的茶文化文章,例如以英国的茶文化为例,将英国的一些茶文化通过英文的文学作品介绍给学生,并且让学生自行的对作品进行欣赏、解析,然后对作品中关于饮茶文化的句子内涵进行具体的分析,最后在学生对此作品进行深入了解后,可以布置学生写一篇关于中英茶文化差异的思考。在这一过程中,不仅能够使学生学习到中英两国的文化,还能够减轻学生学习英文的难度。教师推荐适当相应的资料给学生,例如,荷兰、俄罗斯、日本、土耳其等国家的茶文化,让学生去了解多样的品茶知识,比单纯读、背书本上的英文更加有内涵,并且能够提高学生的英语水平。

2. 利用对比举例激发学生的学习兴趣

茶文化融入英语教学中,能够增加课堂的多样性与趣味性,并且能够帮助学生对英语知识的消化。例如,老师列举中英茶文化的差异,采用对比的分析方法,让学生理解中英语言文化的不同。以中国人喜欢喝绿茶、

英国人喜欢喝红茶为例。首先,老师可以通过视频等多媒体文件向学生展示中国人饮茶的方式,也将英国人喝红茶的习惯,比如加糖、奶等调料等习惯作为对比,配不同的音乐背景,使得英语课堂在视频中展现出一种艺术的课堂,以此来增加学生的兴趣。在讲解英国人喝茶的部分,可以用英文字幕为其解说,中国饮茶的部分,也可以利用汉语来讲解。通过视频了解,让学生进行讨论分析、总结,使学生自主地对其差异进行总结、表达。最后,老师将视频中出现特别明显的词语提出来,比如 teaparty(茶会)、softdrink(软饮料)等词汇,丰富茶文化的生活,以此来充实英语课堂。

3. 为学生介绍中英茶文化的习语知识

习语包括有俗语、谚语等,它是我国词汇的组成部分,是从古至今长期使用语言的自然产物,也是中文的核心。习语不仅能够体现出一个学生的中文水平能力,还能够折射出一个民族的文化。在外国,也有自己相关的习语,并且在英语中包含有 tea 的语句很多,老师也可以适当地讲解关于 tea 的习语,使学生在不知不觉中掌握中英的茶文化。例如 a tea hound 表示花花公子,这是由于在茶话会、舞会等社交场合中,那些追逐漂亮女孩并且大献殷勤的男子;somebody's cup of tea 表示使某人感兴趣的东西,这是由于英国人对茶情有独钟,其他什么样的饮品都不能代替茶的位置。通过向学生们展示一定的茶文化,可以让学生在课余时间对习语进行收集,并且特别有意思的习语可以在班上进行讲解,另外还可以介绍英国人的一些饮茶习惯,以此来提高他们对词汇的理解能力。

二、茶文化拓展英语课堂的新模式

相对于常规的英语课堂,传统文化课堂的展示形式更加多样化、丰富化,评价孩子们学习成果的标准也趋于过程性与实践性。在我们的传统文化课堂上,孩子们打破日常单调的座位顺序,以小组为单位围坐在一起,共同学习、完成任务。孩子们在小组合作的过程中学习知识,并且通过制作茶文化小报的形式汇报展示,孩子们很喜欢这样的课堂,在这里,老师只是一个引导者、倾听者。虽然是三年级的学生,但孩子们的能力在独立自主的小组活动中有所体现，大家更懂得倾听组员的意见并采纳，整个小组成员的智慧在汇报展示的环节绽放光彩。

传统文化课上的小组活动，更多地体现了在课堂上以学生为主体、教师为主导的思想。实践证明，这减轻了学生在学习知识时怕羞、怕出错等心理障碍，使他们表现出了更大的学习积极性和创造性，并且使学生在课堂上有更多的语言练习时间和机会。在任务型教学中，小组活动又是完成各种任务的必要手段。

三、茶文化对英语课堂作用的延伸

茶文化进课堂有利于增进国民文化信仰。将传统文化教育贯穿于学校教育，让学生从小亲密接触优秀传统文化，在优秀民族传统文化的熏陶和陪伴下成长，有利于培育文化认同，增进文化信仰，在思想深处厚植优秀传统文化基因，进而帮助大家深刻认识、体会到中华文化的优越性、先进性，树立正确的道德观、人生观和世界观，不断坚定文化自信和文化自觉，牢固确立和切实践行社会主义核心价值观。

传统文化课程符合史家教育集团"学思知行"的教学思考，是我校特色教学理念的很好体现，孩子们受益其中。在实施过程中，我们也发现了一些需要思考并改进的问题，这些问题将促进我们深入探究，不断完善，不断突破，真正做到传承传统文化，拓展新课堂！

整合教材文本　趣谈十二生肖

郝杰宏

《英语课程标准（2011年版）》指出，教师要结合教学的实际需要，创造性地使用教材。教材是实现教学目标的重要材料和手段，在教学中，教师要善于根据教学的需要，对教材加以适当的取舍和调整。"教材整合"是指为了优化教材使用，教师通常会对教材的文本内容进行一定的取舍、改编，对教材原有的语言活动进行修改和替换。或是对教材提倡的教学方法进行重新设计（潘正凯，2013）。笔者所在学校使用的是北京版小学英语，授课对象为六年级学生。在日常课堂教学中，大多数学生愿意进行口语操练。全班有半数学生有课外英语学习的经历，具有一定的语言基础和表达能力。同时学生也具备小组合作、编演对话等能力；而本单元原有的授课内容对学生来讲易于理解和学习。基于上述理论和分析，笔者对北京版小学英语六年级上册第六单元中 23、24 课的部分内容进行了调整，把两课内容的主题情景和主要功能句型整合在一起，创编出新的教学文本，并在新文本中增加了新的功能句，更加凸现了本课的故事性，也使教学内容更加完整，同时提高学生的学习兴趣。

同时，《英语课程标准》指出英语课程强调对学生语言能力、文化意识、思维品质和学习能力的综合培养，具有工具性和人文性融合统一的特点。笔者研读教材内容发现，本单元的教学内容为"the Twelve Animals"是中国家喻户晓的传统文化。因此，在教学设计中将教材文本整合和中国传统文化融合在一起，体现英语教学的工具性和人文性的特点。

一、结合传统文化，创编教学文本

在课文基础上进行文本整合，结合中国传统文化的特点，创编新的教学文本。北京版小学英语六年级下册第七单元第 23 和第 24 课，教学内容如下。

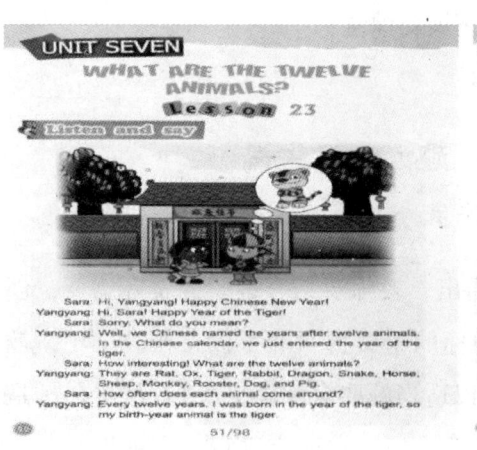

图 1

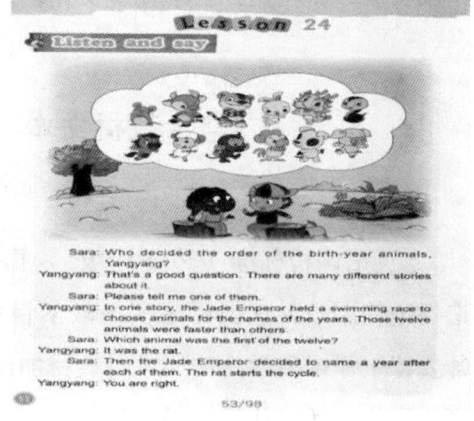

图 2

教材文本整合后，内容如下。

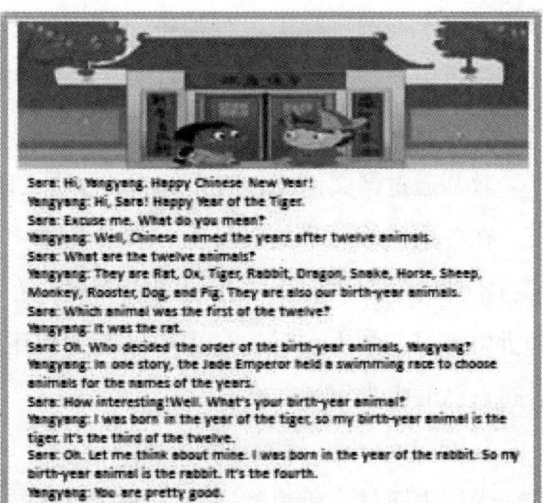

图3

本单元的主要话题是 What are the twelve animals？整合的内容是本单元的第一课和第二课，在整合的基础上创设了新的教学文本。第一课时中的情景是什么是十二生肖？以及表述自己的生肖年，主要学习的句型是 I was born in the year of the tiger, so my birth-year animal is the tiger. 而第二课时中的课文情景主要是十二生肖来源的传说故事及生肖的排列顺序，主要句型是 The Jade Emperor held a swimming race to choose animals for the names of the year. Which animal was the first of the twelve？基于上述内容，在新文本课的设计中，将两课的内容进行整合，重新设计文本内容。主题情景设计为 Sara 和 Yangyang 通过聊天的方式了解十二生肖的相关内容，如十二生肖包含哪些动物、十二生肖的来源故事，同时询问和表述自己的生肖属相。在原课文的基础上添加新的功能句型 What's your birth-animals？并作出相关回答。教师进行了如下设计。

1. Warm up 环节，创设学习情景

教师通过去邮局买邮票的生活情境的创设，再借助相关图片，引导学生说出有关十二生肖的知识，达到激发学生已有生活经验的目的，并渗透新知内容。

2. Presentation 环节，新知学习

教师通过观看新文本视频，听课文语句，学习有关十二生肖的知识。

在新文本学习的过程中，教师将中国传统文化十二生肖的相关知识融入课文的学习中，如有关十二生肖的传说故事，提高学生学习的积极性。

3. Practice：内化、操练语言

教师通过课文操练，听力练习，情景创设的内化操练本节课的目标语言。在各个操练环节的设计上，教师注重中国传统文化的融入，每个练习都与本课的学习内容十二生肖息息相关，在操练的同时渗透传统文化。比如听力练习，学生在听的过程中操练如何用英文询问他人的生肖，并学会表达自己的生肖属相。

4. Production：运用语言

学生先通过一段视频进一步巩固所学知识，同时教师为学生对话创编提供语言支持。之后学生4人一组交流，进行创编对话。这个活动有助于提高学生在真实的情景中语言的运用能力，也使学生学会运用目标语言，学会如何用英文表达十二生肖的相关知识。

5. Ending：发展语言

教师通过课后作业让语言学习进一步延续。结合中国的传统文化，学生能够用英文表达十二生肖的故事，并设计一张生肖邮票。

二、笔者对本课教学设计的思考

笔者使用北京版教材在高年级任教多年，对教材有了一定的认识和梳理。在研读教材和实施教学的过程中发现很多的学习内容，可以进行增补或整合。同时笔者结合学生实际学习能力和原有认知，对教材内容进行适当的取舍和补充，再结合中国传统文化对学生进行教育渗透，这样的教学设计在提高课时有效性的同时，也提高了学生对中国传统文化的兴趣。

从中国传统文化视角谈论如何在英语教学中促进学生思维品质的发展

——以"端午节"一课为例

马宜平

语言是信息传播和文化传播的载体,文化是语言的灵魂和精髓,因此语言与文化两者之间是相互制约、相互影响的。随着中国综合国力的不断加强,中国的传统文化也逐渐走向世界。在英语的学习中,中国传统文化也起到越来越大的作用。所以在中小学英语教学中应逐步渗透中国传统文化的内容,通过英语课程让学生了解本民族的传统文化,培养学生传承与弘扬传统文化的能力。掌握好中国传统文化,有利于提高孩子们的跨文化修养,也可以让他们找到归属感,增强民族自信心。新课改的契机为中国传统文化与英语教学的融合带来了良好的平台,教材中有些材料的选择已考虑到了这一点。作为教师,我们需要创造很好的氛围,在讲授知识中传承传统文化,将历史的经典、时代的方向播种到学生心中,传播社会正能量。让传统文化进课堂,可以让学生以英文的形式了解中国的传统文化,让学生用英文的思维和角度去理解传统文化,不仅增加了他们的文化知识和英语能力,同时也培养了他们的文化自信。

小学《英语课程标准》中提出要全面提升学生的综合人文素养。即学生通过学习英语课程,不但能够开阔视野,丰富生活经历,发展创新能力,而且形成良好的品格和正确的人生观与价值观。而当下大家所熟知的"核心素养"更是将教学放在了一个"全人"培养的位置,英语教学在关注学生语言能力的同时,要更关注学生的学习能力、思维能力及文化品格的培养。思维品质是智力活动中特别是思维活动中智力与能力在个体身上的表现,其实质是人的思维的个性特征。思维品质的成分及其表现形式有很多,主要包括深刻性、灵活性、独创性、批判性、敏捷性和系统性六个方面。因此,发展学生的思维能力也是小学阶段英语课的重要任务。基于以上这些理论支持,笔者以北京版小学英语教材四年级下册 Unit 5 Lesson 19 端午节为例，陈述如何从中国传统文化视角在英语教学中促进学生思维品质的发展。

　　本节课是本单元的第三课时。本单元的主题是节日，继前两课的劳动节和儿童节，本节课讲授的是中国的传统节日——端午节。本课文本内容和主句型与前两课并无相似之处。但端午节作为中国的传统节日学生们是熟知的，因此借助课文主题图学生能很快捕捉到有关端午节的信息。首先在"热身"环节，教师通过与学生的对话："我们刚放了三天假，有谁知道是什么节日吗？你还知道哪些节日？你们喜欢节日吗？为什么？"调动学生的积极性，营造轻松快乐的气氛，并激活学生已有的旧知，引出主题 Festival，让学生明确本课所学内容。在新授课开始，教师通过呈现课文主题图并提出以下问题："Maomao 和 Sara 在讨论节日，他们在哪？他们在讨论什么节日？你是怎么知道的？为什么他们要讨论中国节日？"并让学生就他们讨论的是哪个中国节日进行猜测。通过音频让学生找到答案：端午节。老师借助课文主题图，引导学生仔细观察图片获取信息，逐步了解并猜测课文内容，学生通过自身对于端午节的已知去学习和了解新知。同时，通过提问，引发学生的一些思考，帮助学生更深层地发掘文本背后的信息，并且借助提问缩小学习范围，从广泛的节日到中国的节日，让学生更明确本课所授主题。在学习本课重点句型时，由于文本简洁明了，再加之孩子们本身对端午节就有一些了解，因此，老师采用直接用重点句进行提问："What's special about this day?" 通过听和看让学生寻找信息并进行新词的认知与学习：eat zongzi, have dragon boat races。通过让学生反复听和看进行自我检验，提高学生主动学习的能力。在讲授粽子时，还提供了一些学生已知并感兴趣的内容：粽子是什么做的，外边的皮是什么，里面都有什么馅。这不但扩充学生的单词，而且让学生知道如何表达，提高了学生学习的积极性。同时，在讲授划龙舟时，给出图片进行充分理解，并询问学生对于赛龙舟的感受，从而引出关键词：fun & interesting。在学习完文本后通过听读和分角色朗读帮助学生内化所学内容，学习完课文后通过黑板上的关键词和图片，带领学生梳理本课知识内容，初步构建思维导图并为之后的复述做准备。

本课对话文本简洁明了，但都没有涉及文化背景和日期，课文内容略显薄弱。基于孩子们本身对于端午节就有一些了解，让文本有了可挖掘的契机。因此，老师通过询问学生"你还知道关于端午节的哪些信息？""你还想知道端午节的哪些信息？"来引导学生继续主动地学习关于端午节的知识。以学生为中心，借助学生自己的回答和提问，既唤起了学生的已知，也调动了学生开启主题学习的积极性。在学生提出知道屈原后，老师通过让学生看一个短片去了解屈原和端午节的关系，并且让孩子们知道端午节的产生是为了纪念屈原。之后，在学生提出还想知道端午节的日期时，教师首先呈现六月份的日历，让孩子们在日历中找到端午节并进行表达。学生之前接触过如何表达农历的日期，所以学生能很快说出日期。这时，教师提问学生是否知道端午节的另外一个日期，再引导学生观察数字下面的小字，即阴历日期。从具体日期到月份，引导学生逐步地学习如何用英语来表达端午节的阴历日期。通过对比农历与公历的日期，使学生知道公历与农历的认读方式是不同的（认读公历需要看大字，认读农历需要看小字），并初步感知农历日期的表达方式。从简到长，分层学习，也是培养学生学习能力，学会将复杂句子用意群的方式分解，以便理解和朗读。

由于本课讲授的主句型是关于端午节的一些习俗，因此，教师利用扩充端午节的传统习俗，来巩固主句型的学习，并在中国传统文化学习方面，希望学生能够多了解一些端午节的传统习俗，并进行传承下去。对于学生不了解的知识，教师通过提供给学生一些动词，让学生去猜测是什么习俗，然后给学生一些图片让学生结合自己的已知去猜，最后借助图片和动作帮助学生理解所学内容。猜测除了能激起学生学习的积极性，也能帮助学生学会发散思维。学习了这些习俗后通过游戏进行操练，将端午节的所有特点做成小条发给每个学生，学生们拿着纸条跟着鼓声走，当鼓声停下，学生需要找到一个离自己最近的位子坐下，然后利用所学主句型进行提问和回答。游戏是学生最喜欢的环节，通过和不同人询问并且交换信息，让学生能够动起来，并且可以使用不同的信息进行回答，通过反复操练进而掌握和巩固主句型的学习。

在本课最后产出环节，教师首先带领学生根据黑板上的图片以及关键词进行端午节的复述,然后询问学生是从哪些方面了解的端午节,让学生能说出日期、历史、习俗等,理解思维导图的意义,以及如何使用思维导图去介绍其他的节日。通过复述引导,学生整体回顾端午节,对端午节有了系统的整理,逐步完成从片段到整体的建构过程,注重培养思维的深刻性。同时让学生知道如何发散思维去构建思维导图,并知道关于节日的信息可以从哪几方面入手,通过使用导图去收集并进行简单的介绍。教师让学生以组为单位尝试复述端午节,做得快的组可以进行挑战环节。从学生已学过的其他三个中国传统节日中选择一个,并以思维导图的形式设计出来,然后再用思维导图将这个中国节日介绍给大家。学生四人一组完成活动,考虑到学生不同的学习水平,因此采用分层活动方式,分别给出基础和挑战的活动,让程度好的同学在完成基础活动后可以挑战更难的活动——制作并且介绍另一个中国节日,动手制作一方面增加了学习的趣味性,另一方面也培养了学生的小组合作精神,同时让学生将已学知识学以所用,培养了学生的知识运用能力。通过制作导图给学生一定的创造空间,注重培养思维的创造性。

通过反思本节课的课堂真实教学,我认为在一些活动的形式上应再做思考进行改善。活动之间虽有串联但是没有一定的奖励及评价,没有给予适当的反馈。另外,对于最后一个大产出的活动,在挑战部分只是在知识的层面就思维的广度进行了延伸,让学生通过利用思维导图学习如何介绍端午节延伸到利用思维导图去介绍中国的其他传统节日,并没有把思维的深度进行延展。对于现在学习外语,不仅仅是为了了解国外的生活习俗,也是让学生可以用英文去介绍中国的传统习俗,从而发扬中国的传统文化。在现今的社会,如何将我们的中国传统习俗传承并传播出去,还有待思考,作为老师,可以就现在的端午节我们如何过,如何能将这些习俗传承下去这一点引导学生去思考:我们可以学习做哪些事情而将端午节以及其他的中国传统节日传承下去,比如学习去包粽子,或者制作香包等等。通过发散思维,让学生从思维的深度方面进行延展。

从文本解读到渗透传统文化的课例分析

王国玲

一、引言

《义务教育英语课程标准（2011年版）》中指出，义务教育阶段的英语课程具有工具性和人文性双重性质。就人文性而言，英语课程承担着提高学生综合人文素养的任务。在实施建议中更是明确指出："语言与文化是密切相关的。英语教学应该有利于学生理解外国文化，加深对祖国文化的理解，进而拓展文化视野，形成跨文化交际意识和初步的跨文化交际能力。"继而培养一种归属感和身份认同。而当下的被大家所熟知的"核心素养"更是将我们的英语教学放在了一个"全人"培养的位置，英语教学在关注学生语言能力的同时，更要关注学生学习能力、思维能力及文化品格的培养。

据此，教师通过《重阳节》一课实践在课堂中对传统文化的渗透。从开课伊始便引导学生自主提问，并带着自己的问题解读对话文本，继而以质疑的方式启发学生去思考对话中关键信息背后所隐藏的深厚的文化背景，借助补充的阅读资料，引导学生挖掘传统文化中的"趣"，并以小组互助学习来解惑，拓展文化视野，从而加深对祖国文化的理解与热爱。同时，教师很好地结合思维导图的板书设计，在梳理学习内容的同时，向学生渗透学习方法。最后，以 custom 为落脚点，进行今昔对比，激发学生思考习俗背后隐含的寓意，引导学生传承传统文化，践行自己的重阳行动。

二、课例分析

（一）教学内容分析

本课是北京出版社义务教育教科书英语五年级上册第三单元"Can you tell me more about the Mid-Autumn festival?"第三课时，是一节对话课。对话主题围绕中国传统节日"Chongyang Festival"（重阳节）展开。文本通过主人公——美国孩子 Mike 同他的中国小伙伴的对话，向读者简洁地呈现了重

图 1　对话文本

阳节的时间，以及在重阳节时人们常常登高、吃重阳糕和陪老人等经典传统的活动。

为丰富学生的认知，扩充学生知识面，同时适时补充节日文化背景，教师在教材内文本之外补充了阅读素材。补充的阅读资料主要向学生进一步阐述了"登高"，吃"糕"，插"茱萸"等习俗背后的故事及寓意。

(二) 学情分析

为了了解学生对于重阳节的认识，设计更有效的同时更有意义的教学活动，以及是否需要补充丰富的关于重阳节的文化背景知识，授课教师在实施教学前对五年级中的 4 个班近 160 名同学进行了问卷调查（如图 2）。

图 2　问卷调查

问卷调查结果统计如下（4 个班 140 人提交了有效问卷）。

1. 问卷中第一道题数据统计

本道题的设置，旨在分析相对于其他比较熟悉的传统节日，学生对重阳节的了解程度。所以分析数据在呈现时分为以下4小项。

1. 你了解春节吗？（单选）

选项	小计	比例
非常了解	73	52.14%
比较了解	55	39.29%
一般	11	7.86%
不太了解	1	0.71%
完全不了解	0	0%
本题有效填写人数	140	

3. 你了解中秋节吗？（单选）

选项	小计	比例
非常了解	72	51.43%
比较了解	47	33.57%
一般	20	14.29%
不太了解	1	0.71%
完全不了解	0	0%
本题有效填写人数	140	

2. 你了解端午节吗？（单选）

选项	小计	比例
非常了解	69	49.29%
比较了解	57	40.71%
一般	12	8.57%
不太了解	2	1.43%
完全不了解	0	0%
本题有效填写人数	140	

4. 你了解重阳节吗？（单选）

选项	小计	比例
非常了解	37	26.43%
比较了解	37	26.43%
一般	40	28.57%
不太了解	19	13.57%
完全不了解	7	5%
本题有效填写人数	140	

图3 问卷统计（一）

数据分析：通过调查问卷可以看出，对于春节、中秋、端午等节日，比较了解和非常了解的学生占到了90%及以上，而对于重阳节，这个数据是50%，有近20%的同学不太了解，5%甚至完全不了解。

2. 问卷中第二道题及第三道题数据统计

问卷调查中的第2项和第3项，旨在锁定学生对于重阳节了解的具体项目、细节，同时了解这样的学生所占比重。在数据分析中，呈现为以下5、6（见图4）。

5. 对于重阳节，你了解以下哪些方面？（多选）

选项	小计	比例
时间	61	43.57%
重阳的其他名字	22	15.71%
习俗	91	65.62%
习俗背后的故事	17	12.14%
本题有效填写人数	140	

6. 你知道重阳节有什么习俗？（单选）

选项	小计	比例
知道	123	87.86%
不知道	17	12.14%
本题有效填写人数	140	

请列举你所知道的习俗：_____。

图4 问卷统计（二）

数据分析：通过数据可以看出，有43%的学生知道重阳节的时间，超过一半的学生或多或少了解重阳的部分习俗。在"请列举你所知道的习俗"一问中，选择知道重阳习俗的学生几乎都列出了"登高"，40人提到插"茱萸"，35人提到了喝"菊花酒"，32人提到了吃"年糕"，还有22人提及"敬老"，2人提到了"老人节"。而在访谈中问及为什么吃"年糕""登高"、插"茱萸"时，除了发挥想象力猜测，孩子们几乎不知。

（三）教学调整

针对以上文本及学情分析，教师对本课教学进行了如下尝试。

（1）基于大部分学生对重阳节的基本信息有了解，教师设计在课始以"What do you know about Chongyang?"让学生将已知表达和分享，进行同伴学习。然后基于学生已知，再让学生来说说他们想知道的"What else do you want to know about Chongyang?"，根据学生提问开展学习，从而调动学生的主动性。

（2）本课对话文本语言相对简洁，关于重阳节的时间、基本习俗活动的涉及也清晰简明，便于学生捕捉。所以教材中的对话文本非常有利于学生进行视听练习。而对于表达相对复杂的重阳节的时间表达"It's on the ninth day of the ninth month in Chinese New Year."教师则是尝试让学生们用熟悉的月份的表达方式：It's on Sep. 9th in Chinese New year.

（3）面对大部分学生对我们传统的重阳节习俗背后的故事几乎不知，却又有兴趣想知道，而教材因为版面受限的问题，提供的相关背景知识有限，所以，教师在教材内文本之外适时地提供补充性阅读资料（图5），向学生进一步阐述了"登高"、吃"年糕"、插"茱萸"等习俗背后的故事及寓意，引导学生挖掘重阳习俗背后的文化"趣味"。

（四）课例分析

1. 以颜色及传统食物为导入，将传统节日呈现于孩子眼前

【课堂热身片段】

T presents words one by one in different color and asks the students to shout out the color of the word. （教师此处设计了一些小tricks，比如红色这个单

Chongyang Festival

Chongyang Festival is on the ninth day of the ninth month in the Chinese calendar. Number nine is the largest number, with the meaning of longevity (live for a long time). Because of this, Chongyang Festival is named "The Old People Festival" officially in 1989 in China.

One of the most important customs on Chongyang Festival is climbing. So Chongyang Festival is called as "The Climb Up Festival". But the people who live far from any mountain, what can they do? Yes! To eat Chongyang cake. The Chinese word for cake is"糕"(Gao), same sound of the Chinese word for"高"(high). Mountains are high, so eating cake can take the place of(替代) going for a climb.

Zhuyu is an important symbol of Chongyang Festival. People thought wearing Zhuyu on that day can keep bad things away.

图 5　补充文本

词，却是以蓝色为背景呈现。）

T presents a list of food which is typical for different festival.

Ss：We eat…on Mid-autumn day.

T asks the Ss to match the rest except Chongyang cake, for it's not so typical nowadays.

T：We eat it on Chongyang Festival. But what is it?

Ss：…

T：What do you know about Chongyang?

Ss：…（教师将学生回答书写于副板书上）

T：What else do you want to know?

本课一开始关于节日 symbol 的心理游戏及随后的 riddle，在学生觉得好玩儿的同时，不知不觉中启动了学生对于节日的原有认知。对于主题的学习，更是通过"What do you know?"和"What do you want to know?"两个问题，基于学生的真实反馈而展开学习。在学习过程中，教师更是将学习内容同板书和评价放在一起，男生、女生进行 climb up 比赛，谁到山顶便可获得 Chongyang cake 作为奖励，给学习增添了意外乐趣。

2. 关注思维品质，围绕习俗背后的"趣"，挖掘传统文化的"韵"

对于节日的教授，本课没有止步于教材呈现的简单节日信息上，而是以此为契机，引导和启发学生去追问和探寻"Why"。

【课文学习后追问片段】

T：We have known a lot about Chongyang. Do you have any question about these?

T：I have a question：Why do we pick it up as a festival for the elder people, but not Mid-autumn or Dragon boat festival? Do you have any such questions.

S1：Why do we climb mountains?

S2：Why do we eat Chongyang cake?

S3：Why …?

教师不断地启发学生去进一步思考、批判、质疑已知的信息，同时学会为自己的结论或猜测寻找依据。而当学生从阅读中发现重阳日的9音同于"久"，"糕"谐音于"高"时，一点点品味出这些习俗的"趣"，以及承载的人们的美好祝愿，加深了对祖国传统文化的理解。

3. 将课文学习与实际生活相联系

【课堂产出活动片段】

T：So Mike, the foreign boy had a great sense！

"The Old Festival" is another name for the double ninth festival. It is very unique in the world. Because of this, what will Baobao do on that festival?

Ss：Visit his grandparents.

T：So what will you do on that day?

S1：I will climb mountains with my grandparents.

S2：I will buy some flowers for them.

T：How about draw a picture with poem?

Old people like painting.

Ss：I will…

在启发学生口头表达的基础上，让学生将自己的行动写在小纸条上，同时要求他们将自己的践行拍照发至班级群。以 notes 的方式表达并张贴会时刻提醒孩子们言出必行，践行对长者的爱。我们学习的目的就是能带给自己变化，思想上和行为上的。而对于传统文化，理解是首要的，其次则是能在生活中去践行传统文化中优良的东西。

4. 借助思维导图，梳理归纳信息，培养学习方法

黑板上的思维导图，是随着学生的反馈一点点在课堂推进中逐渐生成的，是在重阳的主题下，以 name、time、custom 为三条分支，将来自学生的看似碎片化的信息进行梳理归纳。而这一可视的过程潜移默化地向学生渗透了逻辑思维，并借助此思维导图促进学生逻辑连贯表达。

【板书设计】

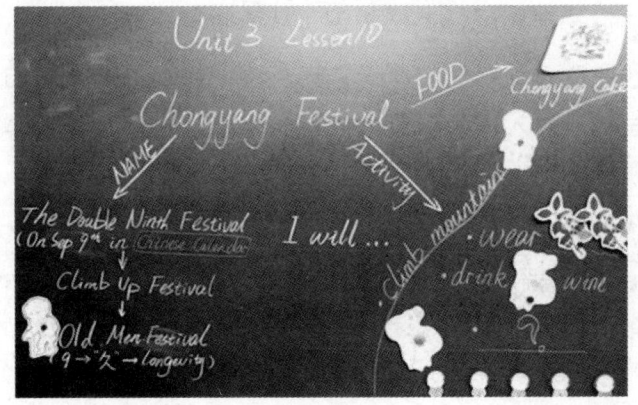

三、结语

一节好课一定是以学生为主体，能激发学生的"好奇心"，然后由好奇心驱动"探究力"，像探险寻宝一样完成学习任务。而在这一系列探险任务中，老师启发引导学生不断思考，给予需要的学习技能，渗透人格品质。在本节课的教授中，教师朝这个方向努力，学生们由最初的只知"What"，到想知"Why"，再到想探寻更多的重阳节背后的"What &Why"，燃起了对传统节日习俗背后"趣味"的琢磨，学会一点点去进行深度思考。

情境与交际

"情境教学"是指教师用语言、教具及各种教辅设备,为学生营造一个融视、听、说于一体的语言环境,使学生有如身临其境的一种教学法。在英语教学过程中,真实情景的创设,不仅可以调动学生学习兴趣,而且可以让学生更加容易理解记忆英语知识,从而触景生情,融情入境,激发参与学习活动和表达自己思想的愿望,提高交际能力。把真实的生活带进课堂,使语言自然地融入学习背景之中,为学生更直观地接触英语,了解英语国家的表达方式和举止行为,使学生置身于英语的环境中,这是一种真实、自然地感知语言的手段。学生身临其境,有了语言的积累,在表达时就能够自然大方、顺畅流利,大大提升口语交际能力。情境的创设起到了至关重要的作用。

创设英语教学情境,提高学生口语水平

马 婧

义务教育阶段的英语课程具有工具性和人文性双重性质。而语言是交际的工具,它具有实际性和交际性。优质的英语课堂不能单以教师传授给学生有效信息的多少来衡量,还要注重学生信息内化及运用能力的大小。单纯直接的课堂教学乏味无趣,容易使学生感到压抑,产生心理疲劳,阻碍学生对语言信息的内化。新课程标准要求教师应积极创设以学生为中心的情境教学,将知识性与趣味性融为一体,使得课堂形式丰富活跃,从而充分调动学生的学习积极性。

因此,创设一种宽松愉快、民主和谐、直观生动、开放互动的课堂教

学情境，是提高英语教育教学质量最关键、最有效的条件。那么，怎样创设良好的英语教学情境呢？笔者经过教学中的实践和思考，觉得可以从以下几个方面去做。

一、运用实物或模型创设情境

小学时期的孩子形象思维比较灵活，他们喜欢教师生动的讲解，关注于贴切生活的物品。在教学过程中如果能适当地出示生活中的实物或者实物模型，可切实节省讲解时间，提高操练效果。通过实物或模型创设情境是英语课堂教学中较常用的一种方法，它形象直观、生动活泼，往往取得事半功倍的效果。实物和直观教具常用于演示教学，这不仅可以激发学生的学习兴趣，而且还可以帮助他们迅速理解所学内容。？例如，在教"What colour is it?"时把它和以前的句子？"What's this？"连起来组成一组对话，通过实物做道具来完成。我事先把准备好的苹果、梨、香蕉、彩色铅笔、玩具小熊、玩具汽车等装在一个小纸箱里，然后请一个学生上来，蒙住他的眼睛，让他从箱子里拿出一件物品，其他学生便问"What's this?"？他则回答"It's a…"？若回答错误，则继续猜，直到猜对了同学们再问他"What colour is it?"然后他再回答？"It's…"这样学生们就来兴趣了，争着想来试一试。这样的实物情景对话使学生的兴趣倍增，在真实的生活背景下学习并运用了语言。学生通过观察实物和听取教师的讲解，自然而然地将英语单词和相关的实物联系起来。这样，学生学得快，记得牢。

二、利用图片或简笔画创设情境

形象逼真的图片不仅可以吸引学生的眼球，还可以增强学生对图片中物体的感知。而利用简笔画教学，往往可取得意想不到的效果。简笔画生动简洁，它要求快、简，动物、人物、植物、事物，只需简单几笔，便被生动地勾勒出来。基于学生学习的优势，尤其对于那些视觉和动觉型的学生，用简笔画、挂图、课文插图及动画等来呈现课文情境，把课文内容形象化。例如，教学"I get up at seven o'clock"时，将Peter's day 勾勒出6幅连环简笔画（按时间先后顺序描述 Peter 一天起床至就寝的系列动作），每幅图中醒目的时钟便是学生理解和复述课文的导向,这样他们易于掌握所学的语言信息。再者,英语课本中的插图在教学时不容忽视,我们若能充分巧妙地运用好这些插图,不仅能提高学生听说读写和应用英语的综合能力,还能使学生德、智、体等全面发展,从而达到教书育人的双重目的。

三、通过动作或角色创设情境

在教学生表示动作的单词时就不能仅仅靠图片来让学生观察和读了,必须配以动作让学生练习、感知,才能更牢固地掌握所学单词。动静结合的课堂活动能更好地激发兴趣,掌控课堂教学节奏,营造出开放和谐积极互动的语音活动氛围。角色扮演能让学生积极主动地参与,进入角色,进入状态,体验情境,突出了能力培养和思想教育,发展了学生个性品质。如在教学北京版小学英语一年级"Glad to see you again"时,就让学生分别充当各种角色,搞好课前导入、课中学习、课后复习,由此,Miss Wang、Maomao、Lingling、Guoguo各自的形象及语言就栩栩如生地展现出来,达到了乐中演、乐于学的真正目的。其他的话题,如过生日、看病、问路、打电话等都可通过角色扮演来巩固所学语言,提高口语交际能力。

四、利用音乐歌曲创设情境

在教学中调动学生积极性是非常重要的。我们可以利用课前播放一些英语歌曲,在这种气氛中,学生容易进入最佳学习状态,身体适度放松,头脑注意力集中并准备接受新信息。实践证明,音乐能帮助学习者放松,并能加快信息收集,增强记忆。歌曲以其节奏、音韵之美博得孩子们的喜爱。在教学生一些表示时间、地点景物等方面的单词时,因为它们只有文字而没有图片,因此容易让学生产生疲劳的感觉。此时,在学生会读的基础之上,教师可以将它们串成歌曲。

小学英语教材中有许多有趣的、易学易懂的英语歌曲,并且多数与教学内容息息相关。基于这一点,我从不忽视英文歌曲的学习和运用。将音乐与英语教学融为一体,创设有声语言环境,能使学生从机械、呆板、单调、紧张的学习气氛中解脱出来,感受学习的乐趣,提高学习的效率。每节上课之前，我都安排一首与前一节课学习内容或即将学习的知识有关的歌曲，与同学们随录音机共同歌唱。这样一方面缓解学生的紧张情绪，不知不觉进入英语语境，同时还可以在优美的旋律和押韵的歌词中使所学内容能得以复习。

五、运用多媒体手段创设情境

现代化的教学，自然离不开前人的智慧引导和自己不断的经验总结，但也需要具备现代化的教学条件。多媒体教学具有生动活泼的动感、丰富鲜明的色彩以及立体的音响效果，可让学生通过看、听、说来学英语。现在对多媒体的应用逐渐实现了课堂教学大容量、多信息、多趣味、高效率的优越性，真实又立体地展现了所学语言的背景和使用背景，它通过文章、图像、视频等多种媒体信息的综合运用，使教学过程有序化、整体化、形象化、趣味化，令人赏心悦目。如在教学北京版小学英语四年级"What is nature?"时，教师教授的是有关自然现象的话题，对于四年级的学生来说，这个话题比较抽象，尤其是需要学生理解水变成冰、冰变成水的过程，在教学中是一个难点。因此，在教学时，教师可以通过课外资源先给学生播放一段有关水和冰之间变化的视频，让学生对这一现象有了初步的了解。接下来，通过PPT的动态讲解，以及对于单词的形象处理，进而将教学难点进行突破。这样将音、形、义及物理知识融为一体，在生动的情境中很好地完成了教学任务，给学生留下了深刻的印象。

总之，小学生口语交际能力的培养任重而道远，不是一朝一夕的事。英语口语交际教学必须从交际的情景出发，根据教材内容、学生年龄特征和认知特点，创设生动有趣的情境，增强他们的口语交际意识。让学生受到情境的感染，激发学习兴趣和求知欲。以适当激励的评价手段，保护和培养学生口语交际的自信。通过真实的情境让学生感知口语交际的意义，让学生不知不觉地置身于英语的环境中，体验到学习英语的乐趣，从而提高学生的口语交际能力。

如何利用多媒体技术创设课堂情境
提高课堂教学实效性

藏 娜

英语作为一门交际性语言学科，是要通过语言反复习得实践获得的。英语课堂教学是学生掌握和提高英语实践能力的最主要途径，新课标下的英语教学就是以听说为主的教学。听和说是通过中枢神经系统传递思想的交际过程。听是理解和吸收信息，说是表达和传递信息。我们可以把学习和习得有机地结合起来，尽量加大语言刺激量，创设良好的语境和课堂情境，在课堂教学中加强对学生听说能力的培养，提高课堂教学的实效性，在语言交际中学英语。

一、教学分析

1. 教学内容分析

Lesson 11 是北京版小学英语教材五年级下册第三单元的第三课时，要求学生通过前一单元和本单元前两课的学习，掌握植物各组成部分的名称及作用，并且能够正确区分常见食物属于植物的哪部分。通过多媒体等方式帮助学生复现已学知识，并与学生谈论植物如何生长，从而引出本课的情境话题——种子的传播。通过观看课文视频，了解并梳理出种子的几种主要传播方式，同时学习核心句型：How do seeds travel? Some seeds travel… and others travel…；通过观看教师自编的多媒体视频和补充材料，深入本课情境并丰富种子传播方式的知识；结合已有知识和学生的实际生活经验，请学生思考、讨论并表述植物的组成及其种子的传播方式，从而更好地完成在情境下的真实交流、交际的任务。

2. 学生情况分析

授课年级为五年级，他们自一年级起使用北京版教材学习英语。学生具备基本的理解、认读和口语表达能力，具备小组合作、交流、自主表达等能力，熟悉教师的课堂用语。教师关注每个学生的情感，创设贴近生活的情境，开展有梯度的活动，满足不同学习能力学生的学习需求。

3. 前期教学状况

学生对植物各部分的名称及作用，以及我们日常所吃的蔬果属于植物的哪部分等问题的理解只流于表面，并不能深入情境去理解植物相关领域的科学性知识。

二、教学过程

（以下内容中，"T"表示 Teacher，"S"表示 Student）

Step 1：Warming up

1. T：Spring is coming. What can you see?

2. T：Watch and guess.（video）What is it? How about these? What do flowers do?

通过谈话方式帮助学生复现植物旧知，以尊重学生已有的学习、生活经验为出发点，激发学生的好奇心及学习新知的学习兴趣，帮助学生进入课文情境，为学习对话做好铺垫。

Step 2：Presentation

1. T：Flowers make seeds. Peas are seeds.

Is corn a kind of seeds? Listen and find the answer. What else are seeds? They look like each other. Are they the same?

2. T：Are they seeds? No. They are…

通过提问、语音和图片提示创设情境，引导学生对黑板上所贴的食物中哪些是植物的种子这一问题进行思考并分类。

3. T：What do seeds do? What do seeds need to grow up? How do seeds travel? Let's watch and answer.

通过观看课文配套视频，帮助学生了解种子传播的几种方式，并通过板书绘制种子传播方式的思维导图，创设情境帮助学生理解、记忆。

Step 3：Practice

1. Let's read.

2. T：Seeds travel in many ways. Can seeds travel in other ways?

Let's watch and find. (video)

课文朗读、表演等活动，目的在于创设情境让学生真实感受谈话者的状态、语气及情绪，让学生轻松地进行朗读活动。通过观看教师自编的种子传播方式的短视频，帮助学生内化种子的各种传播方式并将本课的 Listen、look and learn 部分巧妙地结合进来，同时丰富了种子传播方式的思维导图。

3. Let's say.

T：I want to introduce an interesting APP to you. （英语趣配音）

I uploaded a video on this APP. I want to do it with you.

通过配音这一学生乐于参与的方式，引导学生对新知进行机械操练，为进一步的创意表达做语言铺垫并创设情境支持。

4. T：Do seeds travel only in these 4 ways? （No.）

Please read and find the answers. （mini book）

T：Why do seeds travel? Let's read and find the answer. （mini book）

通过阅读种子传播方式的补充阅读材料，完善种子传播方式的思维导图及情境，了解种子传播的必要性，为产出环节做好思维及情境铺垫。

Step 4：Production

1. T：How many kinds of seeds can you find in this mini book? What are they?

2. T：We also know some other kinds of seeds.

Seeds can travel in many ways. How amazing!

Let's make a book of plants. The book's name is Our Plants Book.

Each group make one different page, and then we can have a whole book.

语言学习的根本在于真实应用，学生通过本节课的学习，在制作本班植物书的情境下能够做到自主运用所学知识、自主表达并灵活运用语言，即为达成了教学目标。

Step 5：Ending

Homework：

1. Listen, read, and recite the dialogue on page 22.

2. Tell the seeds' travel story to your parents.

通过完成作业，使学生在复现、内化本课新知的基础上，将新知语言运用于现实情境中，培养学生的交流分享能力。

三、教学启示

（一）热身环节

在热身环节中，通过 free talk，教师与学生谈论春天，通过学生的回答引出有关植物的话题，初步创设本课的学习情境。而后通过观看教师改编的植物生长过程的视频节选，帮助学生复现植物各组成部分名称及作用的旧知。通过这两部分的热身，教师成功激活了学生的已有知识，引发了学生对植物相关知识的好奇心和兴趣，并激发了学生学习的热情。

（二）导入环节

在导入环节中，通过"我们常吃的蔬菜、水果是植物的哪部分"这一问题所创设的情境，对黑板上所贴的一些常见的蔬菜、水果进行分类。基于前课所学，学生对部分蔬菜、水果，能够很快地进行正确的分类，但对于其他部分，学生对它们的分类不是很有把握，这就引发了学生的探知欲望。在引导学生对这些进行分类时，再一次地激发了学生的学习热情和学习兴趣。

之后，通过向学生提问"种子需要什么才能长成植物？"引发学生思考并利用旧知进行作答。教师补充说明种子成长为植物前还需要传播，那么种子是如何传播的呢？请学生带着问题观看课文视频。通过一系列的问答，帮助学生构建关于种子传播方式的一系列知识体系及情境，为后面的种子传播方式的思维导图打下基础。在观看视频回答问题的环节中，教师发现学生对于种子的传播方式都能准确的找出，但在表述时往往不能够使用正确的介词进行表达，说明学生对视频中介词的关注不够。在这一环节中，教师准确地把握住学生回答中出现的问题，及时地进行引导，帮助学生理解、记忆，并在后面的操练环节中，引导学生在情境下进行操练。

（三）操练环节

在操练环节中，教师通过两个情境活动，帮助学生完善种子传播方式的思维导图。在第一个活动中，首先，教师请学生观看教师自编视频，并请学生从视频中找出种子传播的第四种方式。视频具有一定的科普性及趣味性，通过动画的方式，解释说明了课文中出现的三种传播方式及教师补充的第四种传播方式，帮助学生深入了解种子传播方式的科学情境。通过本课课文的学习，学生已经可以利用所学的语言来表达三种传播方式，但在课文视频中，这三种传播方式是在 Baobao 与父母的谈话中呈现的，并没有详细地介绍种子是如何通过这些方式进行传播的，学生在对传播方式的理解方面出现偏差。此处的教师自编视频中，通过动画的方式，对各种传播方式进行了详细的演绎，帮助学生理解种子的各种传播方式。教师就种子的传播这一情境主题，还创编了一个配音视频，并通过介绍"英语趣配音"这一应用软件的情景引出配音主题。高年级的学生对自己的英语表达能力有一定的信心，乐于通过熟悉的话题及语言展示自己的英语水平。

在第二个活动中，教师请学生阅读教师改编的种子传播方式情境下的阅读材料，并回答问题。在阅读的过程中，学生需在文中找出种子传播的第五种方式，进一步完善思维导图，在自己的头脑中建立起关于种子传播方式的脑图。这两个活动培养了学生听、说、认、读的能力，为学生构建了比较完整的关于种子传播方式的思维导图及情境。

（四）拓展环节

在拓展环节中，教师引导学生进入情境：我们知道很多种植物，它们都有种子，它们的种子都会传播，大家能不能向同学介绍一种植物和这种植物种子的传播方式呢？请学生四人一组，每组完成不同的植物页，制作完成后教师收集各组的植物页，汇集成为本班的植物书。各组制作完成后，请学生利用所学语言向同学介绍本组所制作的书页。此活动再次激发学生的好奇心和学习兴趣，教师最大限度地创设较真实的情境给学生进行语言运用，激发学生的创造性，拓展学生的思维和视野，为学生的综合语言运用能力的发展提供平台。

小学低年级英语教学中，基于教材内容
创设真实情景的实践与思考

闫 晖

《英语课程标准》（2011）版指出，英语学习要注重语言学习的过程，强调语言学习的实践性，主张在语境中接触、体验和理解真实语言，并在此基础上学习和运用语言。同时，老师可以根据需要对教材内容进行适当的补充，以便教材内容更加符合学生的需要和贴近学生的实际生活。（教育部，2012）王蔷教授也指出：研读文本、重视情境、梳理主线、建构结构化知识、关注内化提升、迁移创新，是实现培养学生学科核心素养的重要条件。

笔者所在学校使用的教材是北京版小学英语，在低年级涉及到的内容包括：问候、节日、颜色、数字、季节、食品、动物等话题，内容比较贴近学生生活，能够激发学生的学习兴趣。但是有些话题或者功能句型的呈现比较直接，没有相关情景的铺垫。这样的教材设计，也给老师充分的留白，教师在进行单元整体设计和单个课程设计的时候，可以根据教材的情景进行增补，使情景不仅更加真实、自然，贴近生活，又能关注和发展学生的语言能力，让学生在其中学习语言、内化语言，在不同的语境中运用语言。

结合上面的阐述，笔者结合低年级的教学案例，进一步分析教材，适当的增补和调整，从而达到基于教材内容创设真实情景并发展学生语言。

一、在课文基础上进行增补，使情景更加完整、真实

北京版小学英语一年级下册第三单元第10课，教学内容如下。

《北京版小学英语》一年级下册第三单元第10课，教学内容主要是描述Lingling和妈妈来到商场购物的情景，学习使用blue, orange, black等单词描述物品颜色，使用："Do you like this/that…? It's …""Yes, I like it. / No, I like orange/ black…"来询问他人喜欢的物品及颜色和应答。学习字

母"Mm, Nn",能够认读含有字母的单词:net, nose, map, monkey, umbrella 及小韵文。

教材的两幅主题图都是以商场购物为背景的,一是购买雨伞,一是购买玩具。但是为什么到商场来购物并没有说明。这也给老师一个创设真实情景的机会,Lingling 和妈妈为什么要到商场买雨伞?购物之后又发生了什么事情?如何把课文的内容和韵文、字母学习结合到一起?如果能够把课文、韵文、字母的学习融入到一个情景之中,在一条主线之下,教学过程将更加完整、自然,更有助于提升教学效果。在结合本单元的其它课程后,教师进行了如下的设计。

1. Warm up 环节,创设学习情景

(1) Let's sing: The color song.

(2) Free talk: (from the song) What colour is the……(sky, grass, sun, apple)? Oh,

It's a nice day! Guess, What does Lingling want to do?

教师首先通过歌曲演唱,复习颜色的表达和句型的问答。紧接着,引导学生

思考,在一个晴朗的天气,我们的主人公会安排什么样的活动呢?学生可以根据已有的知识经验说出:Lingling wants to go swimming. Lingling wants to fly a kite. Lingling wants to ride a bike. 等等。这时,教师出示 Lingling 的语言:Let's go to the park!. 并邀请学生一同参加:Let's go with Lingling. Please stand up, Let's go! Let's go! (边做行走的动作,边说语言)

(3) T: But listen(教师播放一段雷雨的声音),提问:What happened?

S: It's rainy!

T: Can we go to the park now?

S: No!

T: What does Lingling say?

S: (Say and act) Oh, no!

T: But mom says: don't worry, let's……

Maybe mom has a good idea. What is it?

教师出示 Lingling 与妈妈对话的图片，图片信息中包含有下雨的画面，还有 Lingling 和妈妈所处的环境，周围正好有一个商场，让学生在图片信息的引导下说出妈妈的好办法：D on't worry. Let's go to buy an umbrella.

通过这样的导入方式，把热身环节和教材内容有效的结合到了一起，学生和故事的主人公一起经历问题，寻找方法，自然而然的过渡到了商场购物的情景之中，开始课文对话的学习。

2. Production 环节，串联故事，梳理情景

在课文学习之后，教师带领学生梳理本课的情景，并借助不同背景的信息图片，串联故事内容，使学生对所学内容有更完整的理解和认识，并能在不同的情境下表演故事。

情景1：Let's go to the park. Oh, no!

Don't worry! Let's buy an umbrella.

情景2 & 情景3：课文主题图 1 + 2

情景4：Let's go to the park now!

Let's go!

学生借助图片信息，两人一组完成对话的表演。像一组小故事一样，从天气的变化引出购物的理由和情景，运用学习的主句型讨论购买的物品，再回到最初的目标：go to the park. 通过这样的增补，使学生像读绘本故事一样学习、表演，课文的故事性、趣味性都增强了。最后老师又增加了两幅雨中公园的图片，让学生能感受到其中之美。

3. Letter Learning 字母教学，延续故事

结束了公园的游玩，教师出示雨中 Lingling 和妈妈一起回家的图片。学生观察图片，获取信息，Lingling 和妈妈从公园回家。Lingling 的包里都有什么呢？学生自然的联想到在商场里买的小汽车，老师顺势出示一本书：Lingling also buy a book. Let's read the book with Lingling! 并出示读书的画面，进而引出字母和韵文的教学。通过一系列的对课文情景和字母韵文的增补，学生在相对完整、自然的情景中，学习并内化了语言知识，丰富了情感的体验，促进了语用能力的提高。

二、在单元话题的基础上，整合情景，丰富内容

《北京版小学英语》二年级下册第四单元第 13 课和 15 课，教学内容主要围绕 Lingling 和 Maomao 一起到动物园游玩；Guoguo 和 Kate 到玩具店购物的两个情景。结合这两课的内容，教师进行了如下的尝试。

1. 单元整体备课，整合相关内容

第四单元的学习主题是 animals. 笔者在进行单元备课时，梳理出本单元的第一课时即第 13 课的课文情景是在动物园，主要学习的句型是 Are there…？Yes，there are. 而本单元的第三课时，即第 15 课中的情景出现在玩具店，主要句型也是 Are there…？而答语是否定方式：No，there are not.

结合两课的内容，教师进行了整合：设计把第 13 课和第 15 课的一幅主题图结合在一个课时中完成，主题情景是游览动物园，玩具店放在动物园中，作为一个小的对话情景出现．句型也融合了问句、肯定答语与否定答语，目标设定为：学习学生使用：There be 句型表示动物数量；运用：Are there…in this zoo? 询问动物园里是否有什么动物及答语：Yes，there are. / No，there aren't. 学生还需要听懂、会说、认读相关动物的词汇：kangaroo，giraffe，bear 等。

教材的整合内容为：

Lesson 13

Lingling：There are many animals in the zoo.

Maomao：Let's go and see them.

Lingling：I like small animals.

Maomao：I like big animals.

（They go to the Monkeys Kingdom）

Maomao：Are there elephants in this zoo?

Lingling：Yes，there are four.

Lesson 15

（Guoguo and Kate in front of the toy shop in the zoo）

Guoguo：Are there monkeys?

Kate: No, there aren't. There are bears.

2. 增补过渡性语言，使整合内容自然流畅

确定了整合内容后，笔者发现，本课情景丰富了，语言也完整了，可是交流缺乏连贯性和过渡性，再次梳理内容，增加了一些过渡性的"软"语言，如："I don't know. Let's look at the map. Let's go to the…. Look, a shop!"，这样的改变使教学内容更加自然流畅，故事性也更加凸显。

3. 整合设计板书，使情景和语言融入其中

图 1

本课的板书设计，也是围绕整合内容，不仅融入了整个动物园的情景，同时把所学语言都设计到板书中去。这样的做法，使板书成为了一个学生参考和教师引导对话的工具，学生能根据板书中动物园的线路，运用所学到的交际用语和过渡性的"软"语言，完整地进行对话，甚至表演故事，而且都达到了良好的效果。

三、思考

笔者使用北京版教材在低年级任教 3 年，对教材有了一定的认识和梳理。在研读教材和实施教学的过程中发现很多的学习内容，有的是一节课当中不同环节；有的是一个单元中某两个或几个课时；有的是不同单元中的内容都可以进行增补或整合。正如朱浦老师老师在《教学理论探究》一书中所说，使用者可以根据自己的实际需要，对教材内容进行适当的取舍和补充。作为教师更是要基于学生的真实水平和实际需要，合理使用教材，提升教学效果。

调动感官　享受英语的乐趣

褚凤华

　　根据《北京市中小学英语学科教学改进意见》中提出的"重点培养学生英语听说能力。引导学生通过体验、实践、运用等活动提升语言能力"的精神，学生在英语的学习当中，最注重的是基础能力，因此在小学的英语学习中应侧重对听、说能力的培养。听与说是密切相关的，听是说的基础，因此在初级阶段应更加关注学生的听说能力，提高英语学习的兴趣。基于此原因，根据我校的实际情况，同时与国内外有特色的教学活动方式相结合，摸索出了一些适合我校学生的学习方式，和大家一起分享。

一、游戏

　　运用游戏活动，培养学生听、说能力。

　　课堂游戏活动既能够调动学生的学习兴趣，又能够提高英语听说能力，是教学情景化和交际化的重要形式。我校的英语课堂除了教师经常组织一些有趣的游戏之外，也会辅导学生自己设计游戏内容，应用于课堂中，学生作为课堂活动的小主人，来扮演教师的角色。设计的过程中需要和小组成员商量、磨合并试行，这个过程既培养了组员的倾听意识，又通过趣味活动来巩固所学语言，是一举两得的事情。如果游戏安排是合理有效的，一般组织者会这样进行：活动前设计者让其他学生明确所要听的任务；活动中均有图片、实物辅助学生理解所听内容，听后学生受到启发并思考，同伴间展开交流，以完成整个游戏。这样递进式的"听说"活动激发了学生的语言潜能和思维。教师也会为学生提供丰富的听说素材，以用于游戏之中，同时引导学生乐于倾听、愉快表达，以游戏交际中的"听"，带动了"说"，体现了教师所坚持的在游戏中倾听的理念，也会让学生的倾听意识慢慢增强。

　　如，我校学生自己设计的"滚雪球"游戏：这是一个机械性的句型操练活动，学生以自己的智慧将它游戏化。以一组学生（6人）为例，What would you like? I'd like a hamburger. I'd like a hamburger and an apple. I'd like a hamburger, an apple and a pear. I'd like a hamburger, an apple, a pear and some juice. I'd like a hamburger, an apple, a pear, some juice and a cake! 以此类推，后面的学生一定要认真听前一个学生所表述的句子，然后进行接龙表达，将句型越滚越长。此游戏既训练了新句型和词汇，又检测了学生的倾听能力，为之后的语言表达做了铺垫。

总之，有效运用游戏教学能够紧扣学生爱玩、爱动的特点，将英语教学游戏化，让他们在愉快的情感体验中学习，从而提高英语听说能力。

二、小剧

从英语小剧的展演，到"听""说"能力的提高。

英语童话剧、课本剧的表演，可以将教材的内容从静态演变成动态、从平面化过渡到立体、具体和生动化，是一种学生既感兴趣又行之有效的提高听、说技能的途径。我校从 2000 年开始成立英语小剧组，从只有三四名学生、1 位指导老师、不定期活动，到经过十几年的发展，已经挂名为"史家英语剧社"，现如今已有固定社员 20 余人，参与人员 50 余人，每周三课后排练 3 个小时，定期聘请英语专家、话剧导演等专业人士进行指点和排演。我们的经典剧目 "The Lion King" "The Modern Ugly Duckling" 多次获得市、区级奖项，并在全国以及校内小剧场定期展演，知名度很高。在排练的过程中，老师将剧本中的语言说出，以引导学生"听"的形式进行训练，以简单、明显、确切为原则，使小演员们先集中注意力于听，由浅入深，循序渐进。他们在听的过程中不断接受新的任务，在体验成功感的同时也不会感到乏味。排练老师以"听"的形式引导学生输入信息，再以"说"的形式输出信息，以此提高学生的英语综合表达能力。小剧活动的开展基于课本内容但又高于课本内容，在参与的过程中，小演员们需要大量的听、说技能的展现，在此基础上会更促进创作的激情和创新的成分，同时也提高了小剧的观赏性和舞台效果。

综上所述，英语小剧的表演在"听""说"技能的培养中起到了重要的作用，充分发挥了演员们的能力，激发了参与热情。作为英语教学的辅助手段，小剧表演让学生在轻松愉快的气氛中学到了语言知识、提高了听说能力、激发了创新的动力，是一件非常值得去做的事情。

三、辩论、讨论

以"论"为平台，关注学生"听""说"能力的培养。

根据我校学生的英语水平，在中高年级我们会在单元学习结束后安排一场课堂辩论会（debate），将学生按意见分成两方，围绕一个问题展开辩论，确立自己观点的口语表达课。根据话题，有的采用讨论（discuss）方式，组长列出几个问题，同意哪个问题的就加入哪组，然后说明原因。这两种形式均促进了学生的语言表达和应变能力，有助于培养精准的"倾听"能力以及良好的口才，甚至可以培养他们的团队合作精神以及竞争意识。在英语课堂上辩论活动是这样开展的：以小组的形式，5～6人一组，进行简单的对辩。一般是在班里进行，目前正考虑或班际或级际或校际进行。辩论时，组内成员一定要认真听对方所阐述的理由，而且要听懂，继而组织语言进行自己的说明，因此这种活动形式的"听"尤为重要，因为听不明白就无法进行下一步。辩论或讨论，教师都特别关注培养学生倾听他人发言之后具有用英语评价和说明的能力，形成一种互相学习、互相鼓励的学习习惯。而且只有听得好才能说得好，是对学生"听"的素养的训练。

总而言之，辩论或讨论，是队员之间亲密的合作与思想的碰撞，在进行英语辩论的过程中，既培养了学生的"倾听"能力及良好的心理素质，还关注了英语口头表达能力、敏捷的思维与辩论的技巧。在英语教学中，非常值得我们去尝试。

运用现代信息技术创设真实语言情境的研究

付 蕊

小学生模仿力、记忆力、可塑性强，敢想敢说是他们学习英语的优势；但同时他们天性爱玩爱动，注意力容易分散，因此特别需要在一种轻松愉悦且真实的语言环境下接受、体验、领悟、使用语言。由此，对于初学英语课程的小学生来说，语言环境的创设，语言运用的真实性和语言材料是否丰富是实现课程目标的有力保证。在我国英语属外语而非第二语言，生活中缺少语言环境的客观情况为众多学习者学习英语造成一定负面影响，特别导致小学生感到学的知识无以致用，因此学生学习目的不明确，学习积极性不高；还有一部分孩子对语言的掌握仅局限于课文，离开课本完全不知道该如何灵活应用已掌握的语言进行日常生活会话。

另一方面，信息技术和现代科技的飞速发展使现代信息技术走进了课堂。美国心理学家布鲁纳认为："在学校教育教学中，所有教学计划在很大程度上将依赖于为达到教学目标而采用的教学媒体。"以现代信息技术辅助教学作为一种现代教学手段，以其强大的功能，丰富的教学内容，形象生动的教学情境，使学生保持旺盛的学习兴趣，从而促进了教学形式的多样、教学过程和效率的优化以及教学质量的提高。

一、现代信息技术之多媒体教学

多媒体就是综合了计算机、图形学、图像处理、影视艺术、音乐美术、教育学、心理学、人工智能、信息学、电子技术学等众多学科的一门现代信息技术。多媒体课件就是运用多媒体技术，利用相应的多媒体开发软件编辑而成的，根据某一教学目标设计，表现特定的教学内容，反映一定教学策略的，集文字、图形、图像、声音、视频影像、二维三维动画等各种信息于一体的计算机辅助教学程序。文字、图像、声音、动画、视频以及其间的交互控制是构成一个多媒体课件的基本元素，用来存储、传递和处理教学信息，对相关知识点进行有效的表述。

二、将现代信息技术应用于课堂的优势

（一）激发学生认知兴趣，提高教学参与效度

兴趣是学生获取知识、拓宽眼界、丰富心理活动的最主要的推动力。教师必须通过多种手段激发学生实践的热情，让学生变兴趣为参与语言实践活动源源不断的动力。

研究表明，儿童的英语学习效果受到学习材料的性质和内容特点的影

响，学习内容的题材、主题、形式等与儿童的年龄、认知心理发展水平和生活经验是否相适应也是影响学习效果的重要因素，动态的事物比静态的事物更能引起学生的注意。

从儿童语义发展的过程来看，儿童语义的发展是借助语言材料建构意义的过程。利用现代信息技术创设的丰富语境则可以较好地改变孤立、机械的语义学习现状。例如，现代信息技术中多媒体课件具有集成性、情景性和真实性的特点，在多媒体条件下，教师可以非常方便地通过对声音、图像、视频、动画等多媒体元素的综合运用，针对不同的教学内容有效地整合视听说读写等多方面的语言资源创设语言情境，化不可见为可见，化静态为动态，化抽象为直观，化复杂多变为简洁明了。使儿童借助生动、形象的画面以及各种情境线索来比较推理词汇的意义，通过利用更多有意义的信息去建构语言意义。这样既充分表现了教学内容，突出重点、突破难点，又能够引导学生积极探索、主动学习、突破思维障碍，最大限度地调动学生的积极性，激发学生的认知兴趣。如：在学习"Where is…?"这一课时，我抓住学校刚搬入新校舍这一契机，运用多媒体的音、形、像等功能，请学生做小向导，给孩子们都熟悉的加菲猫、芭比娃娃、维尼熊等卡通人物指路。在图片和 gif 动画的帮助下，再现实际生活场景。熟悉的画面、可爱的卡通来访者，愉悦的情绪使学生思维活跃。而多媒体课件创设的语言环境，给了学生更多运用英语进行交际的机会，学生通过活动把所学知识运用于实际，取得了不同程度的成就感，增强了自信心，增添了学习英语的兴趣和乐趣。从我对所教的二年级 216 名学生进行的问卷反馈结果显示：有 91.7% 的学生认为多媒体课堂比传统课堂更有趣，比起老师讲授课本知识，他们能更长时间关注老师结合多媒体素材讲授的内容；88% 的学生比起读课文更愿意参与人机会话等互动活动。

（二）创造多通道的适宜的学习环境

教育心理学告诉我们，人们从听觉获得的知识能够记忆约 15%，从视觉获得的知识能够记忆约 25%。如果同时使用这两种传递知识的工具，就能接受知识约 65%。现代信息技术应用于儿童英语学习，可以创造一个多通道的适宜儿童学习的语言环境。现代信息技术在信息呈现形式和内容上较一般的文本方式有很大的进步,它把文本、图形、视频图像、动画和声音等信息结合在一起,使儿童有机会接触到鲜活、自然的语言素材,给学习者提供了多感觉通道、多表征形式的语言刺激。儿童除了接受来自视觉通道的信息外,还可以同时感受大量由听觉通道呈现的语音信息以及大量的非语言信息,如图画、实物、音乐、动作、姿势、面部表情等。当这些以多感觉通道呈现的刺激同时激活左右大脑的不同区域时,可直接让大脑接受大量形式不同的信息,使得整个学习活动在更广的层面上发生,最终的学习效果不只是简单的增加,而是成倍的增长,从而为儿童有效的英语学习创设更为适应的语言环境。比如,通过现代信息技术所提供的多种信息呈现方式,可以极大地促进儿童对英语词形再认的能力,提高学习者对英语文字系统的敏感程度和反应速度。在教授新单词时,在多媒体条件下,学生可以非常方便地由视觉和听觉两个通道同时接受语言输入,使单词拼写与读音相结合,此时如果教师还为单词配上图片,那么孩子对抽象单词词义的记忆就变为对实物的感性的理解记忆。此外,通过改变字体颜色等简单易行的手段,教师还可以非常方便的强调单词拼写中容易出错的地方,或突出需要学生注意发音的字母组合(有研究者认为,被突显的输入更易吸引学习者的注意,对语言学习有积极影响)。在我所教班级中,有90.2%的学生认为图片、影片等能帮助他们更好地理解所学词汇、语句意思及会话的情景。

(三)适当运用电教媒体提高英语教学艺术性

语言是一种说的艺术、交流的产物,语言的优美、声调的活泼可以使学生得到一种美的享受。而爱动爱玩、爱唱爱跳是孩子们的天性,所以我非常注重营造英语课堂轻松愉悦的氛围,让他们在又说又唱、又蹦又跳中热情高涨地全身心地投入到学习活动中来。如我在教授"Where are you from?"一课时,利用多媒体课件出示了中国、美国、英国、日本、法国的国旗及各国具有代表性的图片,如中国的长城、天安门,美国的白宫,日本的富士山,法国的凯旋门,英国的大本钟等,学生大开眼界,对这些国家的好奇激起了他们强烈的求知欲,使他们很快掌握了新的单词及相关知识,再加上我从一些欧美影片中截取的一系列与生活实际切实有关的场景,如圣诞节、英美学生日常生活片段等，学生一下觉得英语鲜活有趣了，于是变被动接受为主动参与，纷纷扮演起自己喜爱的国家的人，积极参与到对话表演当中，学习效率明显提高。现代信息技术的应用使课堂高效率高密度的传授知识成为可能。

　　现代信息技术的使用为教学注入了新的活力，使长期困扰教师的某些教学难点迎刃而解。但我们必须认识到，现代信息技术的应用终究只是一种辅助手段，教学是一门非常深奥的艺术，现代信息技术本身并不能够保证提高儿童英语学习效益，教师对学习活动的组织仍然影响儿童在多媒体条件下的英语学习。教师只有在明确教学目标和学情的前提下，通过对教学过程的设计和灵活多变的操作，适时地、合理地运用现代信息技术进行辅助教学，组织利用各种学习资源，创设适宜的学习环境，设计学习任务，创造运用英语进行交流的机会，才能调动学生主体参与的积极性，收到事半功倍的效果，从而促进学生素质的全面发展。

参考书目

[1] 教育部．英语课程标准（实验稿）．北京：北京师范大学出版社，2001
[2] Crook，C．，Computers and the collaborative experience of learning，London：Routledge，1994
[3] Lindner，Rolf．，Design of Electronic Learning Environments. URL：http：//www.gris.informatik.tu-darmstadt.de/~lindner/ELE_Design.html
[4] Lynch，Patrick J. Teaching with Multimedia. URL：http：//jeffline.tju.edu/CWIS/OAC/medibytes/spring93/medibytes_article1.html

让英语作业成为学生创作的园地

李　洁

　　语言这种东西，不是随便可以学好的，学母语如此，学习英语更是如此。爱因斯坦说过："兴趣是最好的老师。"培养学生的学习兴趣是英语教学的关键。创造一个轻松、愉悦的学习环境，设计一份有趣的家庭作业，不仅可以激发学生的学习兴趣，还能提高学习的效率。家庭作业是复习和巩固课堂教学内容的有效手段，是课堂教学任务之外的有效延伸，是教学活动的一个重要环节。一份优秀的英语家庭作业，对激发学生的学习热情，提高英语教学质量有着事半功倍的效果。那么，我们该如何布置小学英语家庭作业呢？让学生享受完成作业的过程，从而达到巩固知识、激发学生学习兴趣、培养学生创造力和开发多元智能的目的呢？

下面是我在日常的作业设计中的一些体会。

1. 说唱类作业

说唱是发展音乐智能的一种有效的途径，在跟着韵律有节奏的说唱之中，还能发展学生的运动智能。根据学生的年龄特点，抓住他们爱唱爱跳的性格特征，布置家庭作业时，根据所学内容，让学生编自己喜爱的 chant 与歌谣，尝试让学生在 chant 与歌谣中巩固所学知识。北京版教材中，每课都有与课文内容相关的说唱环节。因此在布置课后作业时，我让学生边做动作边说唱，或者自己结合课本内容创编新歌谣，课堂上进行展示，让学生当小老师，配合动作教授自己的创编内容。

在北京版二年级下册"Welcome to my house"这一单元中，我们学习了 in my home 这首歌，这首歌中提到了 bathroom、bedroom、living room、kitchen、dining room 和 garage。主要练习的句型是 Where do you take a bath? I take a bath in the bathroom. 我让学生根据我们学过的其他地点的词汇来编新歌曲。学生们自己创作出"where do you do your homework? I do my homework in the study." "Where do you play football? I play football on the playground."等歌词。学生特别积极地参与创作与展示他们的新歌，不仅复习了学过的地点词汇和一些动词短语，还操练了"Where do you…? I（we）…in（on）the…"这一功能句。

这种说唱类的作业是最受小学低年级学生欢迎的，不仅复习巩固了所学单词和功能句，也调动了学生的学习兴趣，锻炼了学生的口语表达。

2. 绘画类作业

把绘画与语言相结合，是开展空间智能和语言智能的有效手段。绘画类作业中，学生通过想象和色彩感受，创作出自己喜欢的图画，然后借助图画来记忆单词。这样学习，记忆的效果会更好。教师可以根据不同类别的单词，布置一些主题绘画作业，让学生动手操作。例如在讲授"my home"这个主题时，布置让学生画一画自己的家或者设计自己理想中的家，并在自己的绘画作品上进行英语文字的标注。在第二天课堂中反馈交流，学生可用所学的句型和词汇进行描述。这样既复习了单词和句型，也锻炼了学生的口语交际能力，同时部分学生还能自己查找一些没有学习过的词汇，扩充了词汇量，在与同学交流的时候充当小老师，让全班同学都受益，也增强了自信，培养了自学的能力。

3. 制作类作业

在"任务型教学"中，教师可以设计制作类作业，让学生享受"I can do it in English！"的乐趣。在学完"What time is it？"后，我让学生利用周末时间自制钟表，并且在相应的时间位置画上自己的一日生活，带到学校与同学们交流。这不仅练习了语言交际，也引导学生合理安排时间，做时间的小主人。同时我还与班主任合作把学生的作品在班级英语角展出，给学生创设一个英语学习的氛围。

4. 调查采访类作业

调查采访类作业是培养学生语言智能和人际关系智能的一个有效的方式。在学完"How does your father go to work？"时，我设计一份调查问卷的作业：采访你的朋友日常的出行方式，并在小组交流。调查问卷中有给学生留白的部分，让学生不局限于老师给的这些内容，使得交际更加的真实有效。这些"采访"作业贴近生活，学生们能够运用所学的语言进行真实的交际，大大调动了学生们的兴趣，在沟通中培养了同学之间的感情，提高了学生人际交往的能力。

5. 表演、创作类作业

表演创作类的作业可以很好地培养学生的语言智能和人际关系智能。小学低年级的课文以对话为主，每次学完课文后，我都让学生根据课文内容，几人一组表演课本剧或课本剧再创作。有时课本中给出的文本并不是太符合真实的交际场景，学生可以结合以前的知识内容进行知识的整合，加入更多的合理元素，让对话的语境更加的真实，让学生能够在真实的语境中运用所学的语言。

6. 梳理类作业

思维导图是用来进行建构知识、发散思维、提高学习力的一种可视化的工具。这种学习模式用来促进学生对知识的理解,提高小组合作解决问题的能力非常有效。每学完一个单元,我都让学生把单元的内容以思维导图的方式进行梳理。学生们以美图的方式,把各个知识点绘制在自己的画纸上,把整个单元的知识点进行汇总。这类作业使学生对于单元知识结构有清晰的认识,帮助学生构建自己的学科知识体系,让知识在头脑中不再是一团乱麻,提高学生的学习效率。

7. 阅读任务类作业

英语阅读能力是英语学习者其他语言能力发展的基础。阅读不仅能培养学生的英语语感,还能促进词汇积累,提高写作水平,对培养学生的英语综合能力有很大的帮助。由于我们的课程设置和教材的内容,学生接触英语阅读的时间并不多,为了让学生能多读、爱读,我会根据日常教学的内容,给学生推荐和单元主题匹配的阅读资料,同时还给学生提供不同版本的 story elements organizer 表格模板(见图1、图2)或者 KWL 表格(见图3)。学生在阅读时,可以自选表格模板,根据阅读的内容,完成表格,这样提高了阅读的乐趣,也提高了学生的阅读能力。

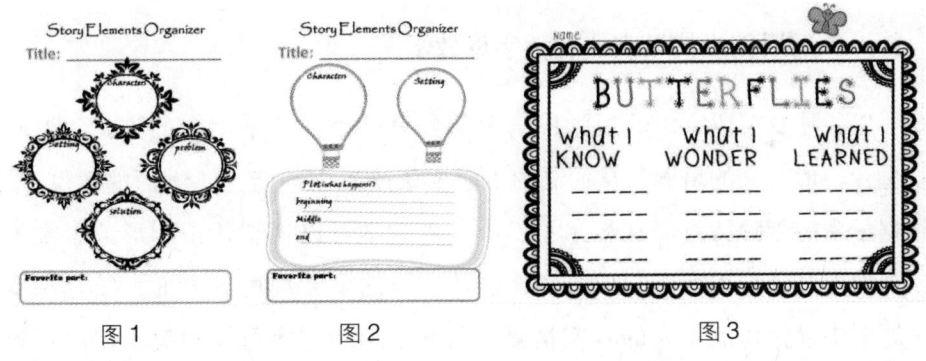

图1　　　　　　图2　　　　　　图3

多元智能理论认为,每一个正常人都有八种智能:语言智能、音乐智能、逻辑智能、空间智能、运动智能、人际关系智能、自我认识智能、自然观察智能。每一个人都可以使自己的这八种智能发展到不同水平,而这八大智能的合理发展能有效地促进学习。作业的布置应该设计合理、丰富多彩,发展学生的多种智能,更好地培养学生的学习兴趣和情感,这样才能促进学生的发展与进步,培养学生的能力。

创设真实有效情景在小学英语教学中的实践

高 幸

　　语言学习是与情景相联系的。真实或相对真实的情景有利于学生建立原有的经验和新知识的链接，吸收新知识并将其纳入本身已有的认知结构中。真实的语境有利于学生体验源于真实交际情境的语言。教师创设具体、真实、恰当的情景会有效帮助学生理解、练习和初步尝试运用语言，为提高学生运用英语的能力提供帮助。

　　目前课堂教学中学生的语言表达出现非真实性的状况，并不是凭空产生的，是由教学中存在的多种潜在问题导致的。其中，教学活动重视形式，片面追求形式的趣味化，从而忽视语言使用情景的真实性也是重要因素之一。如果没有或者缺乏语言运用相对真实的情境，学生就不明白为什么要表达或者怎样表达，甚至怎样有选择地运用所学的语言去表达，就不能达到学以致用的目的。

一、运用创设情景实施有效字母教学

　　以往涉及英语字母的教学中，大部分只是单纯地采用念的方式，没有学生音、形、义的培养，从而制约了学生认读单词的能力。下面的案例中，根据学生的年龄特点和认知水平，小学生的学习以视觉认识和形象思维为主，教师充分利用字母的形、音，以及字母的发音规律等方面，结合课本主题图中寻找物品主人的真实情景，引导学生学习字母，并突出了语音教学意识的培养。

　　［案例1］

　　教学内容是二年级上册"Unit 3 Is this your skirt？"围绕询问物品主人以及肯定、否定回答。本节课是该单元的第3课时，主要学习的词汇有watch、box，以及字母W w和X x的认读及书写，重点介绍教师教学本课时对字母和语音教学进行改进与创新的实践。

　　本课时的导入谈话内容如下：

ABC Exercise（学生通过字母体操，模仿字母的形态，同时增强学习兴趣）

T：Now first, let's do ABC exercise together.

Ss：Aa Bb Cc…（学生在老师的带领下，快乐地进行字母操的表演）

T：Everyone did a good job. Give me Ten！

Ss：Give me ten！

A. Lead in

Step1：创设情景，通过丢失铅笔盒，并寻找物品主人，感知功能句。并由 pencil-box 导入，引出 box，新授单词 box 和字母 X x。

T：Is this your pencil box?

Is it a pencil-box, too? No, it's a box.

Learn the word：box；then the letter X x.

板书 X x

Learn the letter in five parts. （1）pronunciation；（2）some words with letter X；lead students to taste the pronunciation of the letter in words；（3）write the letter X x；（4）chant with them；（5）put the words into sentences.

图1　丢失铅笔盒情景　　　　　图2　字母歌谣

课堂伊始，结合教师本人的生活经验和低年级学生爱运动、善表现的特点，自编了这套字母体操，让 26 个字母"活"了起来，和孩子们一样成为生动有趣的个体，成为孩子们的好朋友，这对于字母记忆起到了极好的巩固作用。这运用于热身环节，主要作用就是激发学生的学习兴趣与热情。

教师适时利用插图，较为直观、形象地呈现情景，插图的功能首先是阐释语境。利用这些，引导学生观察、理解情景的同时，学习单词和与之关联的字母，自然而然地进入到字母学习。

二、运用创设情景实施有效词汇教学

在语言情境中学习词汇。词汇常常有多种含义，学习词汇最好的方法是在语言的运用中、语言的情景中学习，也就是在句子中、故事中或行为活动中去学习词汇。因此，要通过联想、想象等形象思维方法，理解句子的含义、故事的情节、活动的过程，从中掌握词汇的准确含义。

［案例 2］

在逛动物园的情景中，感知对话，学习单词 peacock 和功能句 What are these?

T：Watch the video. What other animals in the zoo?

S：(Watch the video.) A：It's a peacock. B：They are peacocks.

T：Are you sure? Yes, it's a peacock. What does a peacock call? Listen!

S：Read the word like "peacock".

（词汇策略：模仿孔雀叫声的同时认读单词 peacock，多方面刺激学生的感官学习，极大激发学生学习兴趣）

T：Look! The peacock is showing his tail's feathers.

S：Wow, it's beautiful.

T：Look. How many peacocks now?

（教师通过卡通简笔画的形式，画出两只孔雀）

Ss：There are two peacocks.

T：Well, what does Gao Wei say in the zoo?

S：What are these?

图 3　孔雀板书

依据新课程理念，词汇教学应该遵循"词不离句，句不离篇"以及形音义相结合、词义理解领先的学习规律，以便为提高学生综合运用语言的能力奠定基础。创设情景，融词汇教学与语言的交际运用之中是词汇教学实施的策略之一。本课中，教师通过新颖、有趣的板书，生动的展现出动物园的情景，激发学生兴趣。根据学生的年龄特点和认知水平，同时，结合学生的生活经验，设计多种学习活动，力求将语言运用到真实情境中，最终实现学生主动地表达与真实的语言输出，落实课堂教学实效。只有在语境中进行词汇教学，才有助于学生理解、掌握具体语境下的词义，让学生在大量的语言实践中学以致用。

三、运用创设情景实施有效句型教学

人际间的交流必定是在某种情景下进行的，无论是语言的学习、训练还是真正的交际，如果是在一种无情景的状态下，语言的表达就失去了其本质作用——交流。因此，在进行英语教学的过程中，教师必须根据所教授的内容，为学生创设生动有趣、真实的场景，使学生身处在情境中，学习真实地运用语言进行交流。

［案例3］

Activity：Asking for Help

T：On their way to the office, What do they see?

（教师通过PPT，创设出不同的真实情景，设计信息差活动。学生在相关情景中，通过父母不同的职业，运用本课所学语句进行有效的信息交流。）

S：…

T：They see three children standing beside the window. They want to visit their grandma. They need help. Let's help them. OK？

S：Sure.

T：Good children! Let me tell you how to do that. Step 1, 2, 3, 4…

S：…

T：Can your parents help them?（Students show.）

They get help from your parents. They are very happy.
Gao Wei and Bob are happy, too.

图4　绘本创设情境

故事永远是孩子们的最爱。随着故事的发展，出现了不同的场景，学生根据所看到的不同场景，通过相互询问职业卡片上家庭成员的职业，找到可以在不同场景中提供帮助的人；建立在信息差基础上的语言交际活动为学生主动地、创造性地运用英语提供了机会，使他们能在信息传递和交流活动中发现规律，掌握语言并加以运用，从而达到发展英语语言运动能力的目的。

创设情景进行意义操练活动必不可少，有意义的练习介于机械性练习和交际性练习之间，起着承上启下的作用，这个阶段的语言活动从注意语言的形式转向语言内容和意义。教师一定要鼓励学生在语言情景中使用英语，将英语语言结构运用到一定的语境中去，这是一种真实的具有信息差的运用。

综上所述，语言展示情景，情景又促进对语言的理解。日常教学时教师在创设情景的过程中，有时只考虑到教学的目的，忽视真实交际情景的一般要求，导致教学中创设的情景缺乏真实性，不真实的情景容易导致学生课堂中所学的语言与实际生活中的运用相脱节，不利于学生真正运用语言。

情景创设的真实是指实际生活中真实交际时人们所使用语言的情况（龚亚夫、罗少茜，2003）。教师在分析、判断或创设语言情景时要关注两点：一是情景真实，是否是"真实语境"，即指教材提供的对话中人物角色和语境是否是在真实情况下发生的；二是内容真实，是否是"真实生活中的问题"，既可以是客观的信息，也可以是真实的问题。因此，教师在结合文本和课堂情况时随机应变寻找一些话题，与学生互动、促进学生课堂语言运用时，要尽量把课堂变成有意义的交际场所，使学生体验语言运用的乐趣。

国际与理解

开展国际理解课程,是培养国际交流人才,满足社会发展需要的重要措施。在日益全球化的今天,"国际理解教育"并不是陌生的词。《中国学生发展核心素养》指出,"国际理解"是指具有全球意识和开放的心态,了解人类文明进程和世界发展动态;能尊重世界多元文化的多样性和差异性,积极参与跨文化交流;关注人类面临的全球性挑战,理解人类命运共同体的内涵与价值等。英语部老师勇于尝试国际理解课程,努力进行研发,促进学生、教师和学校的和谐发展。每学期的第五周,教师们走进课堂,为学生讲授国际理解课程,既要让学生了解多元文化和全球问题等国际背景,更要在探究与体验的基础上,培养学生运用国际交流语言的能力与全球视野和国际交往等方面的综合能力。

国际理解校本课程实施经验与不足
——以《从一块巧克力说起》为例

刘璐晨

在全球化时代背景下,国际理解教育尤为必要。全球化时代下的国际理解教育呈现出多种视角、立场和观点并存的特征。这些特征主要体现在理论来源的多元化、"全球公民"和"合格国民"培养目标间的紧张、"全球竞争力"和"全球共生力"素养的融合、内外全球化对策之间的矛盾等方面。我国的国际理解教育是在教育国际化背景中迅速发展起来的,受到上述特征影响的同时正在探索本土化的发展道路(北师大姜英敏教授)。习近平总书记在2017年12月1日的讲话中说道:"人类命运共同体,顾名思义,就是每个民族、每个国家的前途命运都紧紧联系在一起,应该风雨同舟，荣辱与共，努力把我们生于斯、长于斯的这个星球建成一个和睦的大家庭，把世界各国人民对美好生活的向往变成现实。""构建人类命运共同体"是我们对美好世界的向往和追求，它是中国对世界未来的信念，也是中国对世界的责任。

F 小学成立国际理解教育校本课程开发教师团队，在专家的指导下采用多种方式进行课程开发，形成了一定的国际理解教育课程理论和课程管理制度，建构了一定的课程和教学模式，加强课程开发的国际交流与合作。笔者在实施过程中积累了一定的经验，下面以《从一块巧克力说起》为个案进行探讨，对成绩与问题进行探讨。

一、课程开发的背景

在人的跨境、跨文化流动变得异常频繁的今天，培养学生理解不同种族、文化背景的人们，并克服由此带来的价值观差异达到共生之目的，是国际理解教育的基本目标之一，也是在全球化时代生存所必需的基本素养与能力。F 小学一直注重国际理解教育，尤其是 2017 年 9 月开始依托"文化无边界"课程体系，作为综合实践课的一环来开发和实施国际理解教育，积累了一定经验，并有进一步发展的空间。

在国际交流方面，F 小学无论是在参与的质量还是在数量上都使其他学校无法望其项背。在其过程中，深感有必要摆脱热闹轰趴式国际交流，与交流学校进行更深层次的对话与理解。《从一块巧克力说起》这一课旨在通过中日小学生间的对话，增加学生对不同文化的了解，培养与不同价值观和行为方式的人们进行沟通的能力与态度。

二、课程开发的过程

1. 课程主题

"从一块巧克力说起"。

2. 课程对象

6 年级学生。

3. 课程目标

使学生认识到文化的多样与文化间的差异，探索与不同文化背景的人们共生的途径与方法。

4. 课程重点

让学生认识到：（1）不同文化间有彼此误会的现象；（2）反省自己对他文化是否也有可能存在误会；（3）遇到不可认同、理解的对方行为时，能够考虑不同价值观、文化因素的影响，思考和平对话的途径与方法。

5. 课程难点

（1）避免形成对"日本人"的定性、刻板印象。（2）冷静判断与对待不同文化间的难以认同心理；（3）更加客观看待他文化与本文化。

6. 课前准备

（1）课前问卷调查；（2）各组问卷答题卡；（3）日方同学的提问卡三类（被随机分在8个信封里，每个信封里有一个大问题和三个小问题）；（4）各组答题条，每组三张。

7. 课程实施环节

（1）讨论问卷并回答小组意见。

（2）分析不同问卷结果。

（3）分析出现不同结果的原因。

（4）评价对方学生的解释。

（5）回答对方学生的问题。

（6）客观反思自己的解释。

（7）向对方学生提问题。

8. 课后评价

（1）学生写感想，评价本课程内容。

（2）学生回顾与反思自己课堂学习过程。

（3）教师进行过程性评价，总结学生的课堂学习参与情况。

（4）教师通过学生的反馈，回顾与反思自己教学设计与过程。

这节国际理解课程让笔者对国际理解课程又有了更加深刻的认识。在上课之前，笔者对此次课程的目标理解为，可以让孩子们发现中日两所小学在同一个问题上的差异性，并通过设计使学生认识"异己"这个现象，并且学生可以理解"异己"。但在课后的研讨过程中，笔者听到了来自日本和中国的老师的发言，由此意识到，"共生"才是最终的目的。通过看到

"异己"的现象，然后讨论理解的过程，最终达到共生，这才是本课程的目的所在。

笔者认为国际理解课程应是一个系列的课程，横向是"异己"→理解→共生，从"异己"的现象出发，在讨论过程中尝试理解对方，最终共生。纵向就是一个人认知的发展历程，笔者很想知道相同的孩子在不同的年纪是否会有不同的选择。比如孩子在三年级的时候如果会选择不高兴，到了五年级会不会就选择不介意？抑或是相反？如果有不同，原因又是什么？笔者想这不光是孩子生理年龄的发展，更是孩子心理上的发展，如果这一堂课可以贯穿孩子的成长，笔者相信一定会有更大的价值。

需要注意的问题是，国际理解课程是孩子们分享自己想法的绝佳机会，因此教师要避免在平时教学中对学生的话语进行评价的习惯，因教师的点评语句很容易具备一定导向性，从而影响孩子们的真实表达，让孩子们能够真正自如地进行表达，在彼此的沟通和交流中达成国际理解课程的目的，即使学生认识到文化的多样与文化间的差异，探索与不同文化背景的人们共生的途径与方法。增进不同文化背景的、不同种族的、不同宗教信仰的和不同区域、国家、地区的人们之间相互了解和相互宽容；加强他们之间的相互合作，以便共同认识和处理全球社会存在的重大共同问题；促使每个人都能够通过对世界的进一步认识来了解自己和了解他人，将事实上的相互依赖变成为有意识的团结互助。

网络视频助力国际交流与理解
——史家小学学生与以色列友好校学生进行文化交流与理解

藏 娜

在奥运同心结活动之后，学生们一直保持着与以色列亚努士柯泽科小学的交流，并延续了视频交流这一活动形式。

中国传统节日来临时，学生们会到以色列使馆，在以色列使馆文化部的组织下与以色列友好校进行视频交流。印象最深的是端午节交流活动。端午节前，孩子们绘制了赛龙舟的图画，并上网搜集了端午节的来历、故事及传说,他们互相讨论并制作了演讲稿,并且在老师和家长的帮助下将演讲稿翻译成英文。查看了孩子们绘制的图画和所写的演讲稿之后,我建议孩子们将图画与演讲稿合并,制作成以端午节为主题的小报,在视频交流后将小报送给以色列使馆的官员们和友好校的笔友们,以便向以色列朋友们介绍我国的传统文化,增进国际间文化的交流与理解。孩子们听说要将小报送给以色列的朋友,都感到很荣幸,制作的热情十分高涨。几天后,孩子们就交来了图文并茂的端午节小报。在小报中,不光有自己绘制的图画,还有网上下载的图片和自己在端午节参加传统活动时的照片:有包粽子的照片、有观看赛龙舟的照片,还有制作香囊的照片。在国际交流中,学生们了解了以色列的历史、文化、礼仪及风土人情,对世界文化的多元性有了较为深刻的理解。一切准备就绪后,我们来到了以色列使馆,以色列使馆驻华大使和文化部的官员们非常欢迎孩子们的到来。孩子们将自己亲手制作的粽子作为节日礼物送给了大使及官员们。他们听闻这些粽子是孩子们亲手所做,感到万分惊讶,当场就迫不及待地剥开粽子品尝起来。视频交流开始后,孩子们用流利的英文向大使、官员们和在网络另一端的亚努士柯泽科小学的师生们介绍我们的端午节,并向他们展示自己所制作的小报。他们被端午节的故事和习俗所吸引,并对孩子们制作的小报产生了极大的兴趣,当他们听说孩子们要将小报送给他们时,感到十分的惊喜。

在双方多次的交流中,中以双方都感受、了解到了彼此源远流长的历史文化,但双方学生发现了一个共同的问题——他们很难记住笔友的名字,认读对方师生的名字成为双方交流的一个小小的障碍。这时,以色列驻华使馆官员提出了一个建议,让孩子们为自己的笔友起一个自己语言的名字,这样孩子们就能很容易地记住自己笔友的名字,而且自己也会拥有一个对方语言的名字。于是,一场起名字活动轰轰烈烈地开展了起来。学生们纷纷上网查资料、查字典、请教老师及家长只为给笔友起一个既有中国特色又与笔友名字读音有关的中文名字。学生毛毛说:"我的笔友是一个看起来很有书生气的男孩,他的名字叫Eliyaho,其中有一个读音很像叶,我为他起名叶文斋,希望他能够拥有渊博的知识。"学生峰峰说:"我的笔友叫Van,他名字中有一个读音很像吴,他是个看起来有点忧郁的男孩,我希望他能做一个无忧无虑的男孩子,所以我为他起名吴悠。"由此可以看出,学生们在为笔友起名字的同时将我国的传统文化及自己对笔友的祝福都表达在他们所起的名字中了。孩子们通过亲身体验和自主探究,收集、整理了相关信息,以尊重他人、主动积极的态度分析和解决了问题。很快,为以色列师生所起的中文名字就起好了,但是,如何将他们的中文名字生动、具体地展现在他们面前又成为一个难题。这时,学校领导提议将这些中文名字制成印章送给以色列师生。一方面,印章承载着我国悠久的历史文化,是一种文化传承的器物。另一方面,印章可以反复使用,实用性强。由于2008年奥运会会徽为中国印的形式,所以,在以色列师生眼中,中国印章象征着古老的中华文明,他们为有机会亲眼所见并拥有传承中华文明的中国印章感到无比的激动与兴奋。当以色列驻华使馆大使及官员一行到我校参观时,师生们通过以色列驻华大使转交我们给以色列亚努士柯泽科小学师生的印章礼物,并将为大使所制作的印章交到了大使手中。大使表示,印章代表了中国古老的文明,他愿意将中华文明传递到以色列师生手中,帮助他们了解、理解中华源远流长的文化。以色列师生们为了彰显彼此的友谊天长地久,在耶路撒冷的圣殿山上栽种并认领了象征彼此友谊的友谊树,并以参与交流的我校师生的名字命名这些友谊树。以色列师生向我们介绍圣殿山的历史文化,并向我们介绍他们如何重视环境保护。当孩子们拿到写着自己名字的认领证书时,感觉自己已身处那片树林中,彼此心灵和精神上的距离又拉近了许多。

向以色列驻华大使赠送印章

在以色列的文化中,光明节即哈努卡节是一个重要的宗教及传统节日,也是孩子们的节日。在哈努卡节来临之前,以色列使馆文化处的官员们来到学校,为孩子们就哈努卡节的来历及习俗等文化知识进行了一次讲座。在听讲座的过程中,孩子们对以色列的传统节日产生了极大的兴趣,孩子们一致希望学习一些日常的希伯来语,以便在日后的网络视频交流中用希伯来语向自己的笔友问好。在这次讲座中,孩子们学习了"你好""谢谢""再见"等日常用语。回家后,孩子们对哈努卡节的兴趣仍然不减,他们上网查资料、到图书馆查资料,通过这些方式,对哈努卡节有了较为深入的理解。见到孩子们对这个节日有如此高涨的兴趣,我为孩子们安排了一次以哈努卡节文化知识为主题的网络视频交流,请孩子们的以色列笔友们向孩子们讲述哈努卡节的文化及习俗,及以色列的小朋友们是如何度过这个传统节日的。亚努士柯泽科小学的笔友们准备了大量的照片和资料,向孩子们详细地讲述了这个传统节日的习俗及文化,和节日时孩子们的节目。在交流过后,友谊校的师生们还寄来了哈努卡节中以色列孩子们所玩的陀螺玩具,我校学生看到这些与我们所玩的陀螺完全不同的陀螺,感到既熟悉又陌生,深感彼此文化的不同。在与以色列友好校的交流中,孩子们对于文化差异抱以宽容和理解的态度,学会了接纳、关心和尊重不同的文化形态和各民族的风俗习惯。

与以色列友好校笔友网络视频

通过多年的网络视频交流活动,我校与以色列亚努士柯泽科小学已经形成共识,那就是网络视频交流活动的开展能够使学生更多地掌握本国和对方的传统文化知识,增强学生对文化传统的理解。使孩子们具有本土情怀和世界意识,形成"地球村"和"世界公民"的概念,初步具有国际理解的责任感和使命感。学生在网络视频交流活动中进一步拓展了国际视野,更深刻地理解了双方国家的民族及文化。

世界上的饥荒教学设计

徐 莹

【课程设计思路】

今天,人类社会似乎越来越富足了,但事实上那些饥荒、贫富差距、战争、难民等问题一直存在且并未能得到彻底解决。在全球化的状态下,学生必须学会站在全球一员的角度和立场思考这些人类共同面临的问题,共同寻找解决对策。这次虽然只挑选了饥荒,但在相同主旨下难民、粮食、贫困、战争等都可以成为国际理解教育课程的开发主题。

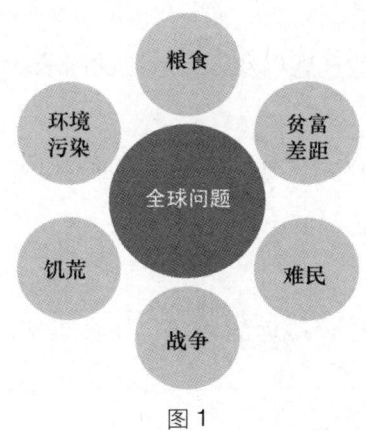

图 1

【教学主题】

全球责任意识。

【实施对象】

5~6 年级。

【课程目标】

1. 认知目标

● 了解世界上的饥荒问题,明白饥荒产生的原因。

- 思考解决饥荒问题的途径与方法。

2. 能力目标

- 通过课前调查和课上的发言，提高分析、归纳、总结能力。
- 通过小组合作学习，提高与人沟通、合作的能力。
- 通过思考怎样解决饥荒问题，培养解决问题的能力。

3. 态度目标

- 使学生关注人类社会共同面临的问题。
- 提高学生对全球问题的关注度，培养全球责任意识。

【课前准备】

教师：查资料，准备PPT。

学生：

- 分为六个组，以组为单位选择不同国家的饥荒现象进行资料的搜集整理。主要内容是：自己所选的国家出现了怎样的饥荒问题？饥荒对全球发展产生了怎样的影响？
- 思考并列出自己的疑惑以及需要解决的问题。

【教学重点】

- 了解全球范围内的饥荒现象、原因，理解饥荒对人类的威胁。
- 思考全球饥荒问题的解决对策。

【教学难点】

- 饥荒离学生是个比较遥远的话题，体会饥荒的后果及严重性有一定难度。

【教学过程】

（1）导入——课前调查的发表

- 我们的调查结果

自1990年以来，全世界为改善贫困所做的共同努力，已使2.09亿人走出了饥荒灾苦。但是，世界上仍有8.05亿人口正在遭受饥荒之苦。也就是说，世界上每9个人中就有1个人正挨着饿。具体看一下同学们的调查结果。

小组发表1：我们组调查的国家存在这样的饥荒问题。

小组发表 2：饥荒问题的原因主要有哪些？

（2）展开主题——饥荒是不是与我们无关

• 教师发放并阅读阅读材料 1——"世界上的饥荒问题有多严重"

（摘录附文中的阅读材料）

这些国家的"饥荒"问题是不是与我们无关？为什么？

小组发表 3：饥荒与我们到底有无关系（答案随机）

教师发放并阅读阅读材料 2——"全世界共同对抗饥荒问题"

（摘录附文中的阅读材料）

从以上阅读材料中也可得知，饥荒是需要世界各国共同面对和对抗的问题。下面，请各组讨论，为自己所调查的国家提出解决饥荒的合理性建议。

• 应怎样改善和解决这些国家饥荒问题？

小组发表 4：根据课前调查结果，提出解决建议。

尼日尔小组：改善邦交、寻求援助；减低出生率；提高教育水平。

布隆迪小组：捐赠衣服、水、食物等合适的商品；种植耐旱的植物。

马达加斯加小组：种植保持水土的树木；政府要做适度调整，关心人民生活；发达国家捐款；推广大棚技术。

中非共和国小组：停止宗教战争；国外捐款；与国外进行贸易往来增加收入。

……

（3）深化主题——我为改善饥荒问题能做什么

• 如果让我为救助面临饥荒的儿童改变自己的生活，我愿意做出哪些改变？

①去游乐园玩自己喜欢的付费游乐项目。

②去外面的餐厅吃自己喜欢的饭菜。

③买课外书以及玩具。

④喜欢的零食、饮料。

⑤买新衣服。

⑥电子产品，Ipad、手机等。

我愿意做出哪些改变？

①一年不去游乐园或者不玩各种付费的游乐项目。

②一年不去外面的餐厅吃自己喜欢的饭菜。在家吃。

③一年不买课外书以及玩具。

④一年不买不吃零食、不喝饮料。

⑤一年不买新衣服。

⑥捐出自己的电子产品，不再使用Ipad、手机等。

（4）引出结论——解决饥荒问题，是"地球村"每个人共同的责任

【思考题】

1）除了饥荒问题，你认为还有哪些威胁人类生活的问题？

2）这些问题的产生和我们有无关系？如何解决呢？

【教学评价】

教师评价

1）学生的知识掌握程度如何？

2）活动的参与度如何？

3）知识迁移和应用水平如何？

学生评价

（1. 非常不同意 2. 不同意 3. 不一定 4. 同意 5. 非常同意）

评价内容	1	2	3	4	5
通过这节课，我学到了知识。					
在这节课我积极思考并发言了。					
在这节课我和同学合作得很愉快。					
这节课改变了我以前的想法。					
这节课会改变我以后的学习生活态度。					

阅读材料1

饥荒问题

目前在世界范围内，人口的分布和粮食的分布十分不均衡，很多发展

中国家和地区的人均粮食供给量非常低。当地的粮食产量严重不足，很多人因为饥荒而失去生命，粮食饥荒问题愈演愈烈。可以说饥荒问题的产生主要有天灾和人祸两个方面的原因。有很多国家和地区由于气候变化、自然环境恶劣，加上长期受到水旱灾害的影响以及不合理的耕作方式，粮食产量很低乃至绝收；也有很多国家由于战争等内乱导致人民流离失所，农业荒废，产生大量的饥荒难民……这些饥荒问题大多发生在发展中国家，以非洲等贫穷落后的地区为甚。世界粮食计划署执行主任，美国人埃瑟琳·库赞（Ertharin Cousin）指出，非洲地区是灰色地带，非洲人民的营养不良患病率是世界平均水平的 2 倍，1/4 的非洲人民正处于饥饿的煎熬中。此外，据世界粮食计划署估计，由于眼下埃博拉疫情十分猖獗，因此至少有 100 万的非洲人民面临食品安全问题。至于亚洲，由于存在着较大的地域差异，同时东南亚及中亚地区某些国家具有较高的人口增长率，因此至 2015 年，覆盖在亚洲的全球 2/3 的饥荒人口可能无法获得显著改善。由于战争不断，中东地区的饥荒局势最为险恶：1990 年饥荒人数为 800 万，直至目前，饥荒人数反增不减，直达 1850 万人口。

为了进一步解决世界性的饥荒问题，在 2000 年的联合国千年首脑会议上制定了"在 15 年的时间内，减少世界上一半的饥荒人口"的目标。虽然该目标并未完成，但是仍然成功使 63 个国家远离了饥荒国家的标签。联合国在发布的报告中指明了 6 个需要特别关注的国家：印度尼西亚、海地、巴西、玻利维亚、马拉维以及马达加斯加。这 6 个国家的贫困指数位于世界前列，因此成为联合国致力于改善全球饥荒战略的首要目标。联合国中负责食品发展的三个机构粮农组织（FAO）、世界粮食计划署（PAM）和国际农业发展基金会（FIDA）都在采取措施致力于改善这些饥荒国家面临的饥荒问题。包括召开针对不同地区不同国家饥荒问题的紧急会议，号召国际社会为饥荒地区提供资金、技术、粮食支援，挽救受灾地区人民的生命、防止情况的进一步恶化。自 1990 年以来，随着改善贫困政策的不断发展和深入，已有 2.09 亿人走出了饥荒灾苦。但世界上仍有 8.05 亿人口正在遭受饥荒之苦，也就是说，世界上每 9 个人中就有一个人正挨着饿。

除了国际组织和世界各国之外，很多企业和志愿者也加入到对抗饥荒的队伍之中。肯德基、必胜客的母公司百胜国际餐饮集团，启动世界饥荒救济活动，加强公益宣传以唤起人们的认识，征集志愿者并募集资金。志愿者深入饥荒灾害地区发放救济食品、施粥，并进行募捐。截止到 2009 年，该公司已经有 100 多万名员工、加盟商及其家人提供了累积 900 多万小时的志愿服务，在世界各地的社区协助进行饥荒救济，累计为联合国世界粮食计划署及其他饥荒救济机构筹集了 3600 万美元，并为全球偏远地区的饥民提供了约 1.6 亿餐饭，拯救了 400 万人的生命。从个人的角度来看，一方面我们可以通过参加一些志愿活动，宣传饥荒国家的状况，让更多的人了解饥荒问题的严重性，也可以通过捐赠自己的零花钱等为饥荒地区的人民尽上微薄之力。

总之，世界各国乃至我们每个人都要充分意识到自己肩上的全球责任，了解饥荒问题的严重性，努力为改善世界贫困国家和地区的饥荒问题而团结一致、共同努力。

反对歧视　尊重他人

梁　红

歧视现象在世界各个角落都是根深蒂固的，它源自广泛竞争的压力，源自个人偏好的驱动，源自每个人对陌生人群的无知，源自对陈规陋习的惰性。每个人都有歧视他人的行为，不过表现在不同的领域里，表现程度也各不相同。随着社会的发展，歧视的种类越来越多，如种族歧视、性别歧视、地域歧视、分数歧视、特长歧视、血型歧视、价格歧视、姓名歧视等等。

歧视是直接针对某个特殊群体成员的行为。歧视是由偏见的认识和态度引起的，直接指向偏见目标或受害者的那些否定性的消极行为的表现。歧视源于偏见。歧视的表现程度变换很大，从带有感情色彩的表情性语言交往或社会交往中的故意回避，到暴力行为，乃至种族灭绝或宗教性大屠杀。

从社会的角度看，歧视是不同利益群体间发生的一种情感反应及行为，歧视一般由歧视方和被歧视方两个利益群体构成。一般情况下，歧视方由于担忧被歧视方对自己的地位、权利、利益、习惯、文化等造成威胁或挑战，而在言论或行为上对被歧视方进行丑化、中伤、隔离甚至伤害。歧视实际上是歧视方在寻找说不出口的理由，使不合理、不合法、不公平、不正义的事情维持下去，达到维护歧视方的地位、权利、利益、习惯、文化的目的。

在校园中，歧视现象也是存在的。学生家庭各不相同，学生之间就会自然或不自然地形成相对固定的群体，群体之间难免形成各种不同的观点；由于观点等的不同，就会产生不同程度的歧视。歧视，就是不平等地看待他人。每个人都有歧视他人的行为，表现在不同的领域里，表现程度各不相同，如家庭出身、自身能力、身体缺陷、学业成绩等方面。学生之间出现的歧视现象，我们要找出其中的原因，让学生认识到歧视的表现和危害，进行有针对性的教育。虽然"歧视"这一行为本身是不可能消除的，但"歧视的标准"则可以发生变化。通过本课《反对歧视 尊重他人》的学习，尽最大限度降低歧视现象的发生率，培养学生的平等意识、尊重他人意识、互助意识和合作意识。构建和谐班集体，促进良好班风的形成，促进学生健康成长。

一、课前准备

搜集资料，制作 PPT 课件，分小组，空白纸张若干。

二、教学目标

认知目标：1. 了解什么是歧视，歧视现象都有哪些。

2. 通过小组合作学习，认识到歧视现象造成的危害。

能力目标：1. 多角度思考，增强探究学习能力。

2. 通过小组合作学习，提高与人沟通合作的能力。

3. 通过讨论过程，提高思辨能力。

情感态度价值观：懂得平等待人，尊重他人，互帮互助，团结合作。

三、教学重难点

重点：了解身边的歧视现象，并认识到歧视对人们造成的危害。通过小组学习讨论，懂得平等待人，尊重他人。

难点：尽可能地降低校园中歧视现象的发生率，真正做到互帮互助、团结合作、平等待人、尊重他人。

四、教学方法

本课采用情景法、讲授法、讨论法。

五、教学过程

（一）课堂导入

阅读真实事例，小组讨论。

事例1：男孩小张从小喜欢跳舞，但上小学后，舞蹈团中跳舞的都是女孩，因此被老师劝退，最后小张改打羽毛球了。

阅读完这个事例，你觉得这样的选择对孩子的发展好吗？这样做是否合理？

事例2：女孩小美自小喜欢踢足球，在家长和教练的鼓励下，她一直坚持着自己的爱好。

阅读完这两个事例，你觉得这样的选择对孩子的发展好吗？这样做是否合理？你更支持哪一方的做法。

（二）教学过程

1. 引入核心，深入理解

对于事例1，人们往往认为跳舞更适合女孩，认为女性在跳舞方面比男性更具有优越性；对于事例2，虽然小美热爱着足球运动，同时也得到了来自家人和教练的支持和鼓励，但是人们往往认为男性在足球乃至运动方面更胜于女性，认为踢足球是男性的运动。你能给这种现象命个名吗？（引出主题：性别歧视）

2. 什么是歧视

什么是歧视？小组讨论并汇报。

歧视：人对人就某个缺陷、缺点、能力、出身以不平等的眼光对待，使之得到不同程度的损失，多带贬义色彩，属于外界因素引发的一种人格扭曲。教师板书关键词：偏见引起、不平等、消极行为等（基于偏好的歧视和统计性歧视）。

3. 歧视的种类

除了性别歧视，我们生活中的歧视现象还有哪些？让我们观看一段视频。看完视频后，写下视频中出现的歧视现象。以小组为单位，进行歧视的分类并汇报。（种族歧视，性别歧视，地域歧视，分数歧视，特长歧视，血型歧视，价格歧视，姓名歧视等）

4. 聚焦一个有争议的歧视现象——年龄歧视

（1）同学们，请大家看看这个事例，你认为这是歧视现象吗？小组讨论汇报。

（2）你认为歧视行为是人人都会有的，还是只是个人行为？

每个人都有歧视他人的行为，不过表现在不同的领域里，表现程度也各不相同。

（3）为什么会有歧视行为？歧视现象产生的原因是什么？

歧视源于"异己"的排斥。歧视现象在世界各个角落都是根深蒂固的，它源自广泛竞争的压力，源自个人偏好的驱动，源自每个人对陌生人群的无知，源自对陈规陋习的惰性。

（三）明确主题

1. 列举校园中的歧视行为和现象

既然歧视行为是不可避免的，那么在校园当中，你遇到或知道的歧视行为都有哪些？

2. 反对歧视的目的

我们都知道歧视他人的行为是不当的，我们应该反对歧视。那么，反对歧视的目的是什么呢？

（小组讨论）

接受"异己",平等待人,尊重他人就是尊重自己。

3. 歧视造成的伤害

你身边的歧视行为和现象都有哪些?并说一说它们会对我们的学习生活造成的危害。

学生之间的歧视会导致学生之间的分化,学生分成不同的利益小团体,影响学生之间良好人际关系的形成,可能会破坏班集体的团结、和谐以及稳定,不利于学生和谐、全面的发展,不利于学生健康人格的形成,必须尽可能地降低学生之间歧视行为的发生率。

4. 民间和国际上对于"反对歧视"是如何做的

列举出法律对于性别歧视、就业歧视、种族歧视的规定。

5. 反对歧视,我们应该怎样做

第一,要学会接受"异己",理解世界的多样性,要能换位思考。第二,平等待人。平等是指人与人之间具有同等的地位、享有同等的权利,主要是指人与人之间在法律和人格上都是平等的。平等体现了人类的文明进步,是人类孜孜以求的目标。反对各种特权思想和行为。我国宪法规定:"中华人民共和国公民在法律面前一律平等。"第三,尊重他人。每个人的内心里都渴望得到他人的尊重。但只有尊重他人,才能赢得他人的尊重。尊重他人是一种高尚的美德,是个人内在修养的外在表现。尊重他人是一种文明的社交方式,是建立人与人之间良好关系的基石。做到相互尊重,要对他人的某个缺陷、缺点、能力、出身投以平等的眼光对待。尊重他人的人格,不做有损他人人格的事情。要善于欣赏他人,接纳他人,不可以嘲笑他人的缺点与不足。每个人都会有缺点与不足,因此对待他人不如自己的地方,要能接纳、不排斥,也允许有他人超越自己的地方。尊重他人的正当权利和行为习惯以及个人的人格尊严,真正做到尊重他人而不歧视他人。我国宪法规定:"中华人民共和国公民的人格尊严不受侵犯。禁止用任何方法对公民进行侮辱、诽谤和诬告陷害。"我国民法通则第一百零一条规定:"公民、法人享有名誉权,公民的人格尊严受法律保护,禁止用侮辱、诽谤等方式损害公民、法人的名誉。"最后,互帮互助,团结合作。互助是指在人与人之间的关系中,为了实现共同的利益和目标,互相帮助、互相支持、团结协作、共同发展。助人为乐是中华民族的传统美德。苏霍姆林斯基曾说:"对人来说,最大的快乐,最大的幸福是把自己的精神力量奉献给他人。"同学之间的互助可以使我们共同进步、共同健康成长。大到一个国家,需要各民族之间的互相帮助,才能让国家不断发展壮大;小到一个家庭,也需要家庭成员之间的互帮互助,才能使家庭不断和谐温馨。一个班集体也需要同学之间互相帮助,在学习上不断进步、共同提高;在生活上共渡难关,共享幸福快乐。互助能加深学生之间的相互了解,消除学生之间的误解,互助有助于形成良好的班风、学风以及和谐的人际关系,互助有助于减少学生之间的歧视。

(四)总结

虽然"歧视"这一行为本身是不可能消除的,但"歧视的标准"则可以发生变化,我们也可以通过我们每一个人的行为,降低歧视现象的发生率。通过本课的学习,我希望大家能够尽最大限度降低歧视现象的发生,平等待人、尊重他人、互帮互助、团结合作。通过我们每一个人的努力,构建和谐班集体,让我们共同健康成长。

可持续发展——低碳生活

郑忠伟

国际理解教育是指各个国家在世界教育改革和发展的背景下,以增进世界各国的共存与和谐,共同认识和处理全球社会存在的重大问题为目的,以"国际理解"为理念而开展的教育活动。具体地说,就是帮助学生在充分了解传统文化的基础上培养文化自信、民族自豪感,在对异域文化了解的基础上培养文化认同、国际理解,尊重、了解其他国家、民族、地区文化的基本精神及风俗习惯,引导学生初步学习应用国际语言的交流能力和文化交际技能,探讨全人类共同价值观念,以开放的视野、平和的心态和全球胸怀来加强彼此间的合作与共赢,促进人类的和平与发展。虽然世界各国对国际理解教育的表述略有不同,但其核心价值观和内涵始终如一,即以"和平文化"为核心,倡导"多元主义的教育价值观"。

国际理解教育旨在发展学习者的国际理解知识、能力和态度，以培养跨文化交流人才为目标，其核心与教育宗旨决定了它的几个突出特征：第一，理解的双向性。第二，价值观的自我建构。第三，重视可持续发展。第四，倡导回归生活教育。第五，强调动态的文化理解。

我将重点以可持续发展和倡导回归生活教育这两点谈谈我在国际理解的教学中是如何体现的。

首先，可持续发展理念主张人类文明必须走可持续发展道路，达成人与自然、信仰与科学的和谐与平衡，而环境、人口、自然灾害、战争、健康等全球性问题，不是一个国家、一个民族、一个地区或某个人就能解决的，需要全人类、世界各个国家联合起来，共同去面对和解决。国际理解教育就是以这些问题作为出发点，无论是教育的目的、内容、方法、过程，都必须贯彻与运用可持续发展理念。基于这点，我选择低碳生活（low-carbon life）作为本课学习和讨论的核心内容，人类经济和社会的发展不能超越资源和环境的承载能力。即在满足需要的同时必须有限制因素，也就是发展的概念中包含着制约的因素。因此，在满足人类需要的过程中，必然有限制因素的存在。主要限制因素有人口数量、环境、资源，以及技术状况和社会组织对环境满足眼前和将来需要能力施加的限制。最主要的限制因素是人类赖以生存的物质基础——自然资源与环境。因此，持续性原则的核心是人类的经济和社会发展不能超越资源与环境的承载能力，从而真正将人类的当前利益与长远利益有机结合。

学生们在了解了可持续发展原则后，来审视自己的生活。通过课前的前测让学生们去真实记录每日晚餐的内容，并根据教师所提供的碳排放计算表来计算自己晚餐的碳排放量，完成计算后，小组内的组员互相比对数值并进行分析、讨论，得到一些可预见的讨论结果。如，吃肉会比吃菜排放出的碳要多，吃牛肉比吃鸡肉排放出的碳多，等等。但学生对碳排放的概念比较陌生，怎么去讲述什么是碳排放？

碳排放是关于温室气体排放的一个总称或简称。温室气体中最主要的气体是二氧化碳，因此用碳（Carbon）一词作为代表。虽然并不准确，但作为让民众最快了解的方法就是简单地将"碳排放"理解为"二氧化碳排放"。人类的任何活动都有可能造成碳排放，比如普通百姓简单的烧火做饭都能造成碳排放，任何物体被火烧后的废气都会产生碳排放。多数科学家和政府承认温室气体已经并将继续为地球和人类带来灾难，所以"（控制）碳排放""碳中和"这样的术语就成为容易被大多数人所理解、接受并采取行动的文化基础。

低碳意指较低（更低）的温室气体（二氧化碳为主）的排放，低碳生活可以理解为：减少二氧化碳的排放，低能量、低消耗、低开支的生活方式。如今，这股风潮逐渐在我国一些大城市兴起，潜移默化地改变着人们的生活。低碳生活代表着更健康、更自然、更安全，返璞归真地去进行人与自然的活动。当今社会，随着人类生活发展，生活物质条件的提高，随之也对人类周围环境带来了影响与改变。对于普通人来说，低碳生活既是一种生活方式，同时更是一种可持续发展的环保责任。在了解碳排放的概念后，进而引导学生进行思考：为什么吃肉比吃菜排放的碳多？吃牛肉比吃鸡肉排放的碳多？对这些问题进行讨论，并关注在生产和驯养的过程中都需要哪些步骤，思考这些步骤是否都需要大量的碳排放。（教师给予一定的知识作为补充理解）。

在学生大体了解碳排放的概念后，再次回头审视自己的"晚餐"，能否"优化"一下让它变得相对更加低碳一些呢？思考刚刚讨论的"吃"是属于节能还是减排？当然是减排！那生活中还有哪些其他减排的方式呢？节能的方式又有哪些？小组再次进行讨论。家人的生活是否低碳？学生发表看法并小组讨论，给出家庭生活更加低碳提出方案。

针对不同国情以及不同低碳生活方式，审视低碳生活更应具备全球意识与责任。日常生活的教育让孩子们点滴积累，由小及大，这也凸显了国际理解的另一个特征：倡导回归生活教育。国际理解教育认为，只有在日常生活中才能充分领悟人类文化的真正意义，教育是为了培养人，而这些人只有面对现实生活的存在，才能对人类发展过程中所面对的问题有所认知。因此，国际理解教育倡导对现实生活的回归，提倡切入异域文化的生活世界，提倡切身积累、体验与实践，唯有如此，才能避免文化理解的抽象性，领悟文化理解的真谛。

通过一堂这样的国际理解课程，让学生聚焦全球视野，肩负全球责任，渗透社会主义核心价值观，构建和谐社会，创造和谐环境。努力对身边的一切事物都保持友善，努力让学生成为有意识、有责任感的史家人、中国人、世界人！

消除偏见　　抵制歧视

齐　瀛

当今社会生活中，偏见与歧视一直是不可回避的社会问题。它存在于不同性别之间，不同种族之间，不同职业工种之间，不同地域地区之间，不同国家之间等等。"偏见"与"歧视"像是难兄难弟一样，总一起出现在人们的生活里。那何谓偏见？何谓歧视？它俩的关系又是如何？这些问题将在本节课中通过一个个案例分析而被一一解答。而对于本节课的授课对象：四年级的小学生们，他们又是如何看待"偏见"与"歧视"？对于这一社会问题他们又持有什么观点？这些则是本节课的重点关注内容。

人们通常对偏见与歧视的认知很模糊，但是一句话基本可以概括这两者的异同：偏见是一种态度，无论行为如何；歧视是一种行为，无论态度如何。简单的一个例子：你认为黑人的智商比较低，工作能力差，但你迫于法律规范和社会压力没有因此在雇佣黑人的时候区别对待，这就是偏见。你认为黑人跟白人在智商和工作能力上没什么区别，内心也愿意雇佣黑人，但是因为你们公司不少人不喜欢与黑人一起工作，你迫于这种压力没有雇佣黑人，这就是歧视。至于你因为第一条的偏见，而没有雇佣黑人，前者偏见代表的是你的态度，后者歧视代表的是你的行为，两者即便有因果关系，那也是泾渭分明。

偏见（prejudice），以英文的角度，从词源学我们可以看出，judice 其实就是 justify，pre 就是在前，prejudice 就是没有经过 justify，没有经过论证就已经下了判断。这和汉语"偏见"一词也很像。"见"就是见解。有的见解是真的，有的见解是假的。而偏见就是指那些没有根据，或者根据其实无法支持结论的见解。比如，我们有时候认为女性不擅长数学，理由是：

父母是这么告诉我们的。这就是一个偏见。父母的言论并不一定是正确的，以此作为理由，来支持"女性不擅长数学"这个命题，是没有力度的。

那歧视（discrimination）呢？英语中，discrimination，Dis 是分开，crimination 从词源上看，也就是 separate、distinct 的意思。其实这个词就是差别的意思。如果我们强调这个差别是不合理的，那就可以翻译作"歧视"。汉语里面，歧视就是歪着看，不正视，也就是给予差别化的待遇。所以，我们一般所说的歧视，就是不合理的差别化待遇，这是一种行为。也许不是所有的歧视都是由偏见导致的，但由偏见导致的歧视，却是值得格外关注。歧视这个概念，其实和公平这个概念交织得很紧密。歧视就是不合理的差别待遇，不合理的差别就是不公平。

在校园中，偏见与歧视也很常见。有些学生会仅凭着印象、成绩及在校表现等几个方面在心中为其他学生贴上"捣蛋鬼""教师的小助手"等标签。对于被贴上消极标签的同学来说，可能会被其他同学孤立，会处处受到冷遇或在班级活动中受到不公正待遇，更有甚者会受到语言上或行动上的攻击，继而变成校园暴力。所以带领学生了解认知偏见与歧视是刻不容缓的。

无论如何，即便只是为了维护公平这个理念，反对歧视依然是一件值得去做的事情。而消除偏见也是一项重任。如果我们都不试着以自身的偏好为标准，去建立某个标准的命题，得出结论，让自己的偏见成为所谓的真理。如果学生都能意识到自己的某些见解只不过是自己的偏见，甚至许多所谓的社会风俗也不过是社会的偏见，那作为社会的一分子，我们在反思自身的同时，也会改变社会。也许，我们就能生活在一个更包容、更多元的社会当中，这也是本节课的意义所在。

本节课具体教学过程如下。

一、导入

1. 案例讨论（全班性讨论）。

教科文组织的"全球教育监督报告"部门发表研究指出，亚洲和非洲国家的小学教科书中不管是从课本的内容、文章中出现的人物、人物的称谓、索引注释来看，女性（包括小女孩和成年女性）在教科书中出现的比例都非常低。在社科类课本里，几乎所有科学家和士兵都是男性；相比之下，有3/4从事服务性行业的角色是女性。在印度，小学的英语、印度语、数学、科学和社会学课本中，有一半以上的插图都只画了男性，只有6%的插图里全是女性。在伊朗，该国教育部设计的教材里有80%的人物都是男性。在澳大利亚，课本里有57%的角色是男性，其中从事法律职业的男性人数是女性角色的2倍，从政的比例则是4倍。

问题1：这段文字说明了什么问题？

问题2：如果你用这些教科书学习，你会发现这个现象吗？

问题3：作为女生，你的学习动力、自尊心会受到影响吗？

2. 老师对学生讨论出的答案进行梳理，呈现板书。了解学生所想，顺理成章地引出本节课教学重点：偏见与歧视。

二、教学重、难点

1. 根据主题，讨论偏见与歧视的含义。

教师根据学生反馈给出"偏见与歧视"这一主题，鼓励学生讨论分析偏见与歧视的定义。

偏见（prejudice）是指人们对某一特定群体及其成员所持的消极的态度和情感反应。偏见乃是对一个群体及其个体成员所怀有的一种负面的预先判断，一种"基于错误而顽固的概括而形成的憎恶感"（奥尔波特，1954）。

歧视（discrimination）是对某一特定群体的成员的消极或有害的行为，包括不公正的对待，这种对待不是基于其实际表现，而是基于其所属群体。

2. 小组讨论：你觉得偏见与歧视的区别是什么？

偏见是一种负面态度，而歧视是一种负面行为。歧视行为往往源自态度上的偏见，但二者的关系实际上更为复杂。偏见性的态度未必导致敌意行为，同理，并非所有的压迫行为都根源于偏见。种族歧视和性别歧视便是制度性的歧视，即使没有认知上的偏见也会表现出来。

3. 案例分析，检测学生是否真正理解"偏见"与"歧视"的含义。

一位老太太手抱着一桶25美分的硬币，准备把这桶硬币放到酒店的房间里。当她正要跨进电梯，却发现里面站着两个高大的黑人。"啊！这两个黑人要打劫我！"老太太有一种强烈的恐惧感让她不知道是否该走进电梯。经过一番痛苦的挣扎，她终于踏进了电梯。一秒，二秒，三秒……电梯原地不动。"天啊！他们是不是就要动手了？"就在这时，她听到一个黑人说："Hit the floor！"（趴到地上）。老太太一下子慌张地放开了小桶趴在地板上。那桶硬币哗啦啦地掉在地上，空气仿佛凝固了一样，电梯里继而一片静寂。几秒钟后，老太太听到一个黑人非常礼貌地说："夫人，请问您住哪一层，我们可以帮您按。"那位黑人继续解释道："当我和朋友说，Hit the floor 时，是指单击要去的楼层按钮，不是让您趴到地上。"老太太心想：我的天，我犯了一个多么愚蠢的错误！她想道歉，却不知说什么好。三人一起动手将一地的硬币一一捡起。电梯到了老太太所在的楼层后，两个人把老太太送到房间门口，然后礼貌地道晚安后转身离去。就在老太太走进房间的时候，她听到两个人在楼道里大声笑了起来。第二天一早，一束鲜花送到了老太太的房间，还有一张卡片，上面写着：非常感谢您带给我们多年未曾有过的最欢畅的大笑。送花人：迈克·乔丹（篮球运动员）、爱迪·墨菲（好莱坞影星）。

问题（1）：本故事中是否存在偏见或歧视问题？如果存在，是谁带有偏见或歧视？如何体现？

问题（2）：你对此故事有何感触。

4. 结合自身经历或经验，说出自己身边出现的偏见或歧视的现象，全班针对每个人的分享进行讨论。

5. 总结：

偏见与歧视是一种潜意识，它会诱使我们将对方的所有言行都往消极的方向引导，使我们看不到对方的真心，反而会觉得他别有用心，当我们心存偏见与歧视时，潜意识就会将对方的话往负面去思考。若对他人存有歧视与偏见，将使我们不愿意承认，也不愿意正面看待对方所做的任何好事，只会去挑对方的缺点并加以攻击与批评。而当歧视与偏见在人的心里根深蒂固后，它将不再是潜意识而是一种病态，这样的病态将使我们的心智被蒙蔽，对人无法辨好恶、对事无法辨是非。

第2篇

英语课程的建设

集团英语部在课程改革方面力度大，根据集团学生的具体情况以及教材等各方面的因素，在国家课程整合方面按照横向和纵向的整合形式，立足教材，在精准领会课标要求及教材编写的基础上，充分利用教材、开发教材、活化教材，抓准教材之间的连接点，进行有效的课程设计。在对国家课程整合时，将根据"删、换、合、增"的原则进行年级间与跨年级的单元内容融合、调整和创编。

删：删除部分内容，如重复的内容或不必要的内容，可以让学生课外自主学习，不再占用课内时间。

换：对内容进行变更和完善，如将不够典型、缺乏现实意义的事例或对话练习进行改编，换成更加富有时代气息的内容。

合：把学科相关的知识点整合起来，根据学生的认知水平，根据不同年级对听说读写的要求，对教材做单元融合和建构，按语音、词汇、句型、语法的要求进行整合，便于学生学习和掌握。

增：增加部分内容，由于学生能力的提高和自身发展的需要，需要补充部分材料或主题活动、实践操作等，比如拓展语音知识，在单词基础上扩充短语及篇章等，重点增加阅读训练。

以科研课题做引领，将丰富的英语课程重新规划整理，跳出教材的局限，给学生以更准确的学习方向。老师们把握开展的每一个课题研究，做到理论与实践相结合，因为教研与科研是不可分割的一个整体：教研为科研提供研究素材，科研为教研提供理论支持和操作体系。在日常的教学中，融入科研意识，使集团课程改革和建设更为规范，并具有指导意义。

科研促教研

科研课题的研究对英语教师的教学工作具有指导作用，从强化日常教学中蕴涵的科研成分着手，以科研的思路去重新审视教学过程，发现问题、思考问题，形成解决问题的策略，并通过教学实践使其得到验证与完善，从而使教学工作逐步向最优化方向发展，同时也使自身的素质得到提升与飞跃。教研是科研的基础和前提，科研是教研的提升和发展。英语部老师们积极开展课题研究，将科研与教研融合，并发挥科研在教研中的引领作用。在英语行动研究中，教师自我发展、自我提高、收集数据、分析情况、撰写案例、积极反思，充分发挥一线教师的优势，立足于学生，将研究成果进行推广，使学生受益。

浅谈故事教学中的有效设问

宋 莉

一、研究背景

《小学生英语课程标准》指出，义务教育阶段的英语课程承担着培养学生基本英语素养和发展学生思维能力的任务，特别是2014年教育部颁布的《关于全面深化课程改革，落实立德树人根本任务的意见》中提出要加大培养学生的核心素养，其中学生思维品质的培养正是英语学科核心素养的一个重要组成部分。近年来，故事教学在小学英语课堂教学中占有越来越重要的地位。设问作为课堂上最常用的教学方法，是思维的开端，创造的基础，能够引发学生思考，加深对知识的理解，这样的问题才是有效的。因此，怎样处理好故事教学，特别是如何设计故事教学中的问题，也就成了小学英语教师不断积极探究的一个课题。

二、研究故事教学中有效设问的意义

课堂设问是一种重要的教学手段，也是培养学生创新能力的重要途径。教学环节要始于设问，并以进一步的追问来推进，为下一个环节做好铺垫。精心设计课堂中的问题，将在提高教学质量和学生的认知水平，引导学生更多地参与课堂中的互动等方面起着积极促进作用，可以大大提高课堂教学质量和效果。设问被视为有效教学的核心，很多时候，课堂的精彩与否，是看一个教师整节课中的课堂设问如何，精彩的设问会引领整个课堂，同样也引领全体学生，激发学生的求知欲与想象力。

三、有效设问在故事教学中的作用

1. 有效的设问能激发兴趣，活跃课堂气氛

课堂教学中，能否设计好问题，关系到学生阅读故事的兴趣能否被有效激发、能否准确检测对故事理解的整体水平。如果教师能巧妙地运用问题艺术，就很容易激发起学生的学习兴趣和热情，调动起学生学习英语的积极性，课堂气氛也会因此而变得活跃起来。

2. 有效设问能启迪学生思维

古人云："学起于思，思源于疑。"学生的思维往往是从思考问题开始的，故事教学中的有效设问，是启发学生思维，引导学生在阅读过程中通过感知、体验、参与、合作、探究获取和处理信息，提高阅读技能的一种重要手段。教师的问题设计如果合理、恰当，就能将学生很自然地引入情境，充分发挥学生的想象，激活学生的发散性思维。

3. 有效设问能促进教学目标达成

有效的课堂设问是课堂教学目标有效达成的重要保证和手段。在故事教学实践中，设问是最常用的方法，也是最有效的方法之一。

四、故事教学中的设问常见的问题

教学中的有效设问是促进学生学习和发展的一种理念、一种手段，是

衡量教学活动有效性的标准。但是，国内近年来的研究材料表明，中小学教师平均每堂课的有效问题仅为 50%，而英语教师有效的问题所占比例则更少，而且在问题的设置中尚存在着以下不足。

1. 问题过于简单

在多年的教学实践中，我也经常看到一些老师的问题过于简单，学生不用动脑子就能回答，缺少独立思考，没有激活学生的思维，反而会使学生的思维停留在单一的、较低的水平。问题没有意义，既不利于学生学习兴趣的培养，也不利于思维能力的训练。

2. 问题没有梯度

有的老师在教学过程中，看似问题挺多，和学生之间也有互动，但细捉摸很多问题设计得没有梯度，缺乏层次性，没有由简到难、由浅入深，层层递进，从心理学和教育学角度看，都不符合孩子的认知规律，更不利于学生自信心的培养。师生间的互动往往也有局限性，没有关注到全体学生。

3. 问题缺乏整体感知

在有些课堂教学中，老师设计的问题太细，过于琐碎，忽略了对故事的整体感知和理解。

4. 问题缺乏信息差

明知故问式的问题也常常出现在课堂中，答案明明摆在眼前，还要问，不仅缺乏信息差，也很难引起孩子的求知欲和兴趣点。

五、如何在故事教学中有效设问

在故事教学中，教师备课要充分研究教材，对文本内容读深、读透后再设计问题。初级阶段可以设计一些非常简单的表层问题，在文本中可以很容易地找到答案，让学生体验到阅读故事的成就感。接下来可以设计一些稍微隐蔽的问题，需要学生阅读文本的表面意思之后，对语句的实际含义进行分析、思考和理解。更复杂的问题可涉及文章的主旨、作者的态度等，需要学生综合故事全文来考虑。不同类型的问题适用于不同的故事和故事的不同阶段，根据实际需要灵活运用，不仅要从故事内容，还要从孩子的认知规律、心理特征等方面设计问题,从而开启学生思维,有效地开展故事教学。

1. 阅读前,有效预设,导入故事

阅读前是故事教学的准备阶段,目的是调动学生对整体故事背景及情境的关注,包括与之相关的知识、文化背景,教师可以设计一些与主题相关的问题,在问题的引领下,铺垫知识,预测文本内容,导入故事情节。常用的问题类型以下两种。

(1) 导入型

问题导入是英语教学过程中运用最广泛、操作最简单的一种方法。这个环节所设计的问题,对学生是否愿意接受这篇故事,对即将学习的故事内容是否感兴趣起着决定性的作用。

课例1:人教版"Save our planet"一课,在热身环节,恰到好处地设计了两个问题(见图1),通过师生之间的交流和自由问答,引出故事主题——保护地球。这些问题都是贴近学生生活实际的,也是孩子感兴趣并乐于谈论的话题,轻松自然地导入故事情节。

图1

(2) 预测型

预测是小学英语故事教学中常见的有效策略之一。预测型问题是教师引导学生通过观察插图或标题等之后提出的问题,目的在于激活思维,发挥想象力,推测故事大意,为故事教学的展开做好铺垫。预测式问题要基于故事主题，学生展开讨论，大胆预测故事大意，不仅培养了学生观察、想象、推断和探究能力，也激发了学生的求知欲，极大地提高了课堂教学效率。

　　课例2：李悦老师在新授环节，设计了一系列预测型的问题（见图2），让学生分别从 what、where、when、how 四方面进行大胆的猜测，让学生们大胆想象，发散了学生思维，同时教师也会在无形中利用预测型设问有意识地给学生设下悬念，勾起了学生强烈的破疑愿望，激起了他们寻根探源的欲望，促使学生迈过"信息沟"，极大地调动了学生的好奇心，激发了学生想了解故事内容的极大兴趣。

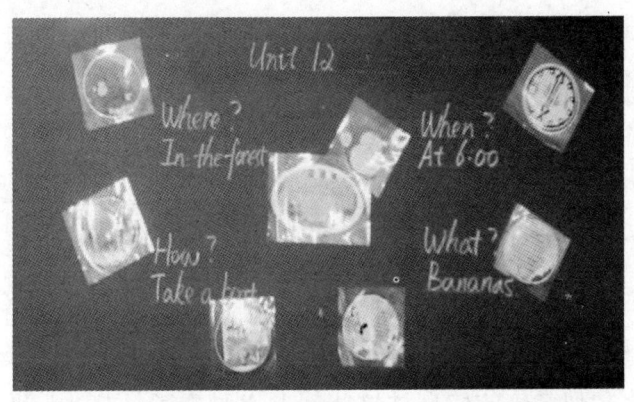

图2

2. 阅读中，巧妙设疑，贯穿教学

　　阅读中的活动是英语故事教学的主体，也是故事教学的核心环节，其主要任务是通过阅读了解文本大意，理清文本思路，从而获取文本的具体信息或细节性信息。这一过程中，教师可以根据故事结构、语言各层次之间的关系等设计一些带有整体性、层次性、梯度性的问题，引导学生自主阅读，从而帮助学生由表及里、由易到难、由浅入深、循序渐进地解读故事内容，在解决问题的过程中，层层深入文本，最终把握故事内容，常见的类型有以下四种。

　　（1）导读型

　　导读型问题比较适用于简短的小故事，在整体呈现语篇之前，教师根据完整的故事情节提出的概括性和整体性问题，用来帮助学生快速把握语篇的大意，从而培养学生整体故事快速阅读的习惯。

(2) 递进型

在故事教学中，教师的设问要面向全体学生，关注个体差异，针对不同层次的学生提出不同层次的问题，差一点的学生比较喜欢事实性问题、封闭性问题；好的学生更喜欢具有挑战性的问题。所以问题的设计要有梯度，环环相扣，层层递进。

(3) 细节型

小学阶段的故事教学内容大都比较简单，思想情感也比较浅显，老师在设计问题时往往只关注整体和主干问题的设计，忽略细节型问题。细节型问题是教师根据语篇中的一些细小而关键的字、词、句提出的一些问题，目的在于培养学生静心阅读，捕捉文本的细节信息，引领学生正确掌握语篇内容，从而达到全面透彻地理解语篇的目的。

(4) 梳理型

梳理型问题是学生在整体初步感知的基础上，教师根据教学思路，抓住故事主线而设计的一些问题，这些问题可以帮助学生理清故事脉络，全面、深入的理解故事内容。这些问题层次分明，逻辑性强，符合学生的认知过程，许多貌似零碎的信息被这些问题串联在了一起，帮助学生理清了理解语篇的思路，提升了记忆语篇的效果。

课例3：人教版"Dinosaurs"一课（见图3、图4），老师通过一系列梳理型设问，紧贴主题，围绕着语篇内容逐一提出，学生们在回答时的话语不一定完全正确，但只要抓住要点、关键词即可。这是最后学生们通过回答问题所梳理出来的关键信息，不仅在这个过程中理清了思路，理解了语篇，在谜底揭开的同时，也将故事的"骨架"以思维导图的形式呈现在学

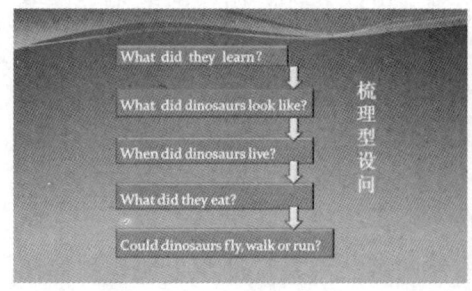
图3

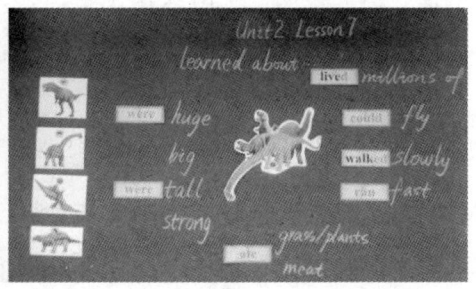
图4

生眼前，在关键信息的引导下可以独立地对故事内容进行复述，收到了预期的效果，达到了预定的目标。

3. 阅读后，总结回顾，文本提升

阅读后活动是整个故事教学的升华阶段。教师在这个环节不仅要通过设问来检测和评估对故事内容的掌握情况，还要深入挖掘文本内涵，设计一些开放性问题，将学生的思维引向高级阶段，训练学生综合概括和独立思考的能力，完成从知识汲取到能力发展的过渡，将故事教学与文本价值的提升融为一体。此处设问类型就很多了，可以根据所需综合运用到此环节，PPT如理解型、回忆型、巩固型、思考型、生成型、评价型等。

总之，有效设问是小学英语故事教学中的重要组成部分，有着举足轻重的作用。恰当得体、巧妙的问题能把学生引入情境，有效激发学生的阅读兴趣，帮助他们形成有效的阅读策略，从而提高学生的表达能力、交际能力和思维能力。在小学英语教学中，教师一定要好好把握课堂设问的艺术，让师生之间、生生之间的相互问答变成多边互动。希望能与老师们一起，在故事教学中更深入的研究，在教学中巧妙设疑，问出一节节精彩的课堂。

对于人教新版小学英语教材文本重组的几点实践与思考

李民惠

一、文本重组的价值

新课程要求教师不是"教"教材，而是以教材为载体教。任何一件事物都有其局限性，教材的编写也一样，即便是最好的教材，它的各部分内容都不可能适合所有现实情况及所有学生群体。为了更好地达到教学的效果，提高学生能力，在教学过程中，教师不可避免地要根据实际教学需要，对教材中不太合适当时教学背景的内容或活动进行替换或增减或重组，这一点也是新课标在教材的编写和使用建议部分就明确倡导的。文本重组是建立在以学生为中心（Student Centered Learning）的理论和文本再构（Text Restructure）的理论基础上实施的，老师可以根据教与学中的实际情况，结合学情,对教材进行补充、延伸、拓宽、重组,或添或删,灵活使用教材,使教材更具开放性。最重要的是要依据学生的实际情况,进行充分的学情分析。文本重组能为学生提供丰富的语言情境,让学生在有意义的语境中学习语言,运用语言,提高课堂教学的有效性。本次将结合小学英语课堂情境教学现状,逐步从文本重组的原因、原则方法、成功实践课例等几个方面进行研究和论证。

与本课题相关的研究有以学生为中心(Student Centered Learning)的理论,这是我们本次小学英语市骨班的研究专题,以学生为中心就是以学生为主体,充分调动和发挥学生的主动性,遵循小学生的身心发展特点和教育教学规律,提供合适的教育,促进小学生生动活泼学习,健康快乐成长。通过理论与实践相结合,将 SCL 理念转化成真实有效的课堂行为,能够设计并实施符合小学英语教学规律和新课程理念的课堂教学,进而促进课堂教学质量的提高。还有就是上海市教研室教学专家、资深教研员、特级教师朱浦老师在 2009 年提出"文本再构"教学理念,文本再构教学已在小学英语教学中越来越普及。文本再构就是教师基于教材的同时,结合学生已有的语言能力,把教材本来的内容进行重新改编、组合和建构,设计有别于教材文本的新语言材料,以便为学生创设一个新的具有现实可操作意义的情境,使学生从中习得语言知识,并培养综合语言运用能力。

二、文本重组的原则

国内许多教师在教材使用方面也进行了许多研究,新课程小学英语教材的内容安排为小学英语教师提供了广阔的创造空间。教师应该摒弃"教教材"的传统观念,树立"用教材教"的教学思想,结合实际教学需要,灵活和创造性地使用教材。还有涉及教材的二次开发的研究。《义务教育英语新课程标准(2011 年版)》中强调指出:英语教学要重视对学生综合语言运用能力的培养。我们现阶段使用的教材是人教新版小学英语教材,这是一套面向全国范围出版发行的教材,考虑到了全国各地的水平均衡发展。我校位于首都北京首善之区,学生的英语水平普遍不错,拥有英语课外辅导班或外教的学生也占到一定的比例。无论学生本人还是家长,都有在课堂上有更多的时间和空间扩充教材内容的迫切需求，教材文本对于大多数学生有些简单，老师们也考虑到学生的需求以及日新月异的测试题型，的确需要做出调整。测试题型更加注重能力的测试和综合运用能力的考核，而现行教材在情景的缺失方面很不利于培养学生的综合运用语言的能力。为了更加适合学生的发展水平，使得教材情景和文本内容方面更加完整，我们需要在教材文本重组方面做一些工作。而今，面临各区县都在统一更换北京版教材，我们也面临更换教材，学生如何从人教版顺利过渡到北京版的学习，更是我们迫不及待要完成的。因此，现在的教材文本重组已经成为我们的日常工作，基本上每一节课前都会做的事情，我们还会根据学生的每节课反应进行反思和调整，然后再实践。因此，我们所做的文本重组工作是基于家长的需求，学生的实际英语水平和教材资源的整合等方面综合考虑并实践的。

三、文本重组的实施

（一）根据文本情景不完整进行重组

实际教学过程中我们会发现有些主题课文的场景不是很真实，或是不完整，不能为学生创设丰富的语用情境，不能够辅助学生在有意义的语境中习得语言，学生综合语言应用能力得不到全面培养。针对这种情况，我们在实际教学中尽量创设真实的语用场景，为学生真实交际提供服务。授课内容为人教新版小学英语六年级上册第一单元第五课。授课内容为用祈使句命令不要做某事，涉及句型"You must/You mustn't…"

图1

本节课的教学目标应设定为：学生能够理解 must 和 mustn't 的意思并且能够听说并理解单词 spit、litter 以及词组 pick the flowers、cross the road、wait for the green light、keep off the grass、take good care of young children。为了使学生更好地理解文中所出现的句型和短语，将凌乱的几个句型放在一个特定的情境中呈现，学生能在情境中感知新语言，操练语言，最终达到运用语言的目的。文本重组实施，将文本分为三个段落。

图 2　文本重组第一段落

看图（老师头疼的画面），学生思考：What's wrong with Miss Li? She has a headache. Why? Because…发散学生思维，学生有不同的猜测。There are five naughty students in her class. What do they often do? 这时呈现他们经常淘气做的事情，将原文本出现的短语在这样的情境中学习，这样处理与学生实际生活非常接近，总比强硬的说教更能接受和易学。

图 3　文本重组第二段落

接着呈现 They are going to have a field trip. What should they do? 孩子们

要去实践活动了，能做什么不能做什么呢，帮助李老师一起制定一些规则。这是学生们最喜欢的活动了，能够制定一些规则自己管理自己，而且能够恰当地运用句型 You must/You mustn't…学生在情景中运用所学的语言完成任务。最后，孩子们在制定好的规则要求中去社会实践活动了，看到了一些标识。为什么会有这样的标识呢？第一个层次，见到标识先用英语识认出来，如：You mustn't…！在识认之后，教师进一步发散学生思维，鼓励他们运用语言，为什么不能做这些事？更好地发散学生思维，还能给学生应用语言的机会。

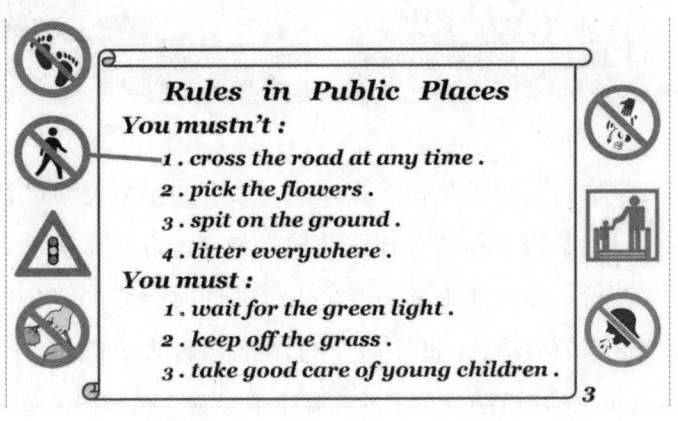

图 4

英语课程改革的重点是改变传统教学中片面重视单词、句型和语法知识的讲解和传授，强调教师在课堂教学中应结合学生的学习兴趣、生活经验和认知水平，以"情境"为教学平台，通过学习过程中的体验、实践、参与、合作与交流，使得学生习得语言。英语作为一种语言，是在一定的社会环境中产生的，起到交流、交际的作用。要学好英语，也必须在一定的语境中得到实现。现实的语言环境是学好英语的关键所在，情境教学能够创造最接近生活的语言情境。而本课对文本进行合理的再构，脱离孤立的词句教学，能更好地创设情境，能使小学英语课堂情境教学达到最优化，从而体现用中学、学中用。

（二）根据学生实情重组教材

教师在教学中会发现，教材的文本内容有限，应根据学生的现有水平及时调整教学内容，寻求适宜于任教班学生真实水平的有效的教学方法，促使学生更好地发展英语综合能力。

如三年级学习有关天气的话题，单元文本内容只是谈论天气，How's the weather? It's cold/hot/warm/cool/sunny/windy/cloudy/snowy 等。句型比较简单，内容比较单一。

图 5

图 6

我们结合学生的实际情况和已有知识，已有的生活经验进行重组，将学生二年级学过的服装名称和各种活动加入进来，再补充学习一些服装和活动的词汇，使得本课更加丰满。谈论天气的同时会谈论到穿什么合适的服装，做什么恰当的活动。（如图 7）我们在新课启动环节让学生观察图片，补充场景 aquarium，这里结合学生的实际生活经验，孩子们都有去过海洋馆的生活经验，自然能够理解 warm 这个词汇，为后面补充的语言 take off…做出铺垫。在试听的过程中理解并学习 You can take off your outerwear.

图 7

在操练一的环节，滚动已有的天气词汇，学生根据天气词汇提出适合这种天气状况的活动建议。这些活动短语是学生的已有知识，还有一些在每节课的热身环节头脑风暴中反复呈现。

在操练二的环节，学生根据天气状况选择恰当的衣服，并提出适合的

图 8

活动建议,在操练一的基础上层层递进,调动学生的已有知识,已有生活经验,发散学生思维,综合利用所学语言。

图 9

这种重组结合学生的生活经验,结合学生已有知识水平,使得教材文本更加饱满,学生能有所得。学生在学过本单元之后,能够根据实际天气情况谈论相关语言。

(三)根据不同版本教材编排内容进行重组

教材是静态的教学资源,但当它与人的智慧相结合时,它就变得有"生命"了,就能呈现多姿多彩的变化。作为英语教师,使用人教版教材,但桌边手头会准备各版本的教材,尤其通过本课题的研究,为使用人教版教材的教师在充分了解教材全面内涵的基础上,结合学生的实际生活经验,设计出语言知识和内容相一致的语言情境,使教材成为一个书本与生活相融、知识与情境并存的活化的资源。由此,教师对教学的认识不再局限于教材,从而提升到了课程资源的高度。在教授一个教学内容时,找到其他版本教材相关的话题，做到根据学生实际学情进行融会贯通，使得学生在一节课中接受最大最多最完整的信息量。

如本学期各区县都统一改用了北京版教材，我们由于各种各样的原因至今还在使用人教新版教材，但明年也会统一改成北京版教材，这就给我们提出了新的课题和挑战。两本书在话题和知识方面差异很大。我们要使学生顺利地过渡到北京版教材的学习，就要在今年学习人教版的同时适当补充北京版内容进行教材重组，需要补充的内容需要老师们下功夫进行研究，因为要补充的内容应该跟人教版要学习的内容是有一定关联的，还要考虑到为今后的下一册书的学习奠定基础。

我现在教授六年级，虽然不存在明年版本过渡的问题，但是期末测试会与北京版试卷融合，也需要两个版本并行。在实际教学中我也进行了重组尝试。人教版六年级下册第一单元讲授过去时，第一课时谈论假期生活，北京版六年级上册第一课正是 What did you do this summer？两课在话题和内容上完全一致，能够很好地重组在一起。人教版教材中的两个人物的假期生活通过试听作为新知呈现环节的内容去处理，学生有了一定的感知之后，北京版的两个人物的假期生活作为阅读材料进行有效的补充。学生了解了更多人物的假期是如何度过的，学会了更多的动词过去时的表达，从而迁移到自己的假期，再谈论自己的假期是如何度过的。这丰富了教学内容，积累了语言，扩充了语言支持，为学生的流利表达创造了条件，同时也把两个版本的内容进行了有效的重组。

以上是内容和话题一致的情况，比较好处理，学生接受起来也比较容易。若遇到不一致的话题，怎样重组呢？我们看人教版六年级上册第 15 课。本单元谈论兴趣爱好，本课是谈论爷爷的爱好，学会用第三人称描述他人的爱好。如何将北京版六年级上册的内容融合进去呢？在仔细通读教材的基础上，发现北京版第三课是讲假期去看望爷爷奶奶并给他们买礼物的事情。（见下文）

Unit 1 Lesson 3

Lingling：Hi, Mike! Nice to see you again. Did you go to see your grandparents this summer?

Mike: Yes, I did. I gave them some gifts from China.

Lingling: What gifts did you have for them?

MIke: I bought a pair of Chinese shoes for my grandma, and a pair of glasses for my grandpa.

Lingling: Did they like your gifts?

Mike: Yes, they liked them very much.

Lingling: Are they coming to visit you?

Mike: Yes, they are coming next summer, I miss them. Oh, Lingling, will you help me, please?

Lingling: Sure. What can I do for you?

Mike: Would you please tell me more about the food in Beijing? I want them to enjoy the best food here.

Lingling: No problem.

图 10　人教版六年级上册第 15 课

突破口找到了，对话课从谈话导入，跟学生先谈论你的假期是怎么度过的，也复现了前两课旧知。通过听力培养学生抓住关键信息的能力，听一听北京版里的主要人物他们去干什么了？去看望爷爷奶奶了。他们给爷爷奶奶送什么礼物了？完成北京版教材的教学内容之后引发学生的思维，为什么他要送给爷爷这个礼物呢？因为爷爷喜欢，爷爷有这个爱好。继而引导到人教版内容，谈论到人教版的内容。你们会送爷爷什么礼物呢？引导孩子们根据爱好送有意思的礼物，渗透情感，从而谈论爷爷的爱好。人教版中的人物的爷爷有什么爱好呢？将两个版本教材的不同话题不同内容通过巧妙地设计进行合理的重组，比较自然，学生接受起来也不觉得唐突。

这样的工作基本上已经成为我们的日常工作，每天都会面临这样的问题，希望我们所做的工作能给其他面临这样工作的老师提供一些帮助。

四、结束语

文本重组是基于教材，又结合所教对象的原有知识情况，把所教授的内容进行再处理整合的一个再构的过程，使得它形成一个具有情境和现实可操作意义的、一个有着灵魂的、一个可观可读可感的、一个文本语段。从教学实际实施我们可以看出，重组后的文本内容更加丰实，情景更加贴近学生生活，能够为学生最终的语言应用服务。文本重组时要遵循英语课程标准的要求，考虑到教材之间纵向与横向的练习，单元与每课时之间的关系，遵循学生的年龄特点和实际水平，力求重组之后的文本要优于原文本。今后的教学中我们无论使用哪一版本的教材，都不能只教教材，要参考多版本教材进行文本重组。总而言之，这是教师一项创造性的劳动，更是一个教学相长的过程，活用教材，创造性劳动，实践积累，必然给我们带来长足的进步。

参考文献

[1] 李敏．小学英语教材整合例谈．科技创新导报，2013（24）
[2] 任凤梅．小学英语教材适用性及其评价维度．语文学刊？外语教育教学，2014（5）
[3] 陶明天．制约小学英语教材开发的环境因素与对策研究．课程．教材．教法，2011（10）
[4] 张琦．"文本再构"在牛津小学英语各板块教学中的应用．小学教学设计，2011（27）
[5] 张萍．对牛津小学英语教材资源整合的点滴思考．新课程研究，2010
[6] 朱浦．教学理论探究．上海：上海教育出版社，2008
[7] 义务教育英语课程标准（2011年版）．北京：北京师范大学出版社，2012

聚焦英语戏剧，给成长无限可能
——史家小学英语戏剧课程研究

徐 莹

以戏剧表演的方式促进中小学生学科知识学习，在国外已经有多年的理论研究和时间探索。但是将戏剧教学引入我国中小学日常应用课堂教学的并不多见。在我校已有的英语戏剧社的排练和演出活动的基础上，我们探讨并尝试着将戏剧教学引入小学英语课堂，在梳理国内外戏剧教学理论与实践的基础上，逐渐形成具有史家英语教育特色的戏剧课程。

英语戏剧课程对于推广素质教育，优化教学方法，增强学生英语学习兴趣，培养学生的注意力、想象力、创造力和合作技能具有重要的意义。戏剧教学进课堂已经是史家小学的一个教学传统。因而英语戏剧进入到小学高年级英语课堂中，也更符合当下教育发展的趋势，具有很大的可行性，使我们能够将我校所努力实现的英语戏剧教学与研究方向更加明晰。

课程的创设缘起，是基于我校英语部发展的"实现种子计划，建构无边界课程"这一理念。我们英语部以"种子计划"为课程的价值基点，确立培育"和谐的人"的课程指向，提出"无边界"的英语课程理念。"无边界"课程旨在给成长无限可能：首先是突破条线育人的边界，系统整合育人资源，锻炼学生的自主与合作，培育独立思想者；其次是突破符号学习的边界，连接书本与生活，鼓励学生的创意与表达，培育终身学习者；最后是突破单向成长的边界，提供多样的发展机会，引导学生的专注与绽放，培育世界参与者。

基于我们英语部这样的育人计划与定位，就英语戏剧教学的发展，将从以下几个方面进行体现。

一、问题的提出

宏观层面：以戏剧表演的方式促进小学生学科知识学习，在国外已经有多年的理论研究和实践探索。但是将戏剧教学引入我国中小学日常英语课堂并不多见。在梳理国内外戏剧教学理论与实践的基础上，史家小学正在探讨将戏剧教学引入小学英语课堂教学的可行性。也希望通过研究与实践为今后的戏剧教学引入课堂，全面铺开，提供启示和示范。

学校课程建设层面："卓越的名校，往往在考量学校历史文化以及未来人才核心品质的基础上，构建顶层的课程设计，实现了个人与社会、民族与世界、线上与线下的视域融合。"史家教育集团着力打造优质课程，培养学生的基础能力、基本意识。这些基本的育人目标，是我们实施课程的基本理念。

教师层面：我校的胡媛媛老师作为史家小学戏剧社的创始人，她自身热爱戏剧，利用课后兴趣班的形式，每周两次戏剧活动。由胡老师自己改编的《新版丑小鸭》剧目第一次参赛就获得了第三届首都学生外语展示第三名，给了我们莫大的惊喜。我们特别珍视孩子们的成长与宝贵的成绩。于是，以胡媛媛老师为领袖教师的戏剧团队就这样建立起来了。

我们的戏剧社曾受"希望中国"青少年英语教育戏剧研究院启动仪式邀请参演《愚公移山》。获第四届首都学生展示系列活动第一名。英语戏剧社自2013年10月成立以来，目前有两个英文戏剧社团，将近60人，队伍还在逐渐壮大。2016年8月，受邀参加英国爱丁堡艺术节，在爱丁堡Spot-lites Theatre 剧院参演剧目《仲夏夜之梦》。演出结束后，我国驻英大使馆文化参赞项晓炜和驻爱丁堡总领事馆总领事潘新春亲切接见了剧社的全体老师和同学们。

二、研究的问题

我校英语戏剧社就是在这样一次次的活动中燃起了戏剧的梦，教师们带领孩子们追逐着、快乐着。但是对于戏剧教学的研究不能浅尝辄止，我们希望这么受孩子们欢迎和喜爱的英文戏剧让更多的孩子们体验。于是我们开启了真正英文戏剧课程的研究，我们将研究问题定位为：

1. 如何开发史家文化背景下的"英文戏剧"教育课程？
2. 小学阶段"英文戏剧"教育课程开发的视角有哪些？

三、研究目的、理论意义、实践意义

开发史家小学英语学科无边界课程中的"英文戏剧"部分的课程。这样做是在加大无边界课程的涉猎范围的广度，增强了学生们与时俱进的学习内容以及使得课程呈现方式更加专业。

学生们通过学习，提升自己的国家认同感、民族自豪感以及历史使命感，使得孩子们在掌握语言交际工具的同时，开阔视野，胸怀大志。最终落实我们的深层育人目标。

本研究的理论意义是在英文戏剧教育理论的范畴内，对小学阶段英文戏剧课程理论加以补充，为培养更加优秀的社会人、世界人做准备。

本研究的实践意义在于，制定出完善的英文戏剧课程目标，确定课程实施内容，形成完善的课程评价体系。最终构建无边界英语戏剧课程体系，丰富史家教育集团英语教学课程的同时提升学生国际文化理解的素养，为培养"文化和谐共生"理念的世界人打好基础。本研究将在教学中制定计划并实施，行动中发现新问题并进行反思和修正，理论与实践的真正结合。

四、本研究的拟创新点

1. 英语戏剧进入校园，扎根课堂。
2. 全员参与，惠及更多学生。
3. 英文戏剧，史家小学英语教育无边界课程理念的重要分支。

五、研究方法

1. 通过谈话法搜集资料及处理方法。（问卷法需要制作出具体的问卷，问卷的基础为概念界定）

设计谈话提纲，对史家小学六年级的全体学生进行英语戏剧课程的调查与分析，了解学生的理解能力与认同能力的现状，为六年级英语戏剧课程选择文本的内容方向做依据。

2. 通过观察法了解学生课堂参与度，并进行跟踪研究分析，将学生参与英文戏剧课程前后对相关问题的理解程度及各方面变化进行记录分析。

3. 通过实物搜集法搜集资料及处理方法，将学生参与这一系列课程的学习成果进行汇总，将其自主探究搜集的资料进行整理，装订成册，作为成长档案。

六、研究步骤

推进时间	实施目标
2017.7~2017.9	构架"史家小学英语戏剧课程研究"课程框架
2017.9~2017.12	设计英语戏剧课程，确定剧目，制定教学目标、主题

续表

推进时间	实施目标
2018.1~2018.2	阶段性梳理，提出改进措施，调整课程发展方向
2018.3~2018.5	继续完善课程，对照实验班级前后变化，梳理成果
2018.6	年级英语戏剧汇报演出
2018.7~2018.9	成果汇报及研究报告

七、预期的成果

序号	成果形式
1	史家小学英文戏剧课程标准
2	教师教学案例集
3	学生作品集（文艺汇演、宣传海报、成长档案）
4	研究报告

参考文献

[1] 班翔. 在平凡的英语学习生活中体验不平凡的"戏剧人生"——浅谈源于学生生活的英语戏剧表演对小学英语学习的重要性. 英语学习, 2017 (11)

[2] 张磊. 论戏剧教学在小学英语课堂教学中的应用. 戏剧之家, 2017 (12)

[3] 黄洁. 教育戏剧在小学英语教学中的应用探究. 课程教育研究, 2017 (21)

[4] 曾维娜. 教育戏剧在小学英语教学中的应用研究. 华中师范大学, 2017

[5] 杨鸿雁. 小学英语口语教学引入戏剧教育的思考. 教学与管理, 2016 (30)

[6] 陈晓艺. 课本剧在小学英语教学中的应用研究. 重庆师范大学, 2016

[7] 耿亚茹. 小学英语课程资源开发与利用策略研究. 重庆师范大学, 2016

[8] 谢娜霞, 刘兰平. 戏剧表演嵌入小学英语教学的实证研究. 人才资源开发, 2016 (8)

[9] 王蔷, 钱小芳, 桂洲, 张力青. 以戏剧教学促进小学生英语学科能力的发展——北京市芳草地国际学校英语戏剧课探索. 课程·教材·教法, 2016, 36 (2)

[10] 宫文胜. 戏剧教学法运用于小学英语教学的三条路径. 江苏教育, 2015 (45)

[11] 刘哲君. 教育戏剧在小学英语教学中的应用探究. 山东师范大学, 2012

小学英语教学中培养学生品行的实践研究

闫　晖

一、问题的提出

德育是促进学生全面发展的重要组成部分，是培养社会主义现代化建设人才的重要途径。德育的核心内容就是培养儿童具有良好的品行。小学生良好品行的培养是一个长期的复杂的过程。而学科的渗透是培养学生良好品行的有效途径。英语学科具有人文性和工具性双重性质，在英语教学活动中如何培养学生品行是本课题的研究所在。

二、研究的理论依据

（一）英语课程标准

《义务教育英语课程标准（2011年版）》中指出：就英语学科的人文性而言，英语课承担着提高学生综合人文素养的任务，即学生通过英语课程能够开阔视野、丰富生活经历、形成跨文化意识，增强爱国主义精神，发展创新能力，形成良好的品格和正确的人生观和价值观。

（二）田野研究

马利诺斯基的田野研究就是立足于调查对象的本土，基于对研究对象的本土调查，并以纪律等方法采集这个本土的研究信息。教育的田野研究对象是教育田野中的人群以及他们的态度与行为。教师本身是最适合的研究者，教师对在其所教的学生进行观察、记录、分析、反思等研究活动。

三、研究的过程

（一）结合教学内容渗透良好品行

教学是实施学校德育的基本途径。德国教育家赫尔巴特指出："教学如果没有进行道德教育，只是一种没有目的的手段；道德教育如果没有教学，就是一种失去了手段的目的。"小学英语学习内容浅显，但是蕴含着丰富的品行教育内容，老师要能够根据教材内容，学生的认知发展规律和道德品质成长的需要，不断挖掘教材中的德育素材，有机地进行德育渗透。

1. 深挖教材，合理使用

教材是教学的依据，也是寓德的载体。小学英语虽然浅显易懂，但是老师只要深入挖掘，细心思考，也会发现其中蕴含着不少的德育素材：介绍、问候、告别、感谢、抱歉、喜欢……这些话题中都包含着社会文化、情感态度、价值观等丰富的德育素材,把握好这些素材,采用学生乐于接受的方式渗透到教学之中,让学生在潜移默化中得到熏陶。

例如,在讲授家居话题时,课文中出现了 make the bed、mop the floor、wash the cups and mugs、cover the computer 等家务劳动的表达法。在课程中,老师自然地引申到学生日常在家是否能够做一些力所能及的家务劳动上:"What can you do in your family?" "I can make the bed. I can mop the floor…" 学生自豪地介绍着自己承担过的家务劳动。这样的教学不仅能够使学生自如地运用所学到的语言,做到学以致用,提高英语的表达能力,同时也引导学生主动参与家务劳动的意识,教授英语知识的同时进行了热爱劳动的教育。这时知识的讲授,学生的交际练习,实际上已成为德育渗透的载体,使教育、教学融为一体。

2. 创设情境,有机渗透

英语教学中,交际功能是语言学习的本质功能。英国心理学家布鲁纳曾说:"学习最好的刺激是对所学材料的兴趣。"在日常的情景中学到的语言具有强大的生命力和运用价值,也最能体现语言的交际性。课堂教学是学生学习英语的主要途径,创设一些有真实情境的活动是进行小学英语低年级教学必不可少的环节。教师能够设计出引起学生兴趣的语言交际情景,通过学生的积极配合,大胆参与,营造良好的教学气氛,在不知不觉中渗透德育。

例如,"Hello!""Excuse me!""I'm sorry!""Thank you!"等礼貌用语是学生一开始学习就接触的内容,教师要利用学生初学英语时的兴趣,创设真实的语言情景,在学生进行语言操练的同时,不失时机地对学生进行文明礼貌的教育,让学生能够用健康、文明的语言进行交流。再如,教材 Fun story 中,有一篇关于诚实守信的小故事,为了让学生能够更好地理解其中的含义,老师带领同学做头饰、设计动作,在一遍遍的表演故事的过程中,大家不仅表现出了团结协作的精神,也对诚实守信这一道德品质有了更深刻的认识和理解。

在老师的指导下,创设真实有效的情景,学生通过感知、体验、实践、参与、合作等方式,实现学习目标的同时,感受在学习过程中的情感和策略的调整，以形成积极的学习态度，促进语言实际运用能力和德育渗透实效性的提高。

(二) 运用教学策略养成良好习惯

1. 积极评价，引导学生乐于开口

《英语课程标准》中指出：评价要有利于促进学生综合语言运用能力和健康人格的发展。对于低年级的学生，他们刚刚入学不久，有的孩子胆小、没有自信心，在陌生的英语课堂中很容易感觉到孤立，被忽视。所以老师应该从学生的身心特点出发，在课堂上尽量营造宽松、融洽、愉快的学习氛围：当学生不能回答问题或表演失败时，老师要帮助他重新尝试，取得成功；当学生大胆发言、积极表现时，老师更要及时鼓励，一句简单的表扬、一张小小的贴纸，都可能唤起学生的自信心和成就感，激发学生内在的学习动力。对待高年级的学生，利用竞赛、比拼等适合他们的评价方式，能够更加激发学生学习的兴趣，从而提高学习的效率。

恰当而深入的课堂表扬是激发学生个体学习积极性和引导全体学生自觉学习他人的好方法。小小的英语课堂不仅仅是学习知识、操练语言的地方，更是一个温馨情感交流的场所，这种气氛感染着学生，在浓厚的兴趣和强烈的学习愿望的驱使下，学生会忘记羞涩，积极向上，努力合作，争取更高层次的成功，从而成为课堂的主人，快乐的学习。

2. 调动感官，培养学生学会倾听

"倾听者的教育"理念认为，教育过程是教育者与受教育者相互倾听与应答的过程，是师生、生生之间交流的过程。在相互倾听中，学生明白了对于同一个问题别人也可以有其他不同的解释，从而引发学生的认知冲突和自我反思，深化各自的认识，激发彼此的灵感，从而学会相互接纳、赞赏、分享与互助。

捷克教育家夸美纽斯在《大教学论》中写道："一切知识都是从感官开始的。"多种感官的调动是指教师创设活动，调动学生的听觉、视觉、动感知觉，刺激学生所有的感官，调动学生的学习积极性，给学生创设轻松、活跃的课堂气氛，让学生在不知不觉中主动地完成知识的建构，以完成课堂教学目标。

如课例：新版小学英语二年级下册第二单元8课，教师设计了以下的多感官教学活动，促进学生倾听能力的培养。

环节	教师设计多感官活动	学生活动	效果
1. Warming up（启动，热身）	A. let's sing B. let's chant C. let's talk	唱歌曲 说歌谣 师生交谈 （唱一唱，说一说）	学生通过一系列的热身活动，感受到英语课堂的学习氛围，投入到英语学习中来
2. Presentation（呈现新知）	A. 出示实物，学生谈谈自己的喜好 B. 看视频，说一说主人公的喜好 C. 看动画，连线	摸一摸，闻一闻，说一说 看一看，认真听，说一说 看一看，听一听，连一连	学生从不同的感官入手，从不同的角度入手，说出自己的喜好。利用视频、动画吸引学生注意力，不时加入说一说、写一写的方式，保证学生持续的学习
3. Practice（操练）	A. 听录音，读课文 B. 分角色读课文 C. 编歌谣，说歌谣	听一听，读一读 读一读，演一演 编一编，唱一唱	通过录音、实物、图片、头饰、有节奏的音乐等媒介，保持学生的学习兴趣，提高操练活动的实效性
4. Production（拓展）	A. 编故事 B. 演故事	创编，表演故事	通过学生创编，表演对话，帮助学生能够在真实情景中，利用各种实物道具，运用课程中所学语言做事情，达到学习的目标

在本课中，通过上述一系列的活动，让学生实践，让学生亲身经历，

学生是通过所看、所听、所嗅、所做获得知识的。学生在教师设计的多感官的学习活动中，不仅保持着持续的兴趣，更加强调身体性的参与：学习不仅要用自己的脑子思考，而且要用自己的眼睛看，用自己耳朵听，用自己的嘴巴说话，用自己的手操作，及用自己的身体去亲自经历，用自己的心灵去亲自感悟。在多种感官的刺激下，学生亲身体验的直接经验才是自己的学习成果。多感官教学法在英语教学中能充分调动学生的积极性，持续保持他们倾听老师、倾听同学的意识，使不同层次不同性格的学生获得最大限度的收获和发展，这就从根本上提高教学效率，达到了课堂效率的最优化。

（三）开展课外活动，形成良好品格

英语课外活动是教学活动的重要组成部分之一，它有利于创设语言学习环境，增强师生间的交流与沟通。教师在平时有目的、有计划地组织、开展有意义的英语课外活动，不但可以激发学生学习英语的热情和兴趣，同时可以使学生受到良好的品行教育。一些恰当的、融合了德育的班级活动，满足了学生道德品质成长的需要，也是学生健康成长的重要保障。

1. 营造语言氛围，渗透礼仪教育

英语教学实际上就是英国语言文学的教学，包括语音、语法、语言结构、习惯、文化特点等，由于不是母语，学习环境不利，语言习惯不相同，学生学习困难较大。所以为学生创造良好的学习环境，营造良好的学习氛围是必须的。针对小学低年级的教材特点，我选择了以文明交际用语为切入点，进行一系列的班级活动，比如整理文明用语，制作专题壁报；创编语言，排演短剧记录学生校园文明生活等等。学生参与活动的积极性高，文明语言反复在他们的口中使用，既营造了积极的学习氛围，又使学生再一次受到了文明礼貌的教育，自觉放弃了日常生活中不文明的语言，提高了自身的语言修养。

当时班中有一个自我中心意识极强的小男孩，因为他事事都想争第一，处处都从自己的角度考虑，不会关心别人，不会和同学友好相处。所以从入学起，他和同学之间的交流就很有限。但是，自从活动开始，他慢慢变得友好、谦让了,从他嘴里听到了更多的礼貌用语:他知道发言要先举手,说:"let me try."知道喝水要排队:"please, line up.";知道了无论碰到老师或同学都要主动问好:"hello!"……在大家眼中,他从一个目中无人的小男孩,慢慢地变成一个小绅士了。

通过一系列文明礼仪的活动,陶冶了学生的情操,增加了同学交往的勇气和信心,使整个班级氛围更加的和谐、融洽、积极向上。

2. 结合西方节日,深化家庭教育

英语学习,不仅是语言文字的学习,更是文学知识和人文文化的学习和渗透。节日文化是学生最感兴趣的内容之一,它们有着各自不同的背景,但都蕴含着丰富的情感,德育正是能够体现在这种无形的情感之中。家庭是儿童受教育的启蒙地,父母是孩子的第一任教师,是和孩子最亲近、最易沟通交流的人。把节日文化和家庭教育相结合,以母亲节、父亲节为契机,让孩子在家里,面对父母,把自己的情感真实地表达出来:"I love you, mom!";"Have some tea, please";"I can clean the bowls";"Happy Father's Day!"……让他们在一种不知不觉、远离课堂的状态下去听,去说,去感受,提高自己的交际能力。同时,在孩子用英语表达思想、表达情感的同时,也在进行着尊敬父母的教育。在我收到的家长反馈中,我看到很多家长留下了这样的话语:"当听到孩子用英语为我庆祝节日时,我感到非常的激动与兴奋,但听到孩子按照自己所说去付诸行动为我庆祝节日时,我感到自己的孩子真的长大了,懂得如何去爱别人了。"

在组织活动的过程中,可以明显地感觉到:以班级活动来促进的德育工作,不失为一条好的途径。在活动中,既可以训练语言,又能够渗透德育,符合学生的思想特点,同时也给班级的德育工作带来了新的生机和活力。

(四)研究反思

正如杜威在《教育中得到的原理》一书中所指出的:"教师和学生大部分时间和注意力都集中在智力问题上,不可能把直接的道德教学放在最重要的位置。但是通过教学间接的实施道德教育,却不是不可能的。道德目的应当普遍存在于一切教学之中,并在一切教学中居于主导地位。"再结合到小学英语学习的内容和方式，教师应该着眼于学科的独特性，充分挖掘课内、外的德育素材，在教授学生语言的同时，对其品行进行潜移默化的熏陶，全面提升人的素质，实现教学与教育的融合。

参考文献

［1］义务英语课程标准（2011 版）. 北京：北京师范大学出版社，2012
［2］义务教育英语课程标准解读（2011 版）. 北京：北京师范大学出版社，2012
［3］新版课程标准解析与教学指导. 北京：北京师范大学出版社，2012
［4］袁振国主编. 当代教育学. 教育科学出版社，2002
［5］张燕镜主编. 教育学新编. 北京：首都师范大学出版社，2002
［6］陈家麟著. 学校心理教育. 教育科学出版社，1995

小学英语课堂小组活动的行动研究

褚风华

一、行动研究的第一阶段：关于英语课堂小组活动的初步研究

（一）问题的提出

小组活动（group work），就是让学生几人一组，教师发出指令，学生根据指令进行练习。这样练习面广、量大，学生可以自由地表达思想，更富有交际味，并能够充分鼓励学生相互合作学习，是小学英语课堂经常采用的一种教学形式。教师在组织 group work 时会发现大部分学生做得比较成功，但也有少数组同学的活动效率不高或活动失败的现象。

（二）原因假设

是什么原因使得 group work 未能充分发挥提高学生英语语言运用能力的预期作用呢？我对其试做以下假设：

（1）教师指示不清。

（2）组内学生学习能力差异较大。

（3）活动安排得不合理，如时间紧、活动枯燥等。

（4）本身不太喜欢上英语课。

（三）研究方法

1. 研究对象

某市级重点小学四年级学生一教学班共 46 人，使用人教新版小学英语教材四年级下册及五年级上册。

2. 研究工具：调查问卷

针对以上假设，调查问卷设计如下：

（1）考查学生对小组活动的兴趣：是否喜欢 5~6 人一组的活动？

（2）考查教师示意是否清晰：小组活动前，是否清楚老师的示意？

（3）考查学生学习能力差异因素：你喜欢与什么样水平的同学一组练习？

（4）考查教师对活动的安排满意度：你喜欢平时课堂上的小组活动内容吗？

（5）考查学生对英语课的看法：你是否愿意每节英语课都有一定的小组活动时间？

在 45 份有效答卷中，80.5% 的学生喜欢开展 group work，基本肯定了小组活动的积极意义。

（四）研究结果

对影响小组活动未成功原因的调查结果如下。

（1）有 75% 的学生很清楚教师下达的任务与要求，可基本排除假设中关于教师示意不清的因素。

（2）有 56% 的学生喜欢教师安排的课堂小组活动，觉得游戏内容难度适宜并富有趣味性，但由数据看出还有将近半数学生对教师的活动设计存在不满意的想法或是参与起来有难度，因此小组活动时不主动。

（3）关于学习能力差异因素的调查显示，60% 的学生愿与比自己水平高的同学一组，86.1% 的学生愿与自己水平相当的同学一组，没有人愿意与比自己水平低的同学组合。

（4）会话活动设计不尽合理的问题也有所反映。不少学生感到，有时由于缺乏足够的时间完成对话任务，有时所讨论的话题很无聊，难以产生兴致。

从上述调查结果可以看见，在尊重个人意愿自行选择 group work 合作伙伴的前提下，研究的重点应是解决活动设计和水平的问题。因此，我继续采用课堂观察、访谈等方式，做了进一步的调查并取得了结果。

（五）新问题的提出

通过调查问卷、课堂观察、课后采访，我发现有两个问题不可忽视：一是如何合理地设计安排课堂活动，以使各种水平的学生更多地得到控制性练习的机会，同时又不使高水平的学生失去兴趣，从而学到新东西呢？二是会话教学课中如何根据教学内容来设计有效而又有趣的小组活动来配合课堂教学呢？因此，我将如何提高自己的英语活动设计水平来较大限度地满足不同层次学生的小组活动需求，作为下一阶段行动研究的重点。

二、行动研究的第二阶段：如何提高教师的英语活动设计水平来较大限度地满足不同层次学生的 group work 的需求

（一）问题再现

通过问卷调查、采访分析及课堂观察发现，学习能力高低的匹配与课堂活动的合理设计远远大于其他因素对于 group work 的影响。那么，如何调动全体学生的积极性，使他们更好地参与小组活动呢？在学期初始，我把行动研究的重点确定为：如何提高教师的英语活动设计水平来最大地满足不同层次学生的 group work 的需求？

（二）解决方案与行动计划

针对上述问题，提出了几种解决方案，制定了相应的执行时间与资料收集方法。这些解决方案具体如下：

1. 根据学生年龄特点合理设计活动，特别体现"激励性"

如何通过活动激发学生的内在需要和动机，激起学生的主体参与性，让学生在课堂中体验成功的喜悦，是我在发现问题后所要研究的。

2. 练习前合理设计任务，做到"难易结合"

在活动设计时，要调整任务的难易度，使活动大体上呈现由易到难的

趋势。设计任务时首先应该考虑的就是任务的"可完成性",不能设定学生无法完成的任务。

3. 活动设计中实施分层次教学

由于班级中学生的学习水平不同,为了避免优生"吃不饱"、落后生"消化不了"的现象,有许多教育研究者提出了分层次教学与分类指导。如:在操练分层中要求 A 层(优生)能自创情景、自编对话进行表演或自己组织语言;C 层(落后生)能熟读和理解对话或课文内容,做到语音、语调准确。

4. 活动准备后多给学生表现机会

组内由于落后生所分配的任务较少,所以基本上没有表现的机会。为了调动每个学生的积极性,教师应给予毫不吝啬的表扬,教师带有肯定色彩的甚至略带夸张的表扬激励差生去实现下一个目标。

(三)方案实施与效果(含案例分析)

1. 特别体现小组活动的"激励"性

我区所使用的人教新版小学英语教材四年级下册第五单元中有这样一课,主题是谈论学生的周末活动,本课是以 Lisa 一家所开展的野餐活动为背景而展开讨论的。在知识操练环节中,我设计了新颖而又具有实效性的活动:Let's play,将机械的操练活动游戏化,吸引了学生的注意力并起到了激发兴趣的作用。这个游戏我们也可以将它称作"滚雪球"。顾名思义,将与本节课有关的词汇在句型的问答中进行滚动的叠加,在句子不断的加长中增加了难度和乐趣。如:小组第一个学生先抽取自己想要的食品图片说:I'd like some milk. 继而询问第二个成员 What would you like? 第二个学生不仅要说出自己所选的食品名称还要加上第一个学生的食品词汇,以此类推,最后一个小组成员的难度最大、句子也最长,全组甚至全班同学都为他加油,将课堂气氛推向了高潮。这个活动还同时落实了本课的第一个教学目标。此活动的实施有效地调动了小组各成员之间的积极性,他们需要默契的配合、流畅的语言表达,在活动中还增加了友谊。

2. "难易结合"的练习,活动前合理设计任务

通过本次研究发现,课前合理的任务设计是 group work 成功的保证。还是上面提到的 What would you like? 一课，我为学生设计了每两大组之间具备信息差的活动，通过学生的 group work 将手中的语言材料内容进行听说练习，以问答和动笔的形式完成主句型的操练。这个活动主要针对主句型，学生在完成的同时既要说一说，又要认真听，还要圈一圈，是个多元化的游戏，学生们精神非常集中，锻炼了他们多方面的能力，同时也很好地落实了教学目标二：能在活动中运用 What would you like? 和 I'd like…句型进行问答来表达自己的意愿。这个活动的设计，难度适宜，先由学生最为熟悉的词汇图片入手，让具备各种学习能力的学生都能看懂语言材料的内容，继而能够踊跃进行表达，先做到激活思维；小组内第二份、第三份语言材料就逐步增加了难度，同时听的过程也需要更深的理解和动脑，此时就需要小组内讨论、协调，最终取得正确的结果。

3. 利用有效的小组活动，分层次教学

在 group work 之前，应明确练习目标，如希望水平高的学生能论述复杂的问题，要求落后生会简单描述即可。如在我讲授的"jobs"一课中，有这样一个小组活动：通过教师给出的不同的名人照片，请学生根据此照片从性别、外貌性格、工作地点、经常做的事情和职业来猜出这个人是谁。小组活动的过程就是小组成员在 group leader 的组织下分别进行描述，通过组内配合和帮助来完成。如基础薄弱生可以说 He is a man. He looks very tall. 中等生会说 He works in the gym. He often plays basketball well. He is a player. 而优等生便能根据这些信息表达自己将来的理想和原因。如：I don't want to be a player. Because the players always be hurt themselves. Now, Yao Ming is breaking his leg. 在这次行动研究中，这种方法配合控制性练习共进行了五周。活动时对学生提出不同的要求，以达到优化教学的目的。

4. 活动准备后多给学生表现机会

通过对随堂的观察日记（teacher's diary）的研究发现，从时间发展的角度来看，部分落后生会话水平学期末比学期初有了明显的进步，从原来害怕举手到后来能主动举手参与；原来个别单词不会说就停下来到后来能运用会话技巧顺利完成任务。特别是当大家鼓掌或教师对其表扬时，均感到很兴奋激动。

部分观察日记摘录：

2017.9.8

今天的英语课我们学习了一年中十二个月份中前六个月的英文表达方式，并结合时间特点来学会典型节日的活动表达。我请每个小组自选活动任务。设计问题如下：

Which holiday is in January?

When is Tree Planting Day in China?

What do children do on Easter Day?

How can we celebrate Chinese New Year？等

小组准备时我在行间巡视，发现小组内成员之间会自主地找出对话中的重点词、句，然后通过协作成功完成问题的回答及对话的创编。但是，我发现小组活动时还是有被忽略的学生，他们往往此时都缩在角落里干自己的事情，到展示的环节要么不上来，要么不说话，非常影响展示效果，展示活动基本上失败。

反思：我在设计活动时没有充分考虑到落后生，关注度不够。在活动内容上浅层次的问题应占一定的比例。课堂中，我使用了"小组合作式"的学习方式，虽然目前没有特别奏效，但我有信心把这个研究进行下去，争取比较有效地调动绝大多数学生的参与热情。

2017.12.8

今天四年级13班的英语课给我留下了深刻的印象。课堂上我们学习了以"谈论学生周末活动"为话题的内容，是一节典型的会话教学课。本节课上，我们通过学习如何点餐的问答句来表现学生们节假日外出就餐的情形。英语语言学习离不开语言环境，特别是离不开实际生活环境。我根据本课特点充分利用网络资源来搜集精美的场景和食品图片，给学生以视觉的刺激，激起表达的欲望；继而通过一些学生和家长谈论的他们在假日外出旅游时乘坐飞机等的真实感受来精心设计最后的综合语言表达活动，学生就和"点餐"相关的语言场景进行练习，还特别增加了学生天天要进出的食堂，突出了情景教学在课堂上的作用。学生们以小组为单位交流进行创编对话。

全班同学都非常友好，给每一组的创编对话表演都报以热烈的掌声，我更是用夸张的激励性语言进行评价，将课堂气氛推向高潮。

学生对话内容摘记：

A：Good morning, sir. What would you like?

B：I'd like some orange juice.

A：What about you, Miss?

C：I'd like some coffee and a glass of hot water.

D：I'd like some milk.

E：Can I have some Coke, please?

A：Sure, here you are.

A：Class is over! Let's go to the dinning room.

B：Oh, I'm hungry, too.

C&D&E：Let's go together!

C：Wow, so many delicious food.

D：I'd like some noodles. What would you like, E?

E：I'd like some dumplings and a bowl of soup.

A：I'd like rice, fish and eggs. What would you like, B?

B：I'd like a hamburger and some chips.

A：You should have more vegetables, they are healthy.

反思：由于我设计的场景来源于学生的实际生活，并使每位组员都依托于教师给出的语言支持，因此他们表现积极踊跃。这说明此活动的设计是优生和中下等学生都喜欢的内容，并特别关注了落后生。这也是这一段时间我深入研究所带来的成果，说明师生双方持之以恒的努力是会带来学生小组活动的成功效果的。

三、行动研究的第三阶段：评价反思与调整修正

通过比较，学生在研究尾声阶段的 group work 的质量与效果明显好于研

究初期，达到了有效练习语言的目的。Action Research 基本达到了预期目标，但也出现了新的问题。因为行动研究本身就是一个不断上升的螺旋体，所以我也有了以下的反思与调整。

1. 计划的预见性、明确性与时间性

从观摩记录可以看出，学生从过去每节课仅有 5~6 名学生发言，到后来十几个、二十几个，把全班的气氛都带动起来了。语言水平稍差的学生也开始主动要求朗读课文，而语言水平较好的学生在展示中则大显身手。

在调查之前，通过对具体问题的分析，制定了切实可行的行为计划，从而保证了研究的顺利进行。

2. 再次调查，综合分析，发现问题

调查表明，80%的学生认为课堂的小组活动起到了加深同学间相互了解和便于英语学习的作用，85%的学生认为这些活动缓解了他们在同学面前回答问题的紧张情绪。

同时对所有试验数据进行综合分析，才会发现很多很本质的问题。

3. 教师日记的及时性和跟进性

在我们的日志中，记录了很多同学参与课堂小组活动的事例。教师日记要及时写，否则课堂上发生的重要情节容易遗忘。通过对一个学期的日记的分析，的确可以跟踪到全体学生参与小组活动是如何一点点进步的。

参考文献

[1] 王蔷. 英语教师行动研究. 北京：外语教学与研究出版社，2002
[2] 顾曰国. 英语教学法. 北京：外语教学与研究出版社. 2002
[3] 庞继贤，吴薇薇. 英语课堂小组活动实证研究. 外语教学与研究，2000（6）
[4] 孙泓，田卫红. 分层次教学与分类指导. 中小学外语教学，1998（1）

小学英语课堂阅读教学有效性的研究

崔 旸

阅读教学是小学英语课堂教学的重要组成部分。在目前小学英语课堂教学中，阅读教学在激发学生阅读兴趣、培养学生阅读习惯、渗透学生阅读策略进而逐步形成学生阅读能力等方面起到了越来越重要的作用。阅读不仅使英语学习者增长知识，提高兴趣，而且也会提高其想象、概括、归纳综合、逻辑推理、理解记忆等方面的综合能力（朱浦，2008）。由此可见，阅读是帮助学生更好地积累英语语言知识和提高语言综合运用能力的重要途径之一。

《英语课程标准（2011年版）》中，对小学生的阅读能力提出了具体的要求。

读 （二级目标）	1. 能认读所学词语。 2. 能根据品读的规律，读出简单的单词。 3. 能读懂教材中尖端的要求或指令。 4. 能看懂贺卡等所表达的简单信息。 5. 能借助图片读懂简单的故事或小短文，并养成按意群阅读的习惯。 6. 能正确朗读所学故事或短文

按照英语课程标准的要求，小学英语阅读课的目标应该是多元的，其中包括直接目标，即提高学生适应各类语体的阅读能力；间接目标，即训练、开发学生智力中的阅读思维加工能力；潜在目标，即培养学生的探索、创新和实践能力，收集和处理信息的能力，获取新知识的能力，分析解决问题的能力和交流协作的能力，使学生拥有终身学习的愿望和能力以及科学、人文素养。概括地说，就是使学生了解英语学习的过程，掌握英语学习的规律，在学习和实践中逐步体会和掌握有效的英语学习策略，提高阅读速度和理解准确程度，并能在学习、生活中比较自如地运用阅读技能，完成一些具体的任务。

义务教育阶段英语课程的总目标是培养学生的综合语言运用能力。综合语言运用能力的形成建立在语言技能、语言知识、情感态度、学习策略和文化意识等素养整体发展的基础之上。这五个方面的素养相辅相成，共同促进综合语言运用能力的形成。如图1所示。

一、研究的背景

研究小学英语阅读是英语教学的要求，是国家英语课程标准的要求。

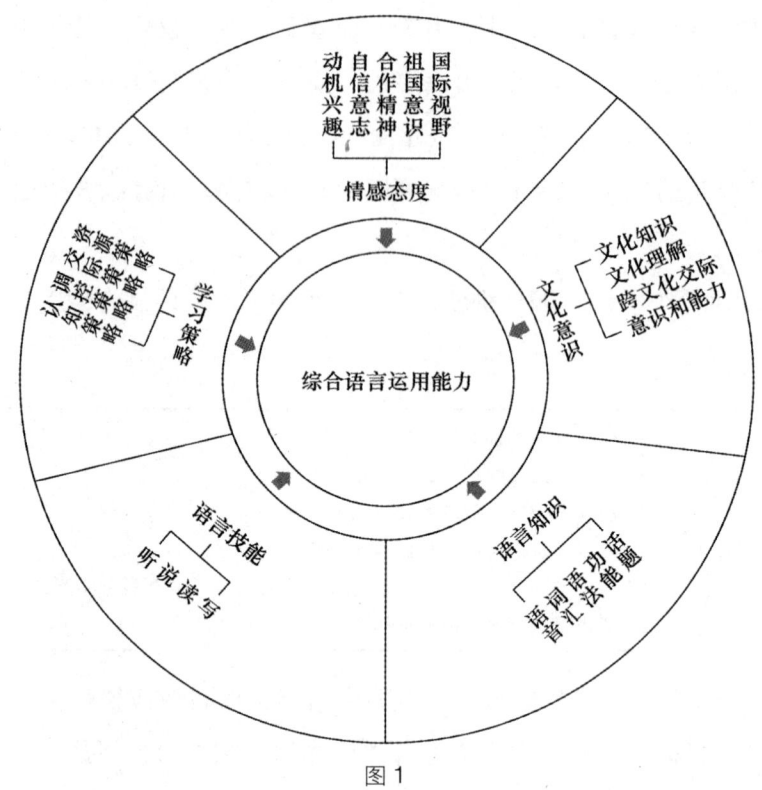

图 1

目前,我市小学英语所使用的各个版本的教材中,无论是北师大版、北京版、新起点、人教版、新标准等,阅读教学均占有一定的比重;此外,质量监控与评价中考查小学生阅读能力也在逐年提高。然而,目前的小学英语课堂教学中存在重听说、轻读写的现象,对如何开展有效阅读教学的研究和指导不是很多。因此,在阅读教学中存在着教学目标不明确,配套阅读材料少;重字词句操练,轻内容理解;重文本内容,轻兴趣培养;重提问目的,轻思维调动;重文本形式,轻人文因素等等问题。

基于上述问题,我们在教学中结合各年级学生的年龄、心理和认知的特点,进行了有针对性地研究和实践。本课题研究是以课堂教学研究中发现的问题作为出发点,以与教师探讨小学英语阅读教学中所发生的典型事例为出发点,从事实层面、技术层面和理论层面来共同探讨教学问题、交流教学想法、理解教学理论、达成教学共识、改进教学策略、提升教学质量。我们将从教学现场阅读教学的典型问题片段入手,借助观察、记录、随笔、访谈等方式,通过对"问题点"的剖析、探究,启迪教者思考,使思考问题的深度和广度在不知不觉中得到提高,使更多教师积极参与到教学研讨中来,更好地推进英语教学。我们基于现场教学中显现的实际状况,针对每一个阶段选取阅读教学的某个角度加以探讨,从多角度、多维度进行分析,以便观课和上课的教师们借鉴,同时也为今后预期效果打基础。

二、过程与方法

关于目前的小学英语课堂的阅读教学,老师们经常会有这样的困惑:为什么学生对阅读材料的兴致不是很高?为什么学生不能全身心地投入到对阅读材料的学习中来?阅读课究竟应该怎样上才更有效?如何设计阅读教学才会让学生感到有兴趣?笔者通过自己日常阅读教学的实践,以及对其他阅读教学案例的研究,发现现阶段的小学英语课堂中的阅读教学存在着以下这些问题。

(一)重词汇语句的操练,轻文本内容的理解

在目前的小学英语阅读教学中,教师往往会让学生通过多种方式来操练文本材料当中的重点词汇和语句,如听录音跟读、跟老师读、全体齐读、分小组读、个人朗读等等,在词句认读方面花掉的时间比较多;而学生对于相应词句含义的理解,教师给予的关注却相对较少,往往只是停留在直接告知中文的意思,或请学优生来解释(往往也是用中文)其含义的层面上。如此一来,学生对于文本中词句含义的理解只是"直接从他人那里获取",并没有自主、内在地进行学习和了解的过程,对文本内容的了解仅仅浮于表面,缺乏深刻的理解和认识。

针对上述问题,在实际教学当中,我们可以根据所要教授词句的类型,借助图片呈现、效果对比、动画演示、直观表演等方式来进行处理,从而使学生能够更加直观地感知、体会,进而理解相应词句的含义,在理解的基础上进行认读,更有利于加深记忆。

例如,在处理人教社新版小学英语六年级(下册)Unit 2 Let's talk about the past . Lesson 11 Planting Trees 一课中对于"植树的重要性"一部分的内容时,教学重点是短语"stop the wind(挡风)""make the air fresh and clean(净空气化)""make the country greener(美化环境)"中"greener"

一词。由于含义有些抽象，因此，如何帮助学生准确理解含义则是本部分的教学难点。

在本部分教学中，教师借助自行制作的简单的模型小树，带领学生进行动手操作。首先向手中吹气而形成"风"，然后将模型小树放在"风"和手之间，由于小树的遮挡，手中感觉不到吹来的风了。通过这种方式，学生真实体验到"树木能够挡风"，从而帮助理解"Trees can stop the wind"。

处理"make the air fresh and clean"的时候，教师在课件中向学生展示"空气污浊的街道"和"绿色的大森林"两张图片，引导他们说出身处两种环境中截然不同的感受：由于空气污浊，走在街上会感到肮脏、不适；走在森林中则会感到清新、舒服，这恰恰是由于树木净化了空气，从而帮助学生理解"Trees can make the air fresh and clean（树木能够净化空气）"。

对于"greener"处理是借助简单的动画所呈现出的视觉效果对比来完成的：学生看到通过在同一片沙漠中不断植树，光秃秃的沙漠中绿色不断增多，给人的视觉感受也越来越好，知道了"更多的树木可以带来更多的绿色"，从而理解"greener"一词的含义，并了解到树木还具有"美化环境"的作用。

综上所述，通过操作简单模型和观看图片效果等方式，学生认识到了树木的重要性，真实地体验到了并且直观地感受到了植树给人们生活带来

的益处，从而愿意更多地参加植树活动。从整体教学效果来看，模型、图片和简单动画等教学资源的合理运用不仅调动了学生学习的积极性，激活了学生已有的经历和经验；同时有效地突破了文本中的重难点，达成了本部分的教学目标。

(二) 重文本内容的教学，轻阅读兴趣的培养

阅读是作者和读者之间的交际，阅读是作者与读者的心灵相互沟通的过程。在阅读过程中，读者对由视觉输入的语言文字符号信息进行解码，获取作者想要表达的信息。阅读的目的是获取篇章信息，而不是掌握语言形式。有效教学强调教学效果，注重学生通过在教师引导下的一定时间的学习所获得的进步与发展，而这一切的前提，都是有效激发出学生想要阅读、想要获取信息的学习兴趣。

在阅读教学中，另一种比较常见的情况是：教师过于关注文本材料中出现的语言知识点，讲解生词、补充词组、逐句逐段分析语言点和语法点，把阅读教学上成了"讲读课"，忽略了对于学生阅读和学习兴趣的激发和调动，从而造成学生学习的积极性不高，教学效率低，并出现各种问题。

针对上述问题，《英语课程标准（2011年版）》在第四部分"实施建议"的第五条中指出：英语课程要"结合实际教学需要，创造性地使用教材"。对教材的创造性使用，是激发和培养学生阅读和学习兴趣的重要途径之一。在日常教学中，老师们可以根据教学的需要，在不影响教材教学内容系统性和完整性的前提下，加以适当的取舍、调整和补充，为学生提供更有利于体验和运用真实语言的语境，更好地体现英语学习的真实性和应用性。

例如，在对人教社新版小学英语六年级（上册）Unit 1 You should obey the rules. Lesson 5 一课进行教学设计时，教师在保留了课文原有重点语句的基础上，创设了"Miss Green 想要带她的学生们去郊游，但是由于个别学生在公共场合的不良行为而感到非常焦虑，最终决定为他们制订在公共场合所应该遵守的相应规则"这样一个教学情境。

国际群览　文化连航　　168

调整前文本：

调整后文本：

Unit 1
Obey the Rules
Lesson 5

Hi! I'm Miss Green. I want to take my students to field trips. But, I'm worried about them, because some students often do some bad things.

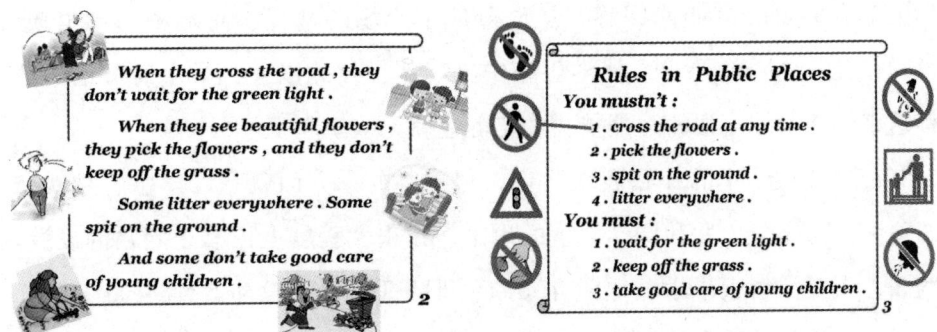

通过以上的调整，使得教学内容更加趋于真实与合理的同时，学生在新文本所创设的情景中，带着"一探究竟"的态度投入到学习中去，有效提升了学生的学习兴趣。

（三）重问题设计的目的，轻引发学生的思考

小学英语课堂阅读教学的基本原则是激发学生兴趣，开阔阅读的途径，提供丰富的阅读材料，保证一定的阅读时间，坚持阅读的策略指导，注重阅读后的运用。那么，如何通过语篇阅读，让学生发自内心地想读、想知道、想要探询、想要发现、想要研究，这就是阅读兴趣的激发。怎样让学生能够接受阅读，产生兴趣，阅读得越来越多？在教学过程中，教师需要通过各种形式与方法的设计，让学生理解语言，获取多元信息，同时形成阅读技巧，感受阅读乐趣。

"问题设计的目的"在这里是指为了从学生那里获取相应目标语言或语言点而设计的问题，也就是"目的性太强"的问题。这种问题由于具有很强的目的性，因此在设计时往往就会忽略其对于学生思维的激发和调动；学生只需从文本当中找到相应的答案回答即可，在整个过程中，几乎"不用怎么费脑子"。除此之外，不能准确地把握学生的能力，将问题设计得低于或高于学生的整体水平，也会对课堂教学的效果造成影响。

有些问题的设计低于学生的整体水平，学生在回答时几乎不用动脑筋，甚至教师提问的语气就已经渗透了问题的答案，这种问题也被称为"傻瓜问题"。"傻瓜问题"一经提出，全体同学异口同声，课堂气氛看似非常好，课堂参与度看似非常高；但实际上，学生根本没有经过大脑思考。有些时候，老师们在设计问题时，过高地估计了学生的水平，导致问题一经提出，

学生根本不知应该如何回答,从而造成了冷场的情况。而冷场一旦出现,教师往往就会降低要求,让学生用中文表达;长此以往,学生对母语的依赖越来越强,综合语言运用能力的培养也就无从谈起了。

在"关注学生的课堂表现"中,很重要的一方面就是对学生思维状态的关注;而充分激发和调动学生的思维,在很大程度上依靠于问题的设计。例如,人教社新版小学英语六年级(上册)Unit 1 Lesson 5 "Social Rules"一课中,教师借助多种问题的设计和设置:从 Warming Up 环节中的 "What rules do you often obey?" 到 Lead In 环节中的 "What's wrong with Miss Green?" "What's her problem?",从 Presentation 环节中的 "What bad things do they often do?" "What should Miss Green do?" "If you are Miss Green, what do you want to say?" 到 Practice 环节中的 "Where can you see this sign?" "You must / mustn't⋯, why?" 再到 Production 环节中的 "What do you want to say to these rules?" 等等,一系列真实的问题使得学生自始至终都在积极思考,并通过回答问题,有效实现了对思维状态的激活、对已学知识的复现、对新授内容的预测以及对语言的真实运用,收到了良好的学习效果。

(四)重文本的形式内容,轻人文因素的考虑

目前我们所使用的教材由于编写的年代距现在已经比较久远,而且在编写时所预设的学生的英语水平与实际学习该教材的学生的英语水平之间存在着差异等原因;因此,在教材的使用过程中就不免会出现部分教学内容滞后、课型不清晰、语言有错误等问题。面对教材中存在的问题,如果我们仍旧本着"拿来主义"的态度,按部就班、照本宣科地教,那么势必会对学生的学习效果造成一定的影响;因此,针对存在以上这些问题的教学内容,通过适当方法对文本内容进行适度的合理化调整,使教学内容更加适合学生的学习,更加有效地提高学生的学习效果,是十分有必要的。

想要对文本内容进行适度的合理化调整,合适的方法都有哪些呢?在《英语课程标准(2011年版)》第四部分实施建议里所包含的教学建议

中，第五条"结合实际教学需要，创造性地使用教材"，其中指出：教师在日常教学中可以根据所在地区的教学实际需要、学生现有水平、实际教学目的和学生学习需求，对所用的教材内容进行适度的补充、删减、替换和调整。

下图中所呈现的课文是人教社新版小学英语六年级（上册）Unit 2 I usually go to school by bus. Lesson 9 "Daily Life"，是一篇介绍主人公 Lucy 爷爷日常生活的电子邮件。既是电子邮件，必有发出和回复的次序，而先后两封邮件之间必然存在着内容上的联系，以此来审视本课的原始文本，这种联系体现得并不突出；因此，需要文本再构。经过反复的修改，教师将本课的文本调整成了"Li Yan 的爷爷退休在家无所事事，生活百无聊赖、并不开心；为此，Li Yan 想要寻求帮助。Li Yan 的朋友 Lucy 通过回复电子邮件，介绍了自己爷爷丰富多彩的日常生活，以供 Li Yan 参考"。

调整前文本：

第一部分：

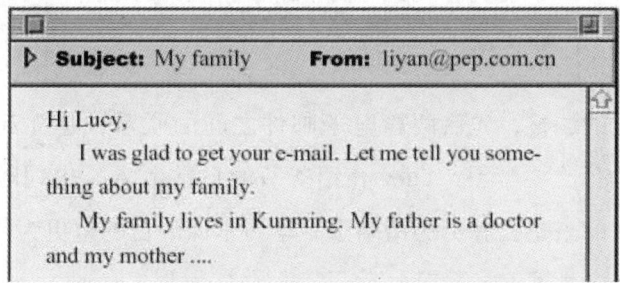

第二部分：

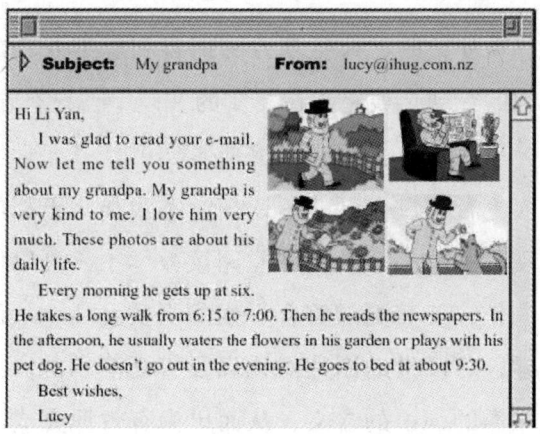

调整后文本：

Li Yan's E-Mail

Hi Mr. Zhang,

　　I have a problem. Let me tell you. My grandpa doesn't work now. He stays at home every day. He is very sad. He wants to live a happy life, but he doesn't know what to do. Do you have any good ideas?

　　Best wishes,

　　Lucy

Lucy's E-Mail

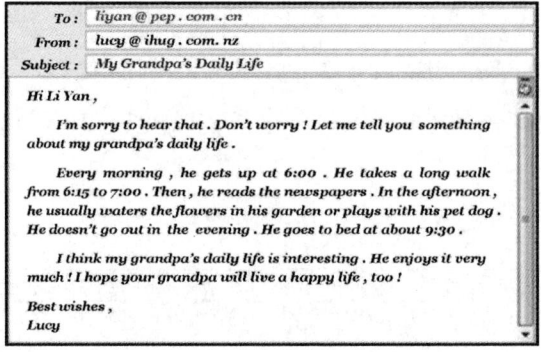

　　通过如此的调整，先后两篇电子邮件之间的联系被建立起来，本课的任务，即"为什么要学习，Lucy 介绍爷爷的日常生活"也同时被创设了出来，使得课文的来龙去脉更为清晰了，学习本课的目的也更为明确了。

三、研究的结论

　　阅读教学是一项复杂的、师生双方的语言和思维互动的活动过程，而所有的语言和思维的互动必须建立在真实的基础上；只有在真实的情境中，通过真实的交际，引发真实的思考，完成真实的任务，学生的阅读能力才能逐步得到提高。笔者通过自己的阅读教学实践和对于相应阅读教学案例的研究得出：在现阶段的小学英语课堂阅读教学中，可以借助对于文本内容适度的合理化调整，使其更加符合学生的真实生活，从而更为有效地激发学生的阅读兴趣；可以借助图片对比以及直观演示的方式，帮助学生准确理解较为晦涩难懂的词语的含义，从而更为有效地完成对所学文本的整体理解；还可以借助在相应教学情境中巧妙地设计和设置问题，引发学生积极思考，从而更为有效地完成相应的学习任务。学生在此过程中，阅读能力必然逐渐地得到锻炼和提升。

活动乐趣多

英语课堂的游戏在教学中起着至关重要的作用,不仅能够为学生的学习带来欢乐,更能够提升思维、激发兴趣。英语部的老师们通过各种学习渠道获取活动的信息并加以调整,将实效性强的活动引入课堂,开展更适合我们自己学生的教学活动。近几年来,学生主动参与课堂教学,他们带着强烈的求知欲、浓厚的兴趣、高昂的积极性、饱满的热情参与学习,并能够主动地获取知识、提高课堂教学效果。适当的游戏活动可以增加学生学习英语的兴趣和信心,也是发展口语、巩固词汇、语法、训练发音的有效手段。它可以缓解课堂紧张气氛,使学生在学中玩,玩中学,形成正确的学习方法和良好的学习习惯,真正的实施素质教育。

浅谈如何将游戏与英语课堂相结合促进学生创新思维

李 享

游戏与小学英语教学的结合是小学英语教学改革的一种表现,其符合小学生学习与发展的需求,促进了小学英语教学工作的有序开展,是我国小学英语教学与现代化教学模式相结合的重要体现。在现代化教育教学环境下,将游戏引入到小学英语教学中来,带动了学生学习的积极性和主动性,为教师开展教学提供了较大的平台。游戏与小学英语教学之间的必然联系对小学英语教学中开展游戏教学的发展有着积极的意义。游戏教学将游戏与教学结合起来,充分调动了小学生对英语学习的积极性和主动性。

在小学英语教学中进行游戏环节是英语教学中一个重要组成部分,在进行小学英语教学的过程中来体现游戏环节,有助于教学工作的开展,有利于教学效果的体现。从目前来说，我国小学英语教学中所体现出来的游戏教学需要遵循如下原则。

一、学习性原则

在小学英语教学的过程中融入游戏模式首先要尊重小学英语教学所固有的学习性。首先，游戏与教学目标结合起来，以教学目标为基础来融入游戏环节，这样才能使整个游戏环节不是"瞎玩"，并适时地将小学生带回原有的学习中。其次，在整个教学的过程中要谨遵学习性，教师要时刻将学习知识和学习技能作为游戏设定的基本出发点，积极吸引学生通过游戏来学习英语知识，掌握学习英语的技能，使学生在一个轻松愉快的环境下进行学习。

二、游戏性原则

游戏性原则是小学英语教学采取游戏教学模式的一个重要原则，这种游戏原则是在学习性原则基础上呈现的，如在小学英语教学中常见的"英语单词比一比""抢读单词""看图猜词"等等，这些英语教学游戏看似简单，但能激励小学生学习知识，满足学生对知识的渴望，更符合了小学生"玩"的心理，通过"比一比"和"赛一赛"这两个环节更好地激发了学生学习的积极性。

三、主体与主导性原则

任何形式的教学活动都有主体和主导两个部分，教师是主导部分，学生是主体部分，游戏教学通过英语教师的合理性设计充分体现并发挥了学生的主体性。但是在一些小学英语教学中，主体和主导的配合和切换显得不是十分流畅，有些小学英语教师喧宾夺主，为了控制整个课堂的秩序使得整个游戏教学死气沉沉，失去了小学英语游戏教学的活力。因此，主导性和主体性的把握也是小学英语教学的一个重要原则。

优化小学英语教学游戏教学的策略，为了更好地发挥游戏在小学英语教学中的作用，促进小学英语教学与游戏的结合，有必要针对如何优化小学英语教学中的游戏教学策略进行分析,以便更好地发挥游戏教学的作用。

1. 游戏设置合理化

对于小学生而言,其已经形成了一些基本的性格特点,不同的学生对知识的领悟能力、对学习方法的接受能力是有所不同的,在进行游戏环节设置的时候要充分尊重这种差异性,体现出游戏设置的合理性。比如说当学习到关于颜色的时候,一些教师会将一些与颜色相关的英语单词卡片粘贴在黑板上,让同学们一起来"猜颜色",red、green、orange、yellow、blue、purple、black、white 等等,这些单词卡片罗列在黑板的不同位置,让学生来一起猜颜色。并不是每一个学生都知道或者见过这些颜色,那么教师在进行这一个游戏之前就要了解学生对颜色的了解程度,在相对熟悉或者是有所认知的基础上进行猜颜色则更能发挥游戏的作用。

2. 游戏设置充分尊重教学内容

教师对英语教学游戏掌握得相对匮乏,英语教学过程中忽视了课堂本身的教学内容,任意地叠加游戏,使得游戏过于频繁,忽视了教学内容的呈现。比如一些教师将"字母排序接力赛""快说字母对抗赛""字母排队"这三个游戏叠加起来使用,虽然激发了学生学习的积极性,但是对于课堂教学内容的呈现来说并不是十分合理,稍微掌握不得当则容易忽视课堂内容。因此,为了更好地体现出游戏在小学英语教学中的作用,就必须充分尊重英语教学的教学内容,开展富有内涵性和趣味性的游戏。

3. 游戏设置要有特指

游戏教学的运用需要科学的教学依据,并非在每一节小学英语课堂中都需要开展游戏,这样不仅不利于游戏教学的效果呈现,相反会使学生缺乏定性,甚至于厌恶其他没有游戏的课程。因此,游戏设置要有针对性、特指性。比如说在讲解英语课文的时候突然引入"传递字母"游戏,在讲解单词的时候突兀地开始"木头人"游戏,这样原本是训练词汇放到了课文中,而该训练课文和阅读的时候又开始了单词的训练游戏。这样游戏没有特指的滥用,不仅无法体现出游戏的效果,反而扰乱了学生的学习,尤其是对于小学生而言,英语是其所不熟悉的语言,在陌生的同时使其陷入混乱,不利于教学的开展。游戏与小学英语教学结合的意义在游戏教学已经成为小学英语教学不容忽视的组成部分的今天，积极地发挥游戏在小学英语教学中的作用，促进游戏教学与小学英语教学之间的完美结合十分必要。这一举措有助于更好地促进小学英语教学效果的体现、模式的优化。

（1）游戏与小学英语教学结合有助于激发学生的学习

兴趣喜欢是学习的原始动力，让一个新事物得到小学生的喜欢是教学所应该达到的一个教学效果，就像学生因为喜欢某一位老师而倾心于他的课程一样，游戏与小学英语教学的结合就是促进学生喜欢英语学习的一个基础，通过学生喜欢的游戏环节设定更好地促进了学生的参与性，激发了学生的学习兴趣和学习热情。

（2）游戏与小学英语教学结合有助于师生沟通的顺畅

教师和学生原本就不是一对"天敌"，可是在很多小学生的心目中越是严厉的老师越不可爱，而严师出高徒是亘古不变的道理。如今，相对的严格和宽松结合起来才能更有助于教师与学生的沟通，解除"天敌"关系。通过游戏环节的设置，真正使学生和教师玩在了一起，在玩的过程中教师和学生相互沟通、交流，达到更好的交流效果。因此，游戏与小学英语教学结合有助于师生的沟通更加顺畅，更好地体现出教师和学生之间的和谐关系。

（3）游戏与小学英语教学结合有助于学生形成正确的社会价值理念。课堂就是一个小小的社会，在游戏中感受社会环境，感受英语的应用环境，通过游戏的设置和游戏的参与行为让学生融入课堂环境中，更好地理解英语这一语言的魅力，理解英语单词及英语句子，乃至是英语文章的内涵，帮助小学生形成正确的社会观念。

总之，在小学英语教学中融入游戏环节有效地带动教学的发展，促进了小学英语教学的改革，激发了学生学习的积极性，是我国教育教学改革大环境下的一种重要的教学模式和教学改革尝试。

参考文献
[1] 曹莉萍. 浅谈游戏在小学英语教学中的应用原则. 学术期刊，2013（32）
[2] 全玉会. 教育游戏在小学英语教学中的应用研究. 学术期刊，2013（10）
[3] 谢小洁. 浅析教育游戏在小学英语教学中的应用. 学周刊B版，2013（1）

游戏，让英语课堂充满活力

荣 岩

很多人都说英语的学习是枯燥无味的，我以前接受的也是这样的教育，上课的时候，老师总是一遍一遍不厌其烦地教，而我们也在机械地跟读。开始学英语时，我们还有点新鲜感，但长此以往，班里的大多数同学对英语的学习失去了兴趣。兴趣是小学生积极情感态度中非常重要的因素，兴趣是学习热情的动力源。有智者说："所有智力方面的工作都依赖于兴趣。"而游戏是学生感兴趣的。因此，在教学过程中，若能将知识融于游戏之中，让学生在情趣盎然的游戏中练习所学的知识，学生是非常愿意接受的。我们作为小学英语老师，就应该时时了解和收集学生感兴趣的问题和素材，切实地让他们体验英语学习所带来的成功与愉悦。因此，在平时的教学中我设计了各种各样的活动让学生感受游戏的魅力，如歌谣、谜语、TPR 等，使学生在游戏中掌握语言，巩固知识。

但是，目前有部分课堂教学只重兴趣，不重兴趣的持续；只求热闹，不重实效；只重活动，不重基础的落实；只重活动的开展，不重学习方式的改变和学习能力的培养，导致课堂效率不高，教学效果不理想。我在英语教学中求真务实，巧设课堂游戏，提高教学效益。下面谈谈我在日常教学中的点滴做法。

小学生喜爱做游戏，我就把各种各样的英语游戏引进课堂，这样既能活跃课堂气氛又能训练听力和英语表达能力，轻松愉快的同时学到了新知识。

一、学习单词，让手指动起来

低年级进行单词操练时，根据小孩子爱动的特点，我让孩子们把自制的单词卡片分别摆在桌面上，由我说单词，他们快速用手指出相对应的卡片并大声重复。通过这个小游戏，孩子们的嘴巴动了起来，大脑也活跃起来，不仅练习了他们认读单词的能力，同时还训练了他们快速反应的能力。

这种速度快、见效好的游戏，孩子们也容易接受。

歌德说："哪里没有兴趣，哪里就没有记忆。"这话一点也不假，对此我有切身的感受。到了高年级经常为了一个长单词的读音花费较长的时间。问题在哪里？我认为有怎样的输入就有怎样的输出！出路在哪里？英语单词绝大部分是符合读音规则的，因此要念准单词就要教会学生读音规则、音节划分，以及各字母在其音节中的读音，对于很长的单词要设法使学生按音节划分来记忆。又由于教学游戏集智力、活动和竞争于一身，是组织课堂的有效辅助手段。课堂上做游戏可帮助学生在轻松有趣的活动中掌握一些较难掌握的词汇。

后来，经过精心策划，在另一班中把学生的学习与游戏有机地统一起来，收到了料想不到的效果。我是这样实施的：化整为零，把 grandparents 按音节拆散成四部分，各组派一人上讲台，依音节顺序分别问组员所习得的读音，收集完毕后，再根据自己的经验来建构整个单词的读音，化零为整。说得最快最准者为胜。再让他们做"小老师"教组员。不花一两分钟，词汇教学难点不攻自破，全班轻松掌握了该词组的读音，真是事半功倍。在小学英语教学中，如 International、salesperson、dictionary 等多音节词，也可借游戏以"玩"释疑，以"玩"启智。

二、句型新授，每个人都有机会

怎样教学才能使学生熟练掌握句型的运用？要坚持"一个原则，两个紧贴"，即：以活动为主线，以自主协同参与教学活动为基本模式，以学生综合语言运用能力的发展为目标；紧贴学生，"保持积极的学习态度是英语学习的关键。"(《英语课程标准》第 22 页)；紧贴教材，设法提高句子练习的深度、广度和频度。

我们在进行句型新授时，经常会进行句型的操练，一问一答和按顺序问答都是我们经常使用的方法。在课堂上穿插游戏、活动能使原本较枯燥、机械的单词学习和句型练习变得生动有趣。在三年级讲授"What do you want to be? I want to be a scientist."，首先我利用热身环节的单词卡片进行主句型提问，回答的是哪个职业就拿到哪个职业的卡片，这些同学再拿着手中的卡片走到班级中,与另一个同学进行句型的问答,之后被问到的同学起立再进行下一轮的问答,每次再找还没有发言的同学继续。这样三四组问答后,基本上就能做到全班的同学都能够进行至少一次的问答练习。这样就把机械操练变成了自主选择的、有意思的活动,每个学生都能够有张嘴发言的机会,而且充满乐趣。就是这样快乐的"学中玩、玩中学",学生们既掌握了英语,又加深了对英语的喜爱。

三、一起出力,"出口"成章

小学阶段只要求学生写一些小短文。但这小小的要求对于学生来说并非易事,他们积累的词汇句型并不多,难以综合运用,而对于后进生犹同"老鼠拉龟"。因此在作文教学中我采取分步骤指导的方法,通过控制性写作、引导性写作和自由写作三步骤,逐步培养学生的写作能力。同时运用游戏形式,即使是班里最柔弱的蝴蝶也得让它拍拍翅膀,使集体创作的"旋风"得以形成。对于 My Weekend 一文,我就让学生来个接力游戏:学生各抒己见口头作文,老师即时在黑板上写成文章,这样一人一砖,一人一瓦,立马成广厦。

S1:This is my weekend.(教师板书)

S2:On Saturdays, I get up at 7:30.(教师板书)

S3:I eat breakfast at 8:00. I don't go to school.(教师板书)

S4:Sorry. I don't know.

T:Don't worry. Just do an action.

S4:(做踢足球的动作)

T:Oh, you play football, right?(S4 点头)Me too. ——I usually play football. (示意 S4 跟读,教师板书)

S4:I usually play football, too.

……

T:Wow! This weekend I am very busy. But I am happy.(板书完毕)

"人多力量大",只需几分钟,一篇风趣的小短文就展示出来了。最后,即便是说 Sorry 的学生也胸有成竹了,高高兴兴地对照该文,仿写自己的小作文，而且思路清晰，内容充实。聪明的学生更能举一反三，另辟蹊径，完善自己的"无敌"作文。

着眼素质教育，优化英语教学。课堂游戏是最具综合意义的教学活动，是"寓教于乐"的最佳诠释，更是提高课堂教学效率的可靠保证。引入游戏教学以来，班级中无论在学习的目的性、学习的兴趣还是在教学的质量上，都有了明显的提高，后进生的学习目标明确，转化率提高，较好地完成教学任务，达到教学效益的极大值。在课程改革进行得如火如荼的今天，"习之于嬉"的观念深入人心。游戏教学法绝不是门面装饰或是花拳绣腿，而是英语教学提高质量的必要技巧之一。可以说，英语课堂求高效，游戏教学甚从容。

快乐学英语
——谈如何培养和保持小学生英语学习的兴趣
姚静文

在沉重的学习压力下，如何让学生对英语乐学、善学、会学、学而忘我，乐此不疲呢？只有当他们喜欢学、要求学，有迫切的学习愿望时，才能积极地投入到学习中。布鲁纳说"兴趣是最好的老师"。学生的学习兴趣是学习的强大动力。一位成功的英语教师要在教学中有意识地培养学生对英语的持久兴趣，为语言实践活动提供源源不断的动力。

一、做一名学生喜欢的老师，培养学生良好的学习兴趣

"乐其师而信其道。"一般来说，学生对某位教师喜欢，也往往会喜欢上他的课，并能主动接受这位教师所传授的英语知识，课堂气氛也就相对活跃，学生的学习兴趣就会油然而生。

（一）把微笑带进课堂，让学生亲其师

教师一个友好的微笑，一句体贴的话语，一个会意的眼神和一个轻微的触摸，都会使孩子们感到格外亲切。若能把微笑带进课堂，把欢乐带给学生，学生就会格外亲切你，格外喜欢你。这样他们特别愿意接受你说的

话，愿意模仿你的爱好——英语。

（二）尊重爱护每一个学生，让学生信其师

教师不要以教育者自居，不以强制的手段——训斥、羞辱、向家长告状等强迫学生服从教师的意志。强制性的教育，很容易伤害学生的自信心、自尊心，引起学生对教师的反感甚至恐惧，也容易扼杀学生的学习兴趣。教师应通过自己的言行、表情传递给学生亲切、鼓励、信任、尊重的情感信息，使得学生不怕出错误，敢于开口说英语。同时教师的尊重、爱护，有利于保持学生良好的心境，保护学生的自信心、自尊心，有利于取得学生的信任，这对培养学生的学习兴趣有很大的作用。

（三）参与学生活动，做学生的朋友，让学生爱其师

教师除了在课堂上与学生进行情感交流外，还要重视与学生课堂外的情感交流。若能参与学生的课外活动，更能引起学生的情感共鸣。和学生共同分享成功的欢乐，分担挫折的烦恼，做学生的朋友，让学生觉得可以和老师无话不说、无事不谈，达到师生关系最佳的状态。师生关系直接影响和制约着学生的情感与意志，融洽的师生关系，可以从感情层面上培养学生学习英语的兴趣。

二、营造和谐、宽松、愉快的教学气氛，培养学生的学习兴趣

（一）教师上课要情绪饱满，营造和谐、愉快的课堂气氛，带动学生的学习积极性和学习兴趣

教师是学生学习情绪的主导者，营造良好的课堂气氛，首先要求教师在课堂上要情绪饱满，充满自信，带着轻松愉快的心情走进课堂，以良好的情绪影响学生。

（二）适当运用体态语言

它就是借助人们的身体、动作和面部表情等来表情达意，是无声的信息系统，而且是小学生记忆中最重要的思维形式——形象思维。例如，当学生回答问题时教师轻轻点头，即对学生的答案做了肯定；如果微笑着轻轻摇头，就表示"你的发言有错误，再想想"。这比直接说"你错了，还不

注意听讲。"更让学生易于接受，而且有鼓励作用。另外，教师在教学过程中若能把教学内容同时用体态语言诠释出来，更能激发学生的学习兴趣。

（三）关心鼓励，树立学生的信心，营造宽松、和谐的课堂气氛，增进学生的学习兴趣

在教学过程中教师应该对学生充满信心，多看学生的优点，让所有的学生都有获得成功的机会。当学生出现发音、拼读等错误时，当学生由于胆小、害羞而不敢开口时，当学生根据自己的理解错用语句时，教师要给予充分的谅解和适度的宽容，不要嫌他们"不聪明""耽误时间"，不要怪他们不能如教师的愿。而要引导他们、鼓励他们，使他们在自己的学习中，在成功的体验中增加信心，为学生的发展创设良好的氛围与条件。

三、精心设计教学，激发学生的学习兴趣

（一）利用直观教具和电教手段，增强教学的直观形象性

在小学英语教学中，如果只是贫乏的讲解，学生记不住、分不清，枯燥乏味，效果不佳。而利用电教手段和直观的教具形象地将所学的内容展现在学生面前，不但能加强学生的印象，而且使学生感到新奇有趣。如教"watermelon"一词时，课件呈现的是西瓜的残缺部分，让学生来猜是什么水果；教"kiwifruit"一词时，将猕猴桃包在手绢里让学生摸一摸；教"pineapple"一词时让学生尝一尝，学生很感兴趣并很快地学会了新词。在复习单词时，让学生比赛谁说的最快，屏幕上呈现各种水果的图片然后消失，强烈吸引了学生的注意力，非常有兴趣的参与其中。

（二）采用新颖有趣的教法，吸引学生的学习兴趣

好奇心强，求知欲望是小学生的一个重要的心理特点。这就需要我们善于用新颖有趣的教学方法引起他们对于学习内容的好奇心，从而神情专注、兴趣盎然地投入到学习中来。在教学动物类的单词时，我搜集一些动物的声音让学生猜猜是什么动物的叫声。学生新奇之余，颇有兴趣。

（三）组织快节奏、多形式的课堂活动，让学生活起来

单一、古板的课堂教学，只能让课堂变得枯燥乏味。好的英语课堂教

学应该是快节奏的、灵活多样的、丰富多彩的。教育心理学告诉我们小学生的注意力易分散，有意识注意的时间不超过20分钟。一旦教学方法呆板、节奏慢，就会出现学生做小动作或小声讲话等不良习惯。为避免这一点，教师应抓住注意力集中短暂时刻，组织形式多样的课堂活动。例如在学习"I like…"句型时，我让学生分成四个大组进行比赛，每人说一句话"I like apples. I like pears…"看哪一个组所用时间最短，说得最准确。

（四）创造愉快情景，让学生动起来

机械地学单词，操练句型，会引起学生的厌倦感，若能把学生生活中的情景搬到课堂中，以真实的生活感染学生，会引起学生浓厚的学习兴致。我在讲句子"Weak up, Peter."首先在教室摆放一些家庭用品，让学生假装睡着了，我叫醒他，学生在情景中理解并学会了新知识。

（五）让学生感受到学会的乐趣，获得成功的体验，保持学生的学习兴趣

要想使学生获得持久的兴趣，还要让学生感受到学会的乐趣，让学生获得成功的体验。教师在教学中要做到"小环节，多台阶；多变化，多鼓励"。另一方面，在教学中，教师要注意因材施教，对不同的学生采取不同的要求，让所有的学生都有成功的体会。对于好学的学生，在"引"字上下功夫，在授课时可以扩大难度和浓度，让他们不断受到新的信息刺激，同时让他们在课堂上发挥示范的作用，成为英语学习的榜样；对中等学生在"导"字上下功夫，让他们以尖子生为榜样，在课堂上积极主动的学习、探索；对于学习困难的学生在"帮"字上下功夫，适当放慢速度，查漏补缺，甚至是"开小灶"，让他们在教师的耐心帮助下，充满信心，步步赶上，一步不落。让不同层次学生都有事可做，遇事能做，做则有收获，获得成功的体验。

（六）组织生动的活泼的课外活动，用英语的应用价值巩固学生的学习兴趣

苏霍姆林斯基说过"兴趣的源泉在于运用"。为了巩固和增强学生学习英语的兴趣，给学生更多地运用英语进行交际的机会，教师应设计和组织

内容丰富、形式多样的课外活动。通过活动让学生把所学的知识用于实际，使学生认识自我，取得不同程度的成就感，增强其自信，也增添了学习英语的兴趣和乐趣，变"要我学"为"我要学"，进而长久保持其对英语学习的兴趣。

总之，英语学习，兴趣为先，学生语言能力的高低在很大程度上受制于英语学习兴趣的程度，很难想象失去了兴趣还能怎样培养学生的交际能力。作为英语教师，一方面要向学生传授语言知识，并使他们掌握语言技能；另一方面更要重视培养和保持学生对这门学科的兴趣，以获得事半功倍的效果。

创新课堂活动设计，培养学生思维品质
——以北京版小学英语三年级下册 Unit 4 Lesson 13 为例
刘璐晨

2017 版《英语课程标准》中对思维品质目标的描述是：能辨析语言和文化中的具体现象，梳理、概括信息，建构新概念，分析、推断信息的逻辑关系，正确评判各种思想观点，创造性地表达自己的观点，具备初步运用英语进行独立思考、创新思维的能力。2018 年 3 月，北京师范大学中国教育创新研究院首次对外发布《21 世纪核心素养 5C 模型研究报告（中文版）》和《中国优秀教育创新成果质量评估报告》，其中提出了核心素养 5C 模型，包括文化理解与传承、审辩思维、创新、沟通、合作共五个方面，每个方面包含 3～4 个要素。

下面，笔者以北京版小学英语三年级下册 Unit 4 Lesson 13 为例，介绍如何运用小组合作的模式利用创新活动设计培养学生的核心素养及思维品质。

一、教学分析

（一）教学内容分析

北京版小学英语三年级下册 Unit 4 Lesson 13 是一节复习课，本课所涉

及的知识点有季节、形状、节日以及一些动词短语。为了使本节课的设计更加合理与完整，笔者将对内容进行整合，将重点放在形状与季节上。

（二）学生情况分析

本节课里所涉及的季节孩子们在二年级的时候已经学习过，但只是四季的名称以及在这个季节中可以进行的活动。本课的目标设定为可以综合描述四季，暨孩子们不仅仅是两个人讨论春天而是将自己学过的知识综合起来根据脑图进行描述，教师会给出语段的框架来帮助学生搭设"脚手架"，完成学习的任务。

（三）教学目标

1. 教学重点

（1）复习1~3单元所学形状，要求能听懂、会说、认读。

（2）能够从时间、天气、事物活动等方面综合描述四季。

2. 教学的难点

（1）能够正确听懂、会说并认读所学数词、形状、颜色等词语。

（2）能够从时间、天气、事物活动等方面综合描述四季。

（四）问题

（1）缺少对学生创造性的培养。

（2）缺少对学生核心素养的培养。

（3）小组合作中孩子们出现分工不明、说中文等一些情况。

（五）对策

针对问题（1），设计活动将完全无关的两个话题季节和形状结合起来进行复习，体现出活动的趣味性和创造性。

针对问题（2），采取小组合作的方式。

针对问题（3），小组内进行分工，有组长，主要职责为统筹小组内人员的工作。例如读书时的角色分配，小组合作时每个人的任务，以及如何进行小组展示以及和教师进行问题沟通。纪律委员，主要职责为小组内的纪律问题，如随便说话，未经教师允许随便动学习用具等。语言委员，主要职责为提醒小组内成员使用英语以及发言时声音洪亮。卫生委员，小组内做一些手工时保证小组的环境干净、整洁。剧务，负责提醒同学在上课前或下课后摆好桌椅以及配合组长进行小组内一些工具的分配。

二、教学过程及评析

环节一，激活旧知，热身导入

（1）师生问好，进入状态。

（2）用歌曲 shapes 进行热身。

（3）利用 歌曲里面出现的形状进行导入复习。

T：What shapes do you see in the song?

学生就歌曲中看到的形状进行描述：circle、heart、diamond、triangle。

T：What else shape do you know?

复习之前学过的所有图形，并引导学生描述现实生活中看到过哪些图形，I can see…（事物），it's a/an…（形状）

当有学生描述到国旗的时候，教师出示中国的国旗，并带领学生进行复述。

下一次国旗是加拿大，笔者主要进行听力方面的复习，五句有关国家的描述，让孩子们听完之后进行猜测。

【设计意图】复习重在听、说、读、写四个技能，加拿大的复习着重在听，中国国旗复习重在说，读和写将会在后面的活动中进行体现。

（4）接下来的活动是本课的重点，也是创新活动以及小组合作的体现。

T：Each of you has a piece of paper and a bag. In the bag you can see different shapes. Please read your paper and then stick the shapes on the paper to make something. Remember, please do it by yourself.

When you finish your work, please introduce your thing with others in your group. (Some of you have your own job, please be responsible.)

【设计意图】小组合作是达成沟通与合作最佳的方式，也是笔者一直在探索的，在本课活动中笔者采取了小组合作的方式。小组内的成员会有一些分工，每个人各司其职，互相配合，使得小组活动能够顺利进行。当然，在初期的小组成型中孩子们一定会有一些问题，或者发生一些冲突，这时候教师不宜马上干预，让孩子们自行去解决，无法解决时教师进行调节，之后再和相关人员进行复盘，以便下次类似情况时小组可以有例可循。其实孩子们在解决问题时势必要进行沟通和协商，这是培养学生与人合作的最佳时机，而孩子们的能力也是在解决问题的过程中提升的。

小组合作的第二个优势在知识分享最大化。这一点会在后面的活动中得到体现。

在这个活动中，孩子们先会根据自己读到的内容完成自己的任务，每个人在小组内的任务都是不同的，这样就构成一个信息差，孩子们可以根据信息差进行交流。

T: You have a big piece of paper in your group, put all of your paper on it and you'll get a season. Please talk about your season in group.

【设计意图】孩子们将自己的图片拼在一起，得到了一个主题的季节，然后根据图上的内容对自己的季节进行描述。

T: There are four seasons in a year, what is your favourite season? Why? Please share your ideas with your friends.

【设计意图】这一点就体现了小组合作的第二个优势，即分享。在小学英语课堂上，面对同一问题时，个人想法往往很狭隘、片面，但经过小组合作、交流后，其想法变得完整、全面。学生在倾听别人发言时，思维也会变得活跃、严密，这将形成一个良性循环，有利于学习者能力的提高。小组内进行分享和交流有利于同伴间的相互学习，同时对于学习能力较弱的学生来说，小组内的活动使之增加了参与感，学习起来更加轻松，听取了大家的想法之后再进行汇报可以使能力较弱的学生更加自信。

（5）头脑风暴汇总对季节的描述。

T: We know a lot about our favorite seasons. Such as the name of it, the weather about it and…

教师帮助学生汇总讨论季节的各个方面，例如季节的名称、时期、天气、衣着、活动、节日等，在汇总之前可让学生在小组内讨论有哪些方面我们可以谈论到，然后再进行汇总。

对于学生来说，描述季节不是问题，但问题在于如果进行有逻辑性的描述，这一个环节为学生构建思维导图，帮助学生将所学知识进行汇总。同时教师还鼓励学生在课下继续探讨，还有哪些没有提到的内容。

课堂上我们采用头脑风暴的方式对某一话题进行讨论，所有参与者自由交换想法，并以此激发创意与灵感，产生更多创意的方法。学生思考问题、回答问题、倾听答案的过程本身就是激发思维、自主学习、建构严密思维的过程。在这样的活动过程中，小组的凝聚力逐渐增强，成员也得到锻炼和成长。同时教师也可适当给学生留白。留白是中国艺术作品创作中常用的一种手法，极具中国美学特征。在课堂中有意识的"留白"与等待，不仅可以调控课堂气氛与节奏，更重要的是给学生思考的时间与空间，促使他们的思维向纵深发展，以培养思维的深刻性。

三、教学反思

本教学设计最大的特点在于设计了不同的活动满足不同层级学生的需求，同时，利用活动提高学生的积极性。不同的活动又涉及了不用的思维层级，从低阶（记忆、理解等）过渡到高阶，例如描述中国国旗属于记忆范畴，孩子们根据阅读纸条内容找到形状属理解范围，但根据描述拼贴图形则属于创造，孩子们可以有自己的思考，表达自己想要表达的，既有老师的带领也有孩子的创新，表达语言的同时伴随着思考，及所说及所想，语言辅助思维的表达。

但在实施和设计中也发现一些问题可以进行改进：

（1）若可以在小组展示环节加入小组之间的评比，则可以更好地促进孩子的参与性。

（2）形状复习除了孩子们在教室内看到的，也可以呈现一些校园中的形状，这样可以更好地将课本的知识延伸到课外。

（3）若想让学生的思维层次更深，可设计有关分析、类比、排序等方式的活动，并让学生说出理由。

纵观整节课，学生的合作和沟通能力以及思维品质均有所提升，但时间有限无法让每一个孩子都进行展示，笔者将会在下一节课中注重改进，以便让每一位学生都有机会进行展示，同时不断改进和创新活动，提升学生核心素养以及思维品质。

浅谈小学英语教学中的兴趣培养

宋　莉

　　根据小学生的年龄特点，《英语课程标准》强调英语课程应从培养学生的学习兴趣入手，最大限度地发挥学生的潜在能力，使学生积极主动地参与学习的全过程，将学习变成学生自觉、自愿、高兴的事，让学生做学习的主人。这就要求小学的英语教学无论从内容上，还是从形式上均要富有趣味性，以吸引学生的兴趣。在实际教学工作中，更应该遵循学生的年龄、性格特点、认知能力来设计课堂教学，基于此，我立足于课文内容，设计出了一些能激趣、导趣的活动形式，以活跃课堂气氛、提高课堂效率。

　　1. 唱英语歌曲，做热身运动

　　小学生都很喜欢唱英语歌曲，我经常在学完新课之余教他们一些英文歌曲，或把新学的内容编进学生们爱唱的旧的英文曲调里。在课前或课中休息时唱一首欢快的、动听的英语歌，再加上他们自己编的动作，不仅达到了学习英语的目的，又满足了学生的兴趣，使他们每个人的精神都在歌声中振奋起来。

　　2. 课前问答，自由谈论

　　每节课前的这种练习是以小老师的方式呈现，学生按学号顺序排，先由他向大家做自我介绍，然后向大家提出问题或接受同学们的提问。小学生的特点是不怯场，敢于张口，而且都想到前面来体验一下当老师的感觉，他们练习起来觉得很有意思，也非常乐于参加。用这种方法不仅使他们所学的知识得以巩固，而且锻炼了他们的语言交际能力。

　　3. 在动中学，在动中练

　　好动是小孩子的特点，在低年级教学中，我经常利用他们的这些特点，让孩子们全身都动起来。比如在教鼻子、眼睛、打开、关上、起立、坐下时，先不要求他们立即做出口头反应，但一定要做出动作上的反应，即根据老师所说的做出动作，在练习和巩固时，让学生们按老师说的内容画小人，摸鼻子，涂颜色，做手工或学小动物叫等，此时他们虽然没有开口模仿，但只要听懂了、做对了，实际上就是掌握了。用这种方法可以提高儿童学习英语的积极性、参与性和兴趣性。

4. 运用直观教具

在教学中，我经常使用的手段是直观教具，如图片、实物等，这些不仅能给学生以深刻的感官印象，不断诱发他们的求知兴趣，而且还能够使他们对事物很快形成正确的概念。比如在低年级教授牙膏、牙刷、毛巾单词时，老师把这些东西带进课堂，每教一词，就拿出这些实物，不用老师费劲学生自然明白是什么意思，在视觉、听觉上得到了统一，学生们在学说过程中也避免了先把英文译成中文再说出来的这一障碍，使他们得到直观概念，直接获取知识。

5. 利用电教手段创设情景

情景是语言学习中至关重要的一项，学习语言最怕没有语言环境，课上没有语言气氛，会使孩子们感到枯燥乏味。我在教学中将准备讲的内容拍成录像或做成动画片，为学生学习创造出适当的情景，再利用录像设计问题，铺设悬念，从而更好地激发学生的求知欲望，而且活跃了课堂气氛。比如我在讲第一册第十四课时，有一段是"Y is for young, we're not old, we're young."新单词只有一个"young"，新句型也不长，内容虽不多，但干巴巴地讲实在没意思，于是我根据内容做了一个动画片，先从屏幕上走出一个年轻人，定格住，老师用所学过的旧知识提问："Is he old?"学生回答："No, he is old old."老师很容易就讲解了这个词的意思："Young means not old."难点很容易就解决了，屏幕上再走出几个年轻人，一齐指着自己说："We're not old, we're young."然后再让学生模仿，这样学生不仅理解了意思，而且轻而易举地掌握了课文内容，本来是很枯燥无味地讲单词、讲句子，用上了电教手段不仅活跃了课堂气氛，更增添了他们的学习兴趣。

6. 运用游戏巩固知识

在英语教学中加入适当的游戏有利于培养学生的兴趣，强调学生的主体性，使学生能够共同参与。小学生活泼好动，爱玩爱闹，乐于接受新奇、趣味性强的事物，更希望多做游戏。比如在讲第十五课时，为了让学生主动将课文背下来,我设计了这样一个游戏:把全班分为苹果队和橘子队,当音乐开始时,两队同时传苹果或橘子,音乐一停,拿到苹果或橘子的同学到前面来,从老师准备好的盒子里抽出一个字母,然后按字母背诵课文,背诵正确的队得分。学生可兴奋了,个个摩拳擦掌,跃跃欲试,有的同学生怕给自己的队丢分,课下早就把课文背得滚瓜烂熟,这样,不仅学习了新知识,又掌握了旧知识,而且还活跃了课堂气氛,更激发了他们的兴趣。

除了以上所举,英语课堂教学中的方法还有很多,如使用简笔画、小品表演、接龙问答、小组竞赛、争当小老师等,只要老师精心设计、编排,利用丰富多彩的教学手段,学生必然会学得饶有趣味,兴致倍增。

学生学习英语的兴趣不应只局限于课堂这短短的40分钟,在课下也应尽可能地开拓更多的学习途径,如开展英语书法比赛,英语广播和英语园地等,这些都可以丰富学生的英语生活,增长英语知识,同时也能通过这些途径达到培养学生学习英语的长期兴趣的目的。

在英语游戏活动中运用语言
——三年级英语综合实践活动课例

马 婧

英语教学的最终目标是要发展学生的综合语言运用能力,使语言学习的过程成为学生形成积极的情感态度、主动思维和大胆实践、提高跨文化意识和形成自主学习能力的过程。因此,开展英语综合实践活动,能够促使学生运用所学英语知识去发现问题、处理问题和解决问题,使学生能通过多种渠道获取知识,增加他们的语言知识量,在用中学,在学中用。

一、指导思想与理论依据

新课程改革的核心理念是"一切为了学生发展",即"以人为本",面向全体学生,关注学生的成长。传统的英语教学中,教师常常进行灌输式教学,学生被动地接受知识,对学习不感兴趣,缺乏主动性、创造性。因此,在本课教学中,我努力做到教学内容趣味化、生活化,让教学贴近学生、贴近生活，尊重学生在课堂上的主体地位，让学生在参与中启动思维机制，使课堂教学得到深化和补充，从而达到教学目的。

二、教学背景分析

依据以上理念，本课基于北京版小学英语三年级上册前三个单元的学习知识，围绕英语综合实践这一主题开展活动，在创建学习情境和提供学习工具的同时，搭建了师生互动、生生互动，培养学生综合能力的平台，落实学科核心素养。

1. 教学内容

本课教学内容来自北京版小学英语三年级上册 Unit1 September 10th is Teachers' Day、Unit2 October 1st is our National Day、Unit3 I was born on May 23rd 的知识整合，内容涉及有关序数词，月份，日期以及节日的相关知识。

2. 学生情况

（1）本课授课对象为三年级学生。学生们从一年级起就使用本教材学习英语。

（2）经过两年多的英语学习，学生已积累了一定的词汇与句型，初步具备了听、读、理解和简单的口语表达能力，能够听懂课堂指令以及活动规则讲解，并且初步具备了小组合作、表演对话等能力。

3. 教学方式

本次现场实践活动课突破传统的教学模式，让学生们席地而坐，打破传统的常规课堂，引领孩子们身临其境地感受课程的快乐与轻松。孩子们在老师的带领下充分体验习得语言的过程以及实际操作活动的乐趣，提高了语言交际及动手能力，落实学科核心素养。

4. 教学手段

视频与音频的播放，PowerPoint 演示文稿提供场景与语言支持，活动材料进行展示与评价。

5. 技术准备

计算机课件、月份歌曲、自编音频、视频、评价图片、十二个月份月历图片

三、教学目标

1. 知识与技能

（1）能够认读序数词 1st~31st。

（2）能够认读十二个英文月份。

（3）能够询问并且回答自己和他人的生日日期。

（4）了解十二个月份中有关中西方节日的月份和日期。

2. 过程与方法

（1）学生通过歌曲与游戏对所学的月份和序数词进行复习，并在制作新的一年月历的大背景下，练习询问他人的生日、节日的重点句型。

（2）学生在制作与展示的环节中，通过小组合作，共同制作并且介绍新的月历，配合语言进行展示，提高学生的综合语言运用能力。

3. 情感态度与价值观

学生通过为新的一年制作十二个月份月历这一活动主线，培养学生的小组合作精神，激发学生热爱生活的情感态度，并通过对节日的复习，了解中西方不同文化的差异。

四、教学过程

（以下内容中，"T"表示Teacher，"Ss"表示Students，"F"表示farmer）

Warming-up：

1. Let's sing.

T：Hello, boys and girls.

T：What's the date today?

S：It's December 7th.

T：Oh! It's our Fun Time again.

T：We know 2017 is coming. It's a new year.

T：Let's enjoy the months song.

教学指导策略及设计意图：呈现主线，围绕新的一年开展游戏活动。

2. Rewords.

T：Here are many beautiful pictures. Let's get more on the blackboard.

教学指导策略及设计意图：评价方式，激发学生的学习热情和兴趣。

Presentation：

T：How many months are there in a year?

S：Twelve months.

T：Here are twelve groups.

PPT 呈现句型 We are the…month.

教学指导策略及设计意图：通过十二个月份组帮助学生进行月份和序数词的表达。

Process：

1. What's missing?

第一组（第一到第十二）

T：Here are twelve words. From the first to the twelfth.

T：Now please watch carefully！Which one is missing?

T：Good memory！

第二组（第十三到第二十三）

T：Here comes some other words. Let's say them out together.

T：This time two words will missing. Watch carefully！

T：Which two are missing?

T：Yes. You are right！

第三组（第二十四到第三十一）

T：Here comes more words. Let's say them out.

T：This time three words will missing. Watch carefully！

T：Which three are missing?

T：Are you sure？Let's have a look.

教学指导策略及设计意图：通过 missing game 的游戏活动帮助学生复习所学的序数词。

2. Quick answer

PPT 显示第三组序数词，PPT（动画效果）呈现这三个月份的月历。

T：Oh！What's the date?

S：It's…

图1　　　　　　　图2　　　　　　　图3

三组 PPT 的活动图片

T：Look！Here are five dates. But you only have 20s to say them out.

T：Can you try？Let's say them out.

全班一起玩（一组）

T：Here comes another group. Twenty seconds！

教师指定月份组来完成。

T：So March. Would you like to try？

T：Ready？Go！

20 秒计时，学生说日期。

T：Good job！

PPT 展示生活中的日期

T：Can you tell me what's the date?

S：It's…学生观察，回答。

T：Here comes another group. Twenty seconds！

教师指定月份组来完成。

教学指导策略及设计意图：通过快速回答的游戏活动帮助学生复习有关生活中的日期表达的语句。

3. Ask someone's birthday

PPT 显示第三个活动中的最后一个月份日期图片（班里学生的生日）。

T：Boys and girls，do you know this day is a special day？It's someone's birthday.

教师走到学生中间来，找两个学生问生日（两个句型）。

T：When is your birthday?

S1：My birthday is on…

T：Oh, it's not your birthday.

T：When were you born?

S2：I was born on…

T：Oh, it's not your birthday, too.

T：Boys and girls, I can't find it. Can you help me? You can ask others to find whose birthday is it?

学生互问，找到是谁的生日。

PPT呈现另一个日期（学生的生日）。

T：What about this date? Whose birthday is it?

T：This time I need three groups to ask the others.

教师选取三个月份组。

T：Now these three groups stand up and ask the others. Go!

学生互问，找到是谁的生日。

教学指导策略及设计意图：通过询问同学生日的活动帮助学生复习有关生日日期表达的语句。

4. Let's enjoy：festivals

PPT呈现一个日期December 25th。

T：Is this a birthday?

S：No.

T：Maybe. But it's a festival. It's Christmas.

PPT呈现圣诞节的月份场景，师生交流。

T：What festivals do you know?

T：There are many festivals in different months. Now let's enjoy a video.

教学指导策略及设计意图：通过观看节日视频帮助学生激活思维，复习有关节日和相关日期的知识。

5. Let's ask and find

T: Each group has festival cards. So group leaders, please get them from your group and come back quickly.

T: Now give them to your group members. And say "Bingo!"

T: Now everyone has a festival card. Please show it to me.

师生示范，师生互问（找一个月份组示范）。

T: When is National Day?

S1: It's October 1st.

S1: When is Christmas?

T: It's December 25th.

T&S1; S1&S2; S2&S3

T: National Day is in October.

S1: Christmas is in December.

T: Let's put it in October and December.

教师带领学生将节日卡片放到各自的月份组里。

T: Are you clear?

T: Now ask the others in your group and then put your festival card in the right group.

T: Ready? Go!

学生以小组形式互问，问完将手里的节日卡片放到相应的月份组里。

活动反馈（三个月份组）。

T: What festivals are in November? / What festival is in December?

When is…? What do you do on that day?

教学指导策略及设计意图：通过小组互问，寻找所在月份的节日，帮助学生拓展有关节日的知识，为最后的展示做铺垫。

Product:

1. 教师示范如何制作月历

T: Look, everyone! I have a calendar.

T: This is August. It's the eighth month of the year. There are thirty-one days in this month. My birthday is on August 20th. I will have a birthday party. And I will get a lot of gifts. Summer holiday is in August. I can play with my friends. I like August.

T: Look! This is my calendar. You can do it like this. Now it's your turn to make your calendar.

This is __August__. It's the __eighth__ month of the year. There are __31__ days in this month. __My__ birthday is on __August 20th__. __Summer Holiday__ is in __August__. I can __play with my friends__. I like __August__.

图 4　PPT 介绍活动

2. 三人一组制作、谈论月历

T: There are some calendars on the desks. You can use crayons to draw them out.

T: Now I will give you five minutes. Let's make and talk about it in your group.

3. 小组展示

T: OK. Time is up! Have you finished?

T: Which group wants to show your calendar?

教学指导策略及设计意图：学生三人一组制作并且谈论月历，通过动手制作，一方面增加了学习的趣味性，另一方面也培养了学生的小组合作精神。

Ending:

1. Summary

T: You did a good job today! Look, we have more beautiful calendars. And we can make the whole year's calendar.

图5　板书设计

2. Homework

（1） Write the passage on your exercise book.

（2） Find dates in your life.

教学指导策略及设计意图：让英语真正走进学生的生活，鼓励学生在生活中使用英语。

结合以上的活动课例，开展英语综合实践活动不仅对老师是一个挑战，更是对学生的一个挑战。综合实践活动为学生提供了一个较大的实践空间，能更好地发挥学生学习的积极主动性和创造性，让学生在一个轻松愉悦的学习氛围中自然而然地感受语言、学习语言、运用语言。作为英语教师，我们理应在英语实践活动中授之以渔，让学生在活动中自由舒展身心，从而培养学生的创新精神、合作意识与实践能力。

利用多彩的英语活动培养学生创造性思维

李丹鹤

素质教育的宗旨之一就是培养学生的创新能力和创新精神。教师就要对学生进行创新教育。创新是一个民族进步的灵魂，国民素质的提高、民族素质的提高是学校、家庭、社会对青少年一代进行教育、熏陶和施加综合影响的结果。社会在不断发展，只有可持续发展的人才能得以生存和发展。创造性教学关注学生的发展，尤其是个性心理品质和创新能力的发展，为学生的未来发展奠定基础。实施创造性教学是以创造教育理论、现代教育学、心理学理论为指导，引导和帮助学生在接受、理解知识和基础上领悟前人获取知识的方法，经历创造性解决问题的过程，从而培养学生创造性思维，塑造创造性人格，促使学生整体素质得到全面发展的一种教学模式。因此，作为教育工作者，在英语课堂上应注重培养学生的创造性思维。

一、以游戏活动为主要途径的教学

美国心理学家 Skinner 在他的代表作《语言行为》（*Verbal Behavior*）中指出："语言不是一种思维现象，而是一种行为，跟人类的其他行为一样，这种行为是通过习惯的养成而学会的。"那么在中年级的课堂中如何让语言的输出变成一种习惯呢？各种各样的游戏为我们提供了一个平台。以"游戏"为主的学习方式正式学生最感兴趣的学习方式之一。同时我们还可以在游戏中引入竞争与合作，增大游戏的难度和挑战性，吸引学生更多的注意。

1. 通过游戏，提升学习兴趣，树立学生的自信心

儿童的兴趣只有在活动中才能得到发展，在游戏活动中，老师应尽量让学生体验到成功的快乐，使他们增强信心，做好准备迎接更多的挑战，从而产生良性循环。在刚刚学习完新知识后，老师应设计一些比较简单的游戏，让学生尽快巩固知识，又能缓解疲劳的学习状态。例如在学习完一些新单词后，我会立刻带学生做传话游戏（pass word）。老师和学生通过耳语来传递一个单词，看看最后一个学生所听到的和老师所说的是否是同一个单词。这个游戏比较简单，学生只是单纯的模仿，但对知识的巩固和课堂气氛的提升有很好的效果。又如，当学生对知识有一定掌握的时候，我们就要做一些合作、创新的游戏。比如看图猜词组：学生会分成若干小组，每组派一个代表，分别对图片进行动作表演，其他组同学进行猜词，猜对了就会加分，同时表演的组也会得到响应的鼓励分，这样小组间成员既进行了合作，小组与小组之间又展开了竞争，学生在不断地合作与竞争中体验成功。

2. 通过游戏培养学生敢于张口说英语、敢于表现自己的习惯

小学中年级学生具有好奇、爱表现、善模仿等特点。他们喜欢新鲜事物，求新求异的愿望强烈，这正是培养他们大胆开口说英语的有利条件之一。在课堂上，通过老师的精心设计，创设游戏情景，寓教于乐，让学生身置语境，有意识或无意识的开口练说，最大限度地发挥学生说英语的主动性和积极性。比如，在讲"点餐"这个主题时，我会给学生准备很多的食物道具、菜单、服装等，让孩子们身临其境，仿佛身处餐厅，能把语言更真实的进行实践。同时，教师在课堂教学中努力培养学生积极发言的习惯，对学生在语言学习中提高听说技能，及时反馈学习和掌握语言点的情况有很大帮助；多锻炼学生在众人面前说话，培养他们使用英语的胆量和能力。

3. 丰富的课堂游戏，提高学生思维的创造性

对学生来说，创造性思维能力就是利用已学过的知识和经验创造性的深思和解决问题的能力。我们应该抓住小学生的好奇心理，活化我们的英语教材，通过扩展教材内容或活动步骤，充分激发他们勤于深思，敢于创新的兴趣，鼓励他们多角度、多方向、新颖独特的提出理由、解决理由，提倡一题多议，敢破常规，使教学向纵深发展。如：我在讲"Is this your …?"这个主题时，主要功能句是"Is this your…? Yes/No."我拿出事先准备好的包，然后从包里拿出一个玩具，问学生"Is this your toy?"学生看到玩具，兴奋地回答出"No"。有时，教材的扩展会超出学生解决理由的能力范围，却因此激起了他们的疑问，引发他们在课外学习，在今后的学习中努力寻求解决的办法。

总之，在教学中，我们应充分挖掘教材的智力因素，活化教材，多启发、多引导，训练学生的创新思维，给予学生机会，从而培养他们思维的流畅性和独创性。游戏给学生创设出许多性质不同的情景，使学生的眼、耳、口、手、脑等各种感官都"参与"到求知活动中去。这就需要教师能够熟练地把握教材，掌握各种游戏规律，恰当地选择游戏类别，在不同游戏情景中产生出不同的理由，这些理由都与教学需要有关。击鼓传花和心有灵犀是教学中普遍应用的游戏。我还鼓励学生自创游戏,教学生学会部分词汇之后让即做"Magic fingers"的游戏,学生们根据变化的手指,说出手指所代表的词汇。

二、以多媒体、动画为补充的课程教学资源

英语教学的特点之一是要使学生尽可能地从不同渠道,以不同的形式接触和学习语言,亲身感受和直接体验语言及语言的运用。对于中年级学生来讲,多媒体、动画片无疑是学习外语的最佳途径。课本中有些课的主题和迪士尼动画主题接近,热身环节就可以用这些经典的视频来激发学生的学习兴趣,利用这些学生耳熟能详的英语卡通形象来陪伴他们学习英语,会收到意想不到的效果。

英语课标中指出:"英语课程改革的重点是改变英语课程过分重视语法和词汇知识的讲解与传授,忽视对学生实际语言运用能力的培养的倾向,强调课程从学生的学习兴趣、生活经验和认知水平出发,倡导体验、实践、参与、合作与交流的学习方式……"。依据课标所说,学生学习英语的目的就在于能在生活中使用英语描述日常事物或生活情景、表达自己的喜怒哀乐,故英语学习应该从日常交际入手,这样才能使学生乐于亲近又感到新奇有趣。

三、在日常生活中营造英语语言氛围

众所周知,语言的习得重要的是语言环境,但我们国家的母语是汉语,因此,只有人为地创造语言环境,强化训练,增加学生接触英语的时间,借以扩大语言的输入量,从而提升学生学习英语的质量和效果。

1. 营造氛围

(1)英文名字的使用。班里每一名同学都有一个英文名字。每一节课我们不断强化这些名字,让孩子体会自己像个外国人,让他们觉得自己像学中文一样学习英文。同时鼓励学生一看到所学过的物品、人物,就用英语来表达,回到家里也可以和父母说英语,同学之间更可以使用英语来交流;也可以把自己学到的新奇、有趣的英语说给大家听。学生在学校张口

的机会很多,具备了一定的语音、语感,形成了良好的学习氛围。

(2)保证学生每天有听说英语的时间。及时有效的与家长取得联系和沟通,向他们简单的介绍孩子的学习状况,保证孩子每天在家有固定的听说英语的时间,并及时得到家长的建议与回复。

2. 运用语言

(1)日常交际。我每当见到学生总会用英语跟他们打招呼:"Good morning/hello""Thank you very much""You are welcome""Goodbye boys and girl""See you tomorrow/next week"。这些简单的表达用语复现频率很高,学生很多都是脱口而出回复我。

(2)课间活动时间,教师给学生提供多种英语游戏,如:bingo,shark 猜词等,既适合2~3人玩,也适合多人同时玩,提高学生使用英语的几率和兴趣,还能巩固所学单词。

经过实践与探索,学生在课堂上思路开阔,思维活跃。丰富的课堂活动能活跃课堂气氛,深受同学的欢迎。轻松、自由的气氛使学生消除了紧张,让学生在玩中学到的知识由被动接受知识转化为开动脑筋主动探索知识,发展创造性思维。通过竞赛,训练学生快速的发散思维和求同思维,同时激发学生学习英语的兴趣。

参考文献

[1] 教育部. 英语课程标准. 北京:北京师范大学出版社,2003
[2] 王松美,张金秀:新课程小学英语教学实践. 成都:四川大学出版社,2004

让每一个学生在游戏中体验英语学习的乐趣

芮雅岚

教育心理学告诉我们,小学生的年龄特点是好奇心强,模仿性强,生性好动,有意注意持续时间相对短。语言学习本身是较为单调枯燥的,而一味用传统的教学方法,势必使学生学习兴趣荡然无存。因此,可以让学生在形式多样的教学过程中,将英语知识寓于趣味游戏或交际活动,始终处于兴奋、活跃的状态，让英语学习从玩开始，玩出趣味，玩中获取知识，锻炼能力，实现有效教学。

在一些课堂中，我们也经常会被设计的丰富有趣的游戏所吸引，也会不自觉地参与其中，跟着学生们在玩中乐，乐中学。我想身为成年人的老师们都这么容易被游戏活动吸引，更何况天性爱玩的孩子们呢？中国近代教育家陈鹤琴先生曾指出："小孩生来好动，是以游戏为生命的。对孩子来说，游戏就是工作，工作就是游戏。"我认为如果能够满足他们爱玩爱动的特点，借助形式多样的游戏活动来开展教学活动，让每一个学生在游戏中体验英语学习的乐趣，那么一定会让英语课堂充满活力，让学生的英语学习热情高涨。

带着这些思考，我总结了一些课堂游戏，经过改进，运用到自己的课堂中去。这些活动操作性强、适用面广，并且根据不同主题内容来设计的游戏，适用于日常的英语课堂。下面我就选择几个和大家分享。

That'me，是一个涉及口语、阅读和书写的小游戏。游戏要求先把全班分组，给每组学生们一个话题，话题可以相同，也可以根据学生情况，进行分层活动，给出不同的话题，然后让他们在自己的本上写出答案。最后要求学生把自己的答案在组内逐一念出，当其他人也做了同样事，就需要迅速起来说："That'me"并标注。最后全组读完，那个同学标注的最多就是赢家。

例如，谈论他们上周末做了什么。（注意：你可以根据需要变换话题，如爱好、未来计划等等）让他们写下他们上周末做的3件事，然后写在黑板上，例如，1. 我看了电视。2. 帮忙做饭。3. 我去购物了。把你的句子读出来，并向学生解释，如果他们也和你一样做了这件事，他们需要迅速站起来说：That'me，并进行标注。最后全组读完，哪位同学标注的最多就是赢家。另一个游戏叫：Board Race。先把学生分成小组或团队，把话题写在黑板上。以表1为例，以动物为主题，向学生解释，必须使用每一个垂直字母为主题创建新单词，要参加比赛，最快完成的队伍是胜利者。同时，为了增加难度，有一个"不重复策略"。也就是说，如果两个队有相同的单词（例如兔子或狮子），那么两队都不会得到得分，这样可以鼓励他们思考更多更复杂的词。

表1　　　　　　　　　　以动物为主体的游戏

	A	nt
lio	N	
rabb	I	t
	M	
	A	
	L	
	S	

　　我想通过游戏的方式，不仅帮助了孩子们学习语言，巩固知识，而且在玩游戏的同时，还锻炼了孩子们合作交流的能力。比如在That'me游戏中，每个同学在玩之前都要独立思考，完成自己的答案后，认真去倾听别人的答案；而在 Board Race 活动中，教师又根据儿童有较强的好胜心，设计了竞赛类游戏，让学生在你追我赶的学习氛围中激发他们更多的学习激情。

　　基于此理念，我也设计了一节游戏贯穿始终的复习课，深受学生喜欢，同时也大大提高了他们的学习兴趣。本节课为北京版小学英语三年级第四单元第二课时。经过前三个单元的学习，重点已不是语句的操练，而是在复习的同时扩充知识，锻炼学习、合作交流能力。根据三年级的学龄特点，本节课以获得优惠券为主线，多种游戏活动贯穿课堂，通过一步步地完成游戏，一步步地完成本课的目标，在玩中学，在玩中使用语言，巩固知识，扩充课外内容，联系生活实际，获得学习成就感。

　　在本节课中，结合教学目标，我设计了头脑风暴、连线、拼单词、棋盘游戏、信息差阅读等教学活动，每个活动的设计都围绕目标设定。在头脑风暴活动（图1），通过实地去超市拍的小短片将食品鲜活地呈现在学生面前，调动起学生的学习兴趣，学生复习了旧知（食物的单词）并补充了一些食物词汇。

　　Board game 桌游（图2），是一种灵活性强、适用性广泛、趣味性强的游戏，可以用在各种类型的学习中。教师根据需求设计出各式各样的"桌

图1　　　　　　　　　　　　　　图2

游"。本课的桌游是关于食品主题的，通过棋盘游戏将询问食品的语句融入其中，引导学生在游戏中真实的运用语言，达到复习句型和词语的目的，充分调动起学生的学习兴趣。

通过信息差阅读材料，使学生了解不同国家的饮食特点，培养学生快速阅读获取关键信息的能力，并通过小组合作提供与伙伴合作交流的机会，使学生更有兴趣，锻炼合作能力。

Country	Breakfast	Lunch	Dinner
Japan			
China			
America			

图3

通过以上几个活动的操练，复习了前几个单元所学，提升了学生综合语言运用的能力及思维品质的提升。学生在真实紧张的游戏活动中接触、体验和理解真实语言，思考问题，为学习生活带来启发。总之，游戏深受小学生的喜爱，从游戏的角度着手打造小学英语教学，不但可以有效激发学生的学习热情和积极性，同时还能让他们从被动学习转变为主动学习，继而让学生真正地成为英语课堂的主角。在小学英语教学中，教师可以根据学生的年龄特点，设计多样趣味的学习活动，让学生在玩中学习英语，玩中运用英语，交际表达，提高能力，同时，教师还需要结合教学实践不断探索，用心创造更多的趣味英语活动，寓教于乐。这样学生兴趣盎然，在玩中学习感受英语的乐趣，英语课堂效率自然会有所提高。

通过游戏与多媒体资源的运用提升学生英语语音学习

齐 瀛

《英语课程标准》中明确指出，义务教育阶段英语课程的总目标是通过英语学习使学生形成初步的综合语言运用能力，促进心智发展，提高综合人文素养。而语言知识是语言运用能力的重要组成部分，是发展语言技能的重要基础。因此，学生应学习和掌握包括语音、词汇、语法、话题和功能这五方面的基础知识。其中，语音教学是语言教学的重要内容之一，它影响着小学生英语字母、词汇及句型、课文的学习，同时也是英语听力能力培养的基础，自然规范的语音、语调更能为有效的口语交际打下良好的基础。

而传统的英语语音课堂教学是以教师讲授为主，学生学习为主，偶尔加入两人活动和小组活动，也不能完全调动学生学习语音的积极性。如何实现语音课堂互动，增强课堂的趣味性，避免单向教学方式带来的弊端，使学生更积极主动地获取和掌握知识，成为英语教师面前的一个难题。因此英语课程教学要从以教师为中心转向以学生为中心。提倡教师结合学生年龄特点和需求，充分利用学生、教师本身和环境中一切可以利用的资源，丰富教学内容，设计生动活泼、互动性较强的活动或游戏，创造运用英语的机会，多渠道开发教学资源。

在本节课，小学英语二年级上册第三单元第12课中，教师采用"混合式学习"的教学模式，把传统的课堂学习和以多媒体信息技术为平台的自主学习有机结合起来（何克抗，1997）。通过iPad的语音视频教学与Kahoot网站的游戏参与，既能让教师掌控学习内容与进度，发挥指导监督功能，又能体现学生的认知主体作用，优化教学环节。

一、教学背景

本节课授课对象为二年级学生。经过一年的英语学习与语音渗透，学生已掌握一些含有｜ai｜发音的单词，如 bike、kite、fly、night 等，并掌握含有｜ai｜发音单词的小韵文，如：I have a bike、I like my bike、I have a kite、I like my kite。这些都是学习本课知识点的有力保障。

二、教学目标

经过本节课学习，学生能够感受字母 i 和字母 y 在单词中发｜ai｜的音，并能认读符合规则的单词 hi、kite、my 等单词。学生还能知道其他单词中含有｜ai｜的读音规则，如 night、light 等，并尝试拼读符合规则的单词。

三、语音学习策略

（一）善用调控策略，帮助学生明确英语学习目标，把握学习内容的重点与难点

1. 学科合作，提升兴趣

在本节课中，语音教学环节的展开是由呈现在每名学生 iPad 上的一道算术题游戏引入的：11 + 5 + 3 = （　　）。学生们需要用本单元所学知识 "five plus five is ten" 进行知识迁移，将句式运用到新的算术题上。这道数学题的出现一下子激发了学生的兴趣，使学生意识到英语学习并不枯燥，其实生活中处处有英语，处处可以用英语。在学生们回答出"19"为这道题目的正确答案后，学生遵循教师指令，点击下一步，屏幕上会突出单词 nineteen，并通过动画变形方式，将 nineteen 变为 nine，强调 i 在单词中的发音，使学生初步意识到本节课语音教学重点为｜ai｜。

2. 旧知先导，夯实基础

接下来，学生通过教师在 iPad 上已提前录制好的教学动画，按照动画步骤通过分解单词、跟读模仿，以及自行拼读这三步提升学生自主学习能力与拼读技能。具体内容如下：视频通过 i→ine→nine 这种分解示范发音方

法，让学生进行跟读模仿，为后面进行自主自然拼读打下基础。随后给出单词 bike，通过分解 bike 为 i→ike→bike，给学生留出思考时间，鼓励学生自行进行拼读。接下来出现单词 my，通过 y→my，使学生们意识到拼词不是靠"字母"，而是靠"字母的音素"。此时，视频中继续给出所学单词 ride 让学生进行自主拼读，并以新词 try 作为检测学生是否感知到了字母 i、y 在某些单词中的发音为｜ai｜。通过 bike、my、ride、try 这四个单词，学生通过 iPad 观看语音视频，自主地初步感知、体验，并使用拼读技能来识读单词。

（二）善用资源策略，丰富课堂，帮助学生寻求掌握单词读音的技巧和方法

通过视频学习，学生们已梳理了字母 i、y 在单词中的发音｜ai｜。除此之外，教师还依据这四个词，采用灵活的教学手段进行了小韵文创编："bike，my bike. I ride my bike. I try to ride my bike."并将其通过 flash 的形式在 iPad 上呈现出来。学生通过大声朗读有趣的小韵文，复习了单词中｜ai｜的发音，体会了音节的轻重，并在有节奏地大声朗读中进行了自我的鼓励与肯定，也为课堂教学增添了趣味性。此外，在学生进行语音学习和韵文朗读过程中，flash 的播放给予其视觉刺激，有助于学生进行理解与记忆。

（三）善用交际策略，借助手势、口型、表情等体态帮助学生牢记语音

在朗读自编小韵文的过程当中，教师会引领学生根据韵文内容做相应的肢体语言，帮助理解记忆。比如 I ride my bike 与 I try to ride my bike 这两句，通过身体语言幅度的不同，进行区分。除此之外，在教授｜ai｜发音的时候，教师将手放置嘴边，随着口腔的张闭，手也进行张合，力图用形象的手语突出｜ai｜双元音的发音特点。在小学阶段，学生的发音器官很灵敏，耳朵能辨别语音、语调上的细微差别，口舌能模仿各种声音。因此，面对善于模仿的学生，教师一定要示范正确的口型和舌位，以便学生进行模仿和操练，也为了解单词的基本发音规律以及进行自主独立拼读做

准备。

（四）善用认知策略，通过在线游戏平台 Kahoot 帮助学生对所学内容进行主动复习与归纳

1. 主动思考，玩中自拼

在朗读自编小韵文后，教师通过 20 秒倒计时拼读单词游戏，将一、二年级所学过含有 | ai | 发音的单词进行复现，在帮助学生进行复习的同时，也对学生是否掌握字母 i, y 在单词中的发音规律进行了检测。在游戏过程中，教师潜移默化地引导学生充分感知常见字母或字母组合的发音，以及同一字母或字母组合的不同发音以及不同字母及字母组合的相同发音。帮助学生在学习中积极思考，主动探究，善于发现语音的规律并运用规律举一反三。倒计时游戏所包含词汇如下：hi，kite，like，eyes，night，nice，fly，ice，lion，white，nine，tiger，tire，light。

2. Kahoot 游戏，检验所学

Kahoot 提供了三种形式的互动方式，分别是测试、讨论和调查，能够为课堂教学中的不同活动提供相应的支持。本节课教师将"测试"模式作为 Kahoot 应用于本课堂教学中的基本形式，对学生在本节课对语音 | ai | 的学习成果进行了直观的评估与反馈。

教师将本节课所涉及的所有含有 | ai | 发音的单词与画线部分发音或相同或不同的单词每四个组成一题，共 10 题录入到 Kahoot。上课时学生通过密码登录到老师提前设计好的 kahoot 页面，根据听教师指令答题，选出其中一个画线部分读音与其他读音不同的单词。教师在此环节鼓励学生参与 Kahoot 游戏中，不仅让知识点得到复习或者巩固，更重要的是活跃了课堂气氛，让学生之间有了更多的互动。这样的游戏环节刺激学生的参与，促进他们的互动交流，同时让课堂充满竞争性，丰富了学生的学习方式。答案出来后，Kahoot 会根据学生回答的速度和准确性给出排名，每道题后排名都会出现一次，会激励学生更努力地完成测试。老师也可以实时地看到正确率、易错题、排名等信息。通过 Kahoot 游戏，师生共同总结 | ai | 音单词的规律。本环节中，如学生归纳拼读规则出现错误时，教师及时进行适当的

纠正并予以提示

3. 韵文朗读，感知巩固

在本节课最后，教师将教材上的小韵文：ice cream, white ice cream, my white ice cream, I like my white ice cream. 呈现给学生，进行全班性朗读练习。

语音是语言的基础，是语言的物质外壳，是口语的基本物质单位。尽管现在小学英语课堂教学中没有专门的语音课，然而英语语音学习无疑是小学英语首要的学习任务之一。语音的学习直接关系到小学英语教学目标的实现，影响着小学生英语字母、词汇及句型、课文的学习；同时也是英语听力能力培养的基础。而行之有效的学习策略是学生成功学习语音的保证。作为教师，如何利用游戏与多媒体资源相结合，完善教学，增强学生间互动，最终提高外语教学质量，这都是教师值得反思的方向。教师应在教学中善于将学习策略运用到语音教学实践中，帮助学生有效地使用学习策略，并协助学生形成自己个性化的学习策略。随着网络技术和手机应用的普及，英语教师仍需做更多的努力和学习，运用游戏和科技辅助英语教学，让其成为教学和激励学生学习英语的手段。

早起的劳动节：兴趣点燃英语的智慧
——以一年级英语教学为例

邹　晨

2018年3月，史家小学一年级教师和学生正式开始A-S-K英语攻关课程的教学。英语攻关课程属于A-S-K课程体系中的学科攻关课程，是核心素养中语言素养的重要方面，是学生态度（Attitude）、技能（Knowledge）和知识（Skill）的综合训练。我以该课程的主题为例，

一、指导思想与理论依据

2011年版《英语课程标准》指出，英语课程具有工具性和人文性的双重性质。小学阶段英语课程以培养学生的综合语言运用能力为目标，具体

包括语言技能、语言知识、情感态度、学习策略和文化意识五个方面。落实到小学低年级，具体目标是让学生对英语有好奇心，喜欢听英语，能够根据教师的简单指令做动作、做游戏，并进行简单的角色扮演，乐于模仿，敢于表达。

结合英语课程标准和学生特点，小学低年级英语学科攻关课程以情感态度、语言技能、文化意识的培养为主要目标，选取英语歌曲及简单的角色表演的教学方式，使英语歌曲融英语知识、技能及文化体验为一体，力求达到愉悦学生身心，提高学生学习英语的兴趣，同时活跃课堂气氛的目的。

二、教学背景分析

一年级的英语学科攻关课程以每月一个主题节日，以及学生学习生活中的关键事件为依据设置活动，以一首英文歌曲作为载体，通过说一说、听一听、唱一唱、演一演的循环模式，让学生在歌曲的学习和表演过程中，体验语言文化，同时训练学生的语言技能。

1. 课程内容分析

分析本月的学习内容，5月的主题节日是劳动节，学习的相关歌曲为"Morning Comes Early"，是关于劳动节的主题。学生需要知道：（1）节日的日期在每年的5月1日，英文表达 International Worker's Day，并能用英语正确表达句子 International Worker's Day is on May 1st.；（2）了解劳动节的相关背景：劳动节是国际节日，世界上80多个国家的全国性节日。在这一天，多数国家包括我国会放假，以此来嘉奖辛勤工作的劳动者；（3）歌曲方面学生要能够演唱并理解歌曲的含义，要准确认读 get up early, open the window, my comrade, greeting, linger, show your head, over the meadows 等词汇和短语，并借助动作表演，创编简单的小对话。一年级的学生喜欢唱歌和表演，"五一"劳动节学生们比较熟悉，在课堂中向学生介绍大背景，并以俄罗斯为例，介绍他们的节日习惯。通过 TPR 的方式，配合动作演唱歌曲，学生容易接受并辅助理解歌曲含义。学生在他们熟悉的学习方式，即说、唱、做、表演中进行学习。

2. 学生分析

一年级的学生，普遍学习兴趣浓厚，喜欢模仿，乐于参与课堂活动。同时他们有着强烈的好奇心和求知欲，非常喜欢唱歌和表演。从他们刚升入一年级开始，他们每周都会学唱一首英文歌曲、认读一本英文绘本，大部分同学能够进行表演。这和 A-S-K 英语攻关课程的学习内容和方式都很贴合。一年级的学生已经养成配合动作表达词汇和语言，所以为了帮助他们理解，大部分词汇和短语都有一个对应的动作，使学生看见动作就能反映出对应的短语，学生易于并乐于接受。

基于上述的分析，我制定了以下的教学流程。

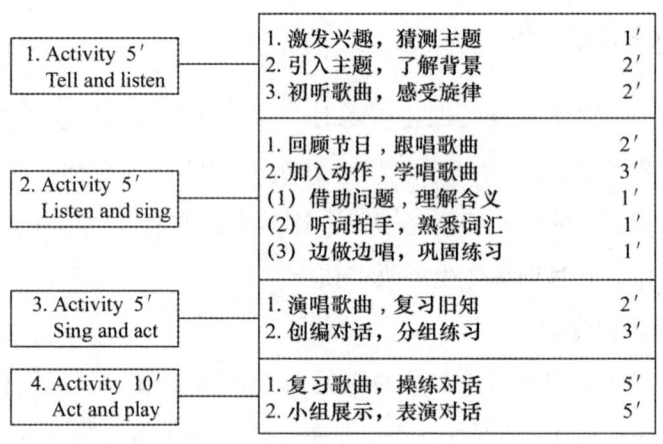

表 1

本节课的设计，以歌曲 Morning Comes Early 为主线，贯穿于四个活动之中。活动 1，在课程开始之前，老师已经做了歌曲的推送，孩子每天都有 3~5 分钟听歌、学唱的时间，所以在活动 1 实施的过程中，学生已经比较熟悉歌曲的旋律。在活动 2 中，为了学习歌曲中的词汇，老师设计了不同的方式，如听词拍手、说短语做动作、你来比划我来猜等方法，让学生在游戏中学习。在活动 3 和 4 中，学生使用歌曲中的关键词汇进行对话的创编。这个过程，就是学生学习语言、体验语言、运用语言的过程。

三、教学反思

我在一个月的时间内对六个班级同时进行 A-S-K 课程劳动节主题的学

习。大部分学生学习兴趣浓厚，对所学的节日的名称和关键短语能够用英文表达；能够了解相关的背景知识；能够熟练演唱歌曲 Morning Comes Early；并能在小组中创编并表演对话。同时，在以下三方面，我进行了更加深入的思考。

1. 背景知识的学习

劳动节的背景知识包括节日的名称和日期。节日的名称 International Worker's Day 对于一年级学生来讲有点拗口，所以在教授的时候我选择了使用拍手读词的方式，如：inter 伸出右手，national 伸出左手，international 双手对拍；worker's 伸出右手，day 伸出左手，worker's day 双手对拍。最后长名称一起练习 international 伸出右手，worker's day 伸出左手，International Worker's Day 双手对拍。背景知识中提及俄罗斯政府在节日当天会举行游行 hold a parade，各种俱乐部也会举行内容丰富的娱乐活动，在教授过程中让学生做简单理解，增加他们对背景知识的了解。

2. 词汇教学

本月的歌曲是 Morning Comes Early，歌曲重复两遍，但音调颇高，里面的关键词已变成短语，例如：get up early，open the window，my comrade 等。在教授词汇的过程中，以带读——学生 one by one 的认读——加上动作认读的三步法来解释歌曲内容，让学生更加理解歌曲唱的内容，很符合一年级学生活泼好动的特点，增强了演唱的趣味性。

3. 对话创编与展示

为了让学生在创编和展示对话的时候有更加丰富的语言，我结合了我们的教材北京版英语课本中谈论上午、下午、晚上能做的事情，通过常态英语课上动词短语的积累，活学活用到 A-S-K 课程中，在复习旧知的基础上学习新知，达到熟能生巧，学以致用的目的。由于一年级的学生合作的意识和能力还不够强，英语表达也处于基础阶段，所以在创编对话的时候尽量使语言变得简单。原先的设计是四人一组，每人说两句话；而经过反复推敲之后还是觉得有难度，修改后变为四人一组，每人说一句话，最后小组齐唱主题歌曲。这样使学生在练习和展示的时候从理解到运用都更加顺利。

表 2

课前设计	反思调整
A：Get up! Get up! What a beautiful morning! B：What do you do on May Day? C：I get up early to go to the park. D：I get up early to do some housework. A：I get up early to read books. B：I get up early to play football. C：I get up early to sing a song. D：Let's sing a song together!	A：Get up! Get up! What a beautiful morning! B：What do you do on May Day? C：I get up early to … D：I get up early to … ABCD sing a song *Morning Comes Early* together

四、改进措施

本学期 A-S-K 英语学科攻关课程刚刚开始实施，从对课程整体的理解，再到每一个教学环节的设计，都需要不断地思考和调整。通过一个月的教学，我认识到在以下几个方面要有所改善，从而使教学效果不断提升，让学生们在这有限的时间里得到尽可能多的收获。

1. 结合教学时间调整教学内容

由于 A-S-K 的课程计划中每个教学环节的时间只有 5~10 分钟，所以我要根据学生的需求和能力准确把握教学的内容。例如，在 5 月背景知识的选择上，在教授学生会说劳动节的名称 International Worker's Day 的同时又向他们补充了更简单的一个说法 May Day。在第一次试讲时，最后创编对话的时候想让每个同学都能说出两句话，后来发现难度较大。随后就把对话的内容精简，每人说一句话，结尾合唱一首本月主题曲。这样对话内容简单了，学生们自然就有自信敢张口说话了，根据学情简单修改教学内容既符合了时间的要求，又能使学生真正达到了解主题、学习知识的目的。

2. 有效整合 A-S-K 与英语教材内容

A-S-K 课程每个月都有一个相对独立的主题，但也是在英语教学环境下完成的。如果能够将它与英语教材内容有效的整合，将起到事半功倍的作用。在 5 月的尝试中，我将教材中的功能句型：What do you do in the morning / afternoon / evening? I go to the park / do some housework / read books / sing a song. 与创编对话整合，用到的都是学生已学会的动词短语，取得了不错的效果。在后面的教学中，我将继续结合英语课本的学习内容，力争把 A-S-K 的课程与英语课程整合得更有逻辑性，让学生们继续带着浓厚的兴趣学习语言。

第 7 章

英语万花筒

对于丰富的英语课堂，是对学生的英语学习以及生活的有益提升和补充，能够促进学生全面发展。集团英语部的课程设计是基于强调学生自主参与、自愿组合，充分发挥学生的个性。在活动过程中，学生的主体作用得到了充分发挥、施展，学生的独立性、责任心、参与意识也进一步发展。同时，丰富和有意义的活动给学习的英语学习增添了乐趣。相对于枯燥的课内学习，多样的课外活动和内容既新颖又可以给学生带来思维的碰撞，身心都能得到享受。因此英语课程需要精心设计和实施，能够帮助学生学会利用闲暇，培养健康的兴趣爱好，丰富孩子们的精神生活。

Science Experiments For Young Learners

王 映

史家集团在330课程理念的设置搭建中，重视英语学科核心素养的培养，选择开设课后330英语实验课。该课程开设的目标是为了倡导STEAM教育理念，建造多元化课堂，鼓励动手、想象、跨越、融合，在启发学生英语学习兴趣、锻炼实际运用能力的同时，形成跨学科能力，学生能解决生活中的实际问题。课堂中以问题解决为导向的课程组织方式，将科学与英语有机融为一体，有利于学生创新能力的培养，激发孩子无限的潜能。

STEAM代表科学（Science）、技术（Technology）、工程（Engineering）、艺术（Art）、数学（Mathematics）。STEAM教育就是集科学、技术、工程、艺术、数学多学科融合的综合教育。STEAM是一种教育理念，有别于传统的单学科、重书本知识的教育方式。STEAM是一种重实践的超学科教育概念。任何事情的成功都不仅仅依靠某一种能力的实现，而是需要借于多种能力，比如高科技电子产品的建造过程中，不但需要科学技术，运用高科技手段创新产品功能，还需要好看的外观，也就是艺术等方面的综合才能，所以单一技能的运用已经无法支撑未来人才的发展，未来，我们需要的是多方面的综合型人才。学校选择开设课后330英语实验课，在课堂上教授书本上的内容之余，补充真实的、更丰富的内容，来帮助学生获得更好的教育，更适应未来的发展。反过来说，经过这样的补充与拓展，学生在学习课内知识时更加游刃有余。

英语实验课主要培养学生7大方面的能力。

1. 思辨式思维与问题解决的能力

当今社会面临的问题比起过往更加纷繁复杂，这些纷繁复杂是关于跨国与跨国文化的。学生们在学习中不断地被要求跨领域，这与几年前被鼓励成为专才的教育方式大相径庭。学生们现在被设定为问题制造者而不是做事实的记录者。

2. 协作能力

我们身处的时代，teamwork 小组协作法则和独立个体成就确实能提升在工作地对动态问题的缜密审查和深入研究。现在对于领导者们的判断不再是们能做什么，而是他们是如何将变化多样的兴趣点汇集在一起去达成超越这些兴趣的事情。

3. 敏捷灵活与适应力

这个能力是通过一个小的提示，在需要的时候，就可以拆毁整个项目的能力（破的能力）。

4. 首创与企业家精神

那些独立个体洞察一个问题而后去做些什么事情。他们从失败中走出，依照失败点进行调整。

5. 卓有成效的口头及写作沟通力

学生们现在必须要像销售有形资产那样去销售自己的想法。因此，不只是创新这一个重要的指标，还必须能够有重新集结的能力，以传达自己的理念。

6. 及时存取和分析信息的能力

当今，我们比过往更加的"连线"。学生们必须了解如何质疑信息来源以及不把任何事情当作事实。另外，学生们必须能够从各种资源及学说中有"接点串联"的能力。

7. 好奇与想象力

最后这点是所有老师们希望去激发学生的，这就是 STEAM 教育理念使很多教育工作者着迷的地方：用激发新一代的富有创造力的学生的方式，收复很多大人们过往时代所缺失的部分。

我们的课程包括 Earth science（地球科学）、Space science（太空科学）、Life science（生命科学）、Physical science（物理科学）。这四个系列互相关联，难易程度循序渐进，分为六个级别，可供小学 1~6 年级学生使用。每一次课讲述一个相对独立的科学知识，配合有趣的实验、专业的报告、精美的 PPT 和有意思的讲解，让孩子爱上英语，学会运用英语解决生活中的实际问题。

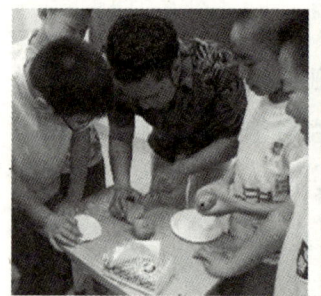
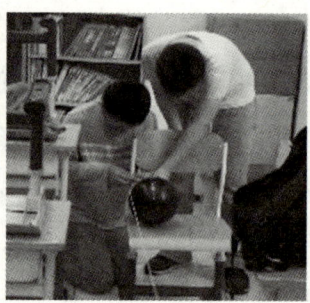

图1　外指导学生做实验　　图2　学生合作做实验　　图3　学生作品

在为期一年的课后 330 英语实验课上，学生们学到了很多科学知识并进行了展演。我们涉及的科学实验如表 1 所示。

表1　　　　　　课程内容名称

	Earth science	Space science	Life science	Physical science
1	Land and water	Night sky	Let's explore	Sizes and shapes
2	Earth and rocks	A sky alphabet	This old tree	Where is it?
3	Day and night	Sun pictures	If it's living	Water and ice
4	Trees and seasons	Where is light	Parts of plant	Liquid and ice

续表

	Earth science	Space science	Life science	Physical science
5	Weather	Our sun	Leaves help trees	Solid, liquid, gas
6	Air	A cloud log	From chick to hen	Little magnet
7	Water	Different cloud types	Babies and mamas	Wheels
8	Rocks and soils	Solar cooking	Sweet home	We move
9	Earth has rocks	Moon observation	Animal protection	Vibrations
10	Hurricanes	Weather changes	Animals lay eggs	Light
11	Tornadoes	A sundial	Insects	Shadows
12	Flood	An air rocket	Animal life cycle	We use technology
13	A wind wheel	We see the objects	Move your body	Changes in matter
14	Sun and shadows	The north star	People grow	Pushing and pulling
15	Climate	The moon and stars	My five senses	Forces at play
16	Earth has l resources	A rock collection	Aquarium	Cold and heat
17	Recycling	Air is everywhere	Nutrition	Sink and float
18	Use of wood	Air protects	Microorganisms	Color
19	Earth's systems	Air holds things up	A worm farm	Chemistry
20	Water on earth	Space	Habitats	Plates, plates

这些实验内容以基础科学知识为背景，为学生创造真实语言环境和实验环境，由英语为母语的外籍教师带领学生，自己动手完成他们感兴趣的、与生活息息相关的项目，在过程中学习科学学科及跨学科的英语知识。建造多元化课堂，鼓励动手、想象、跨越、融合，在启发学生英语学习兴趣、锻炼实际运用能力的同时，将各个领域的知识通过综合的课程结合起来，加强学科间的相互配合，发挥综合育人功能，让学生在综合的环境中学习，在项目活动中应用多个学科的知识解决生活中的实际问题。

330 尤克里里英语弹唱

荣 岩

史家集团在 330 课程理念的设置搭建中，为了激发学生的个性发展、情感态度和教学中学生的参与、体验，选择开设课后 330 尤克里里英语弹唱班。传统的英语教学只注重知识的讲解和传授,这使得本应该充满思想、充满人文精神的英语学习过程变得枯燥乏味。尤克里里(Ukulele)是一种四弦夏威夷的拨弦乐器,发明于葡萄牙,盛行于夏威夷,归属在吉他乐器一族。课堂中我们将英语歌曲与英语学习有机地融为一体,激发孩子无限的潜能。

小学生一般都活泼好动、自制能力不强,学得快也忘得快,容易激发兴趣但兴趣难以持久,依赖性强。但他们同时又具有善于模仿、态度自然、乐于参与活动的特点。因此,小学英语课堂教学要根据小学生的生理和心理特点,设计出丰富多彩的、充满活力的课堂,让他们在动中学、乐中学,感受学习的乐趣,感受多彩的生活,促进各方面的和谐发展,最终使他们不但培养了英语语言能力,而且形成了正确的价值观与人生观。如何做到这一点呢?我们想到了将音乐和歌曲融入平时的教学中。歌曲不但是一种音乐形式,而且是一种很重要的教育方式,尤克里里弹唱激发了学生们学习英语的热情,真正落实了"情·知教学"中的"情"字。

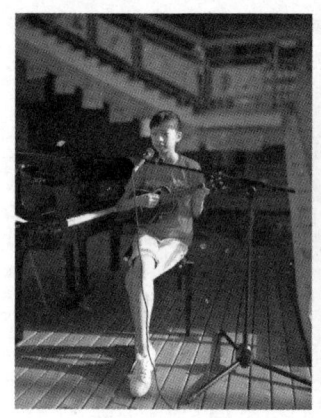

学习尤克里里的孩子们自信满满

苏霍姆林斯基说过:"学校的学习不是毫无热情地把知识从一个头脑装到另一个头脑里去,而是师生之间每时每刻都在进行着心灵的接触。"教师必须从神圣的讲台上走下来,走进学生丰富多彩、曼妙无比的生活和情感世界,与学生多切磋,变讲台为生活和表演的舞台。而尤克里里这种小乐器能够很好地做到这一点。教师可以是一个充满情感的演员,我们可以通过尤克里里在属于自己的舞台上用音乐感染学生,这样可以关注学生的情感,从而形成某种特定的课堂心理气氛。小学生是活泼好动的,他们爱说、爱笑、爱跳,我们应该顺应学生的这种特点,课堂上借助音乐这种艺术课程的独特之处来组织英语教学,定会取得事半功倍的效果。

孩子们热情洋溢地参加尤克里里的学习

学生不只是观众,他们也可以走上这个表演舞台,将自己的感受说出来,将自己的情感表达出来,将自己的理解演出来。比如,我们可以把学过的单词或句型编到他们熟悉而又喜欢的歌曲里,让他们跟着轻松愉快的旋律把所学的英语也轻易地记到了脑海里,同时自己或者同学能够用小巧的乐器给大家伴奏是多么的美好。所以我们的尤克里里英语弹唱班受到广大学生们的关注和喜爱。参加尤克里里学习的孩子们在各种活动和不同的课堂上都表现出自己独特的魅力。英语课上孩子们可以进行配乐的英语演唱,可以用尤克里里弹出带有韵律的 chant,极大地激发了学生学习的兴趣和效果。同时,学习尤克里里的孩子们也成为班级里的文艺骨干,活跃在节日的舞台上,在班级的活动中也都能积极参与。

附 录

史家小学课程设计和实施情况记录

【课程名称】尤克里里 330 课程（初级）

【课程目标】让学员从零起步学会演奏尤克里里基本技术，从而演奏并弹唱经典英文名曲。

【课程框架及内容】

1. 尤克里里上音的位置，空弦音的单指训练。

2. 尤克里里音阶训练。

3. 单音练习曲 1 首：《噢，苏珊娜》。

4. 右手分解和弦指法训练，右手扫弦基本训练。

5. 和弦指法以及和弦转换要领。

6. 尤克里里弹唱基本节奏训练。

7. 吉他弹唱的基本原理及基本乐理。

8. 中文基本技术训练弹唱乐曲：《时光》《童年》《隐形的翅膀》。

9. 英文经典弹唱曲：You are my sunshine, hey jude。

课程实施方法：

1. 课时安排：每周三下午 3：30～5：00。

2. 适用年级：在校二～六年级学生有无基础均可参加。

3. 授课组织形式：大班教学。

学生耗材及教具、学具：

1. 乐器：教师乐器自带，学生乐器自带。

2. 乐谱：任课教师免费发放学生。

3. 记录本：任课教师免费发放学生。

【课程实施情况】

课程目标：为完成教学计划，每个学生个体、小组、整体可以演奏经典英文曲目。

课程内容：尤克里里基本姿势，手型坐姿，站立姿势，中文演唱基本功训练，基本乐理，节奏训练，乐曲试奏，读谱，四线谱识谱，英文经典弹唱演奏。

实施方法：主教老师把控整体进度，助教老师对于个体学习进度的跟进，结合微信新媒体工具，做到课上课下立体化、多元化、个性化的课程体系，保证每个学生知识点掌握。

【教学内容】

史家小学尤克里里课程 12 节课概述

第一次课	尤克里里的演奏姿势和手形基本动作要领，空弦音的唱名及弹奏方法
第二次课	左手及右手指法练习，C 大调基本和弦 C, F, G7 左手和弦基本转换练习，英文歌曲 *You are my sunshine* 两句
第三次课	*You are my sunshine* 全曲左右手交替练习，整曲慢速进行 节奏的基本训练及指法熟练度练习
第四次课	单指弹奏训练 乐曲《苏珊娜》的单指训练及和弦部分教学 学生弹唱进阶训练，音准的把控及节奏的衔接 *You are my sunshine* 全曲个体、分组、整体弹唱训练熟练度 新增和弦 Am, Dm, G 和弦的指法图讲解及和弦转换技巧进阶训练
第五次课	《童年》基本乐句演奏并在 G, Em7, C, D 和弦转换练习 弹唱训练，学生个体演奏并复习前面两首乐曲的基本内容 分组练习，加固左右手的指法及和弦转换练习
第六次课	经典英文歌曲 *Hey jude* 弹唱演奏讲解并实际训练 右手节奏训练，歌词及简谱的视唱演奏能力训练
第七次课	*Hey jude* A 段弹唱进阶练习及 B 段试奏 和弦转换及简谱的视唱训练 学生个体上台演奏并分小组弹唱训练
第八次课	复习前面课程的歌曲演奏 鼓励学生上台演奏，分小组演奏弹唱表演，赠送礼物，提高学生们的积极性
第九次课	针对两首英文经典歌曲的演奏情况针对性训练，鼓励学生背奏弹唱 在前面半小时巩固加深尤克里里基本功技巧，中文歌曲的演奏巩固 后面时间，集中解决个体学生在弹奏及演唱上的困难，逐一分析问题并辅导 集体合奏训练
第十次课	复习和考核：每名学员在台上面对其他全体学员演奏，并且录像
第十一次课	复习和考核：每名学员在台上面对其他全体学员演奏，针对每位学生个体的弹奏及演唱上的问题做出语评，并且给出平时训练时的练习方案，合奏演唱训练
第十二次课	尤克里里课程展示，集体项目演唱示范，并且鼓励学生个体上台弹唱，小组演唱弹唱

电波架起沟通的桥梁

武 伟

　　无线电通信是将需要传送的声音、文字、数据、图像等电信号调制在无线电波上经空间和地面传至对方的通信方式,利用无线电磁波在空间传输信息的通信方式。

　　无线电通信的最大魅力在于,借助无线电波具有的波动传递信息的功能,人们可以省去敷设导线的麻烦,实现更加自由、更加快捷、无障碍的信息交流和沟通。从无线电波的特性来看,如同光波一样,无线电波可以反射、折射、绕射和散射传播。由于电波特性不同,有些电波能够在地球表面传播,有些能够在空间直线传播,有些能够从大气层上空反射传播,有些电波甚至能穿透大气层,飞向遥远的宇宙空间。

　　所谓"业余无线电运动",就是指业余无线电爱好者(俗称 ham,火腿),为学习、研究无线电技术,经有关部门批准,架设业余无线电台(amateur radio),与世界各地的火腿通联。我下面重点说说开展业余无线电运动对英语学习的三大好处。

　　第一个好处是:无线电通信的质量通常都很差,喇叭里充满了各种各样的干扰与噪音,为了能听懂外国火腿的一句话,你必须像兔子那样,竖直耳朵,全神贯注,仔细聆听,才有可能听懂。一旦你习惯了在这种"恶劣环境"下听英语,今后你再听正常的英语时,就会觉得非常容易,这就好像有一个搬运工,长期扛 50 公斤麻袋,突然有一天让他扛 20 公斤麻袋的那种感觉。

　　第二个好处是:与您通联的火腿,来自世界的不同地方,其中许多地方,是我们在地理课上从未听说过、在地图上无法找到的,比如 Mayotte 这个地方,我就一直不知道在哪里。这些外国火腿的英语发音,真是五花八门,千差万别,习惯了美音、英音的人,刚开始阶段很可能听不懂,需要慢慢适应。一旦您习惯了听这些非标准发音的英语,以后再听什么印度音、埃及音、南非音,等等,统统都不在话下了。

第三个好处是：按照惯例，您和某个地方的某个火腿通联之后，双方互相邮寄一张类似明信片的通联卡片，用来证明双方通联成功。在这些卡片上，除了有一些技术数据之外，还有火腿所在地的风景、建筑、人物、动物、植物等的照片，这对于您了解世界各地的风土人情，增加英语学习的背景知识，非常有好处。上海有一位著名火腿 BA4DW，收集了世界上几乎所有地方的通联卡片，我没事的时候，经常去参观他在网上的卡片陈列室。

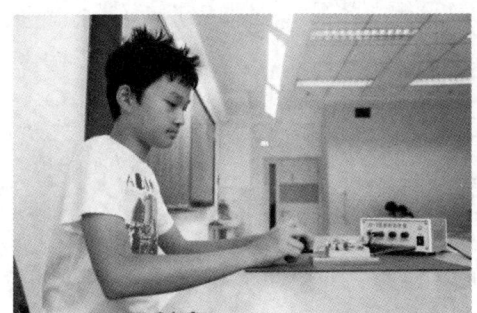

图 1　认真学习的孩子

图 2　测试成功

图 3　寻找声波

图 4　调试设备

总之，我希望能有更多的同学能够参与到无线电活动中来，通过业余无线电对英语学习的好处，进一步提升自己的英语水平，开拓自己的视野。

史家英文戏剧社

胡媛媛

北京市史家胡同小学创建于 1939 年，1992 年提出以"和谐教育"为办学特色，经过 20 余年和谐教育实践，于 2015 年创立史家教育集团。集团下属附有 5 个校区，分别是：史家高年级校区、史家七条校区、史家实验校区、一年级和二年级校区。

除传统式的基础课程外，学校还设置了多样性课程、自主性课程以及开放性课程，旨在培养学生的合作意识、自主能力和价值观的形成。并且通过建立国际社区项目，培养具有国际视野的新一代青少年。

法国哲学家卢梭和美国著名教育学家杜威提倡"做中学、体验式学习和互动式教学"，主张教育要让孩子去实践、去体验，教师应把课堂还给孩子，让孩子成为课堂的主人，成为主动的学习者。戏剧教育秉持这一教育理念，并将其贯穿于教学过程中。

戏剧教育作为全人教育的一部分，关注的是孩子的成长与人格培养。它将戏剧这门综合性的社会艺术，应用于课堂教学中。它鼓励孩子在学习过程中学会如何与他人合作，懂得如何与他人沟通，培养孩子解决问题的能力，从而共同来完成一项任务，通过集体合作来探讨问题，提供解决问题的方法。它更注重孩子是课堂的主角，而教师只是学生成长的引导者。

20 世纪 80 年代，美国著名心理学家霍华德·加德纳提出"八大多元智能"的概念，教育从仅重视语言表达和逻辑思维数学转型到培养学生的多方面才能。加德纳倡导每个人都具备一套基本的多元才智，而戏剧作为教学方法恰恰具备这样的多样性，戏剧通过头脑 - 身体 - 心的联结，从肢体表达（动觉）- 舞台感觉、空间思维（视觉空间）- 人际关系社交能力（人际）- 自我认知自我反思（内省）等方面来与学生一起探索重要的问题、议题或主题，从而培养学生的同理心（情绪智能），激发学生站在不同的角度思考问题，多观点、多角度的表达，审辨思维的发展。

宾夕法尼亚大学医学院儿科教授 Dr. Kenneth Ginsburg 也曾经提出成功的成年人应该具备以下几点。

（1）有价值感和目标。

（2）能修补世界，有同情心、爱心和善良。

（3）努力，坚韧。

（4）心系他人，珍惜与家人、朋友和社会的关系。

（5）坚毅性（Grit）（向着长期的目标，坚持自己的激情，即便历经失败，依然能够坚持不懈地努力下去，这种品质就叫做坚毅。Angela Duckworth 在 2013 年 TED 演讲时，给予 Grit 如此定义。）

（6）具有创造力和创新力。

（7）有社会智能（Social Intelligence）和情商（Emotional Intelligence）来促进领导力和协作。

（8）能听取建设性的批评，有终生好学精神。

（9）韧性（Resilience）。

教育部发布的中国学生发展核心素养，以培养"全面发展的人"为核心，确立人文底蕴、科学精神、学会学习、健康生活、责任担当、实践创新六大学生核心素养。

这些理念和六大核心素养与戏剧教育的核心理念和方向惊人的一致，从而为戏剧教育的发展奠定了坚实的基础。

在王欢校长、洪伟书记的支持下，史家英语戏剧社于 2013 年 10 月正式成立，目前分为初级和高级两个剧社。不到 5 年的时间，剧社获得了许多荣誉。此外，从 2017 年 9 月开始，英文教育戏剧作为校本课程进入六年级并且开展了为期一年的实践，最终取得了优异的成绩。

以下为史家英文戏剧社近 5 年以来参加的比赛与戏剧活动。

2018 年 5 月《愚公移山新传》在第九届"希望中国"青少年戏剧北京选拔赛中，获得一等奖。

图 1　剧照

2017年7月《仲夏夜之梦》在2017年度"希望中国"校园短剧北京选拔赛中,获得一等奖。

图2　剧照

2017年6月,《仲夏夜之梦》在2017年国际戏剧教育大会上进行展示。

图3　剧照

2016年12月,北京市"酷听说"小学英语文艺汇演短剧表演荣获特等奖。

图4　剧照

2016年8月,戏剧社到英国参加第69届爱丁堡国际艺术节展演,并在Spotlites Create Theatre进行艺术交流活动及参演剧目《仲夏夜之梦》,受到中华人民共和国驻英国大使馆文化处的高度关注。

图5 剧照

2016年6月,剧目《唯我出租出》荣获2016年度"希望中国"校园英语短剧大赛北京选拔赛短剧一等奖。

图6 剧照

2016年6月,剧目《机器人》获第五届首都学生外语展示系列活动小学组英语剧表演比赛三等奖。

图7 剧照

2015年10月10日,英语戏剧社受"中小学学科实践之英语教育戏剧活动研讨会暨'希望中国'青少年英语教育戏剧研究院启动仪式"邀请,现场演出改编自中国经典的古代故事《愚公移山》(The Foolish Old Man Removed the Mountains)。

图8 剧照

2015年6月,剧目《愚公移山》(the Foolish Old Man Removed the Mountains)获第四届首都学生外语展示系列活动小学组英语剧表演比赛一等奖。

2015年初剧目《狮子王》(the Lion King)荣获2015年度"希望中国"校园英语短剧大赛北京选拔赛短剧一等奖。其中,肖景瀚同学获2015年度

图 9　剧照

图 10　剧照

图 11　剧照

图 12　剧照

中央电视台"希望之星"校园英文短剧大赛最佳男主角奖。

2014年9月剧目新版《丑小鸭》(the Modern Ugly Duckling)获第三十二届北京市中小学生科技英语创意大赛三等奖,其中李佳玥和张修宁同学还分别获得最佳表演奖和最佳语言奖。史家小学在团体比赛中还荣获了最佳表演奖。

2014年6月剧目新版《丑小鸭》获第三届首都学生外语展示系列活动小学组英语童话剧表演比赛三等奖。

图 13　剧照

图 14　剧照

2018年5月六年级学生英文戏剧展演。

图15　展演剧照

图16　展演剧照

图17　展演剧照

我国教育改革和教育现代化正在顺利推进、渐入佳境。中国教育正在"回归常识、回归本分、回归初心、回归梦想",呈现出开放发展的新格局,具有中国特色、世界水平的现代教育格局,正在逐步构建,教育质量标准和监测评价体系也更加完善,中国特色的教育正在走向世界教育中心。

第3篇

教师研修的共享

时代对教师的要求越来越高，时代在变，教师终身教育和终身学习是当代教师自身发展和适应职业的必由之路。"活到老学到老"是21世纪教师的需要，是时代的呼唤，是教育发展的要求。作为一名教师，不但要有崇高的师德，还要有深厚而扎实的专业知识。只有树立终身学习的思想，不断充实自己，拓宽知识视野，才能驾驭多变的课堂。自己不断研究，加强对教材的理解能力才能提高自己的教学方法。社会在发展，知识领域在扩展和更新，教材也在更新，学生的认识水平也具有了更高的起点，正是在这种背景下，集团领导为领袖型骨干教师成立工作室、工作坊，充分发挥教师们的引领作用，为年轻教师搭建更高的平台。同时引入高水平的专家外教，不断提高教师内涵。集团英语部的老师们在研修中提升，在培训中分享，终身学习、实践、反思。

工作坊·成长的平台

　　工作坊研修是教师专业成长的有效途径，强调专家和名师专业引领作用的发挥。集团"名师工作坊"是新课程背景下校本研修方式的变革，以素质精良的名师为引领，在名师工作坊研修机制下使不同教师得到不同层次的发展。教师在课堂中的角色要发生根本性的变化，从指导者转变为组织者、参与者和合作伙伴。教学结构也发生相应变化，应创设与学生生活密切相关的情境激发学生的求知欲，使学生由被动学变为我要学、我想学；引导学生进行自主探究学习，让学生充分自主探索、合作交流，自己发现问题，归纳出解决问题的方法、规律。"工作坊"在行动研究中形成促进教师专业发展的方法，归纳总结形成策略。为教师专业发展的理论研究提供丰富的案例，深化课程改革，促进教师、学生、学校和谐、均衡、可持续发展，形成教师可持续发展的有效途径。

小学英语课堂中各学段衔接问题的研究
——褚风华骨干教师工作坊

一、指导思想

　　史家教育集团在教师队伍建设方面以全面提高教师队伍的整体素质为核心，以名师教师队伍建设为重点，不断拓宽教师队伍建设思路，不断创新教师队伍建设机制，不断优化教师培训的模式。鼓励集团内的市级骨干教师、市学带以及特级教师成立具有研究主题的工作室、工作坊，吸纳每一位有追求、有潜力的教师入室、入坊，通过参加一系列的研修活动，以师徒制、导师制、座谈会等不同形式培训的开展，培养以名师为首的优秀教师团队，最终形成行之有效的完整的集团教师培训体系，提升集团教师队伍的整体水平。

二、工作坊具体工作

1. 以课题引领，推动工作的顺利开展

（1）2013年9月，我根据科研内容和特点，确立了自己的研究项目。

（2）以开展名师工作坊研修为途径，探索教师专业发展的策略，完成区级课题"小学英语教学中学段衔接的问题及对策研究"。

（3）吸纳乐于参与课题研究、注重自身发展的教师们参加工作坊，相对固定工作坊成员。我们凸显专长、自主、个性，凸显专业范围、专业品质、专业能力，尽力满足教师专业发展的多元、多向、多层次需求。

2. 日常工作

工作坊定期开展活动，做到定时定地定内容，内容包括：本工作坊规划、成员的发展目标的制订，区内日常开展的听课、评课、教研活动，各种培训活动等。我们及时收集整理过程性资料，包括活动记录、照片、教学设计等等。

三、深入研究、搭设平台

1. 教师培训，明确概念

教学内容衔接：低年级主要培养学生听说方面的能力，教师通过听和直观感受积累学习常见词汇和句型；到了中高年级会出现少量的语法知识，语言的积累也进入语言的扩展和使用阶段；内容逐渐复杂，难度也逐渐增大，并向读写跟上的阶段过渡和转移。就要注意教学内容上的衔接。

学习习惯衔接：很多好的英语学习习惯，如指读认读、观察、专注等都是由低年级养成的，到了中年级如果不注意继续保持或提示，到了高年级好的学习习惯就容易丢失，出现书写潦草、课后疏于复习巩固等问题。李辉老师在课上就对学生打开书后平放、伸手指读认读的好习惯进行再培养，也延续了一年级的好习惯。特别是学生积极课堂参与度很高，这都是教师对学生学习习惯的培养。

教学方法的衔接：学生习得英语主要是在课堂上和教材中，教师的传授方法就很重要。如果教师采用单一的教学方法，学生得到训练的机会就少，这样既调动不起积极性，实际运用英语交流活动的能力就不强。因此，从低年级开始到高年级教师的教学方法需要不断变化更新，逐步过渡，始终采用丰富的手段，才能提高学生学习英语的能力。课堂上，老师们采用的方法有歌曲、歌谣说唱激趣、一词多图突出重点词汇、创设情境解决核心语言、游戏活动巩固操练新知等，也是由一年级的训练手段而来的，希望也能顺利过渡到中、高年级。

学习方法和技能的衔接：很多孩子在低年级时对英语的学习是以兴趣为主，教师应引导学生向独立思考、独立练习过渡，灌输独立意识，不让学生到了高年级因为学习的难度增加没有保持良好的学习方法而减弱了对英语学习的兴趣。培养学生学习技能，如模仿、小组合作能力、创编对话、书写、词汇语音学习的能力等等，到了中、高年级学生就能够比较顺利地自主学习语言了。

评价内容和形式的衔接：低年级以 sticker 和趣味图片为主要评价形式，主要根据年龄特点，这样做对学生有激励作用。但到了中、高年级就要过渡、转换评价方式。

2. 定期活动，及时总结

工作坊还一直转聘教研室导师，从理论到实践全方位给予指导。

团队化：注重团队的作用，以团队为平台促成长。根据工作坊每个成员的特点，制定符合自身发展的规划。工作坊从成立以来，成员也从最初的 3 名迅速发展到了 10 名，分别来自不同年级，非常便于课题的研究。不同学段有不同的教学要求，但也存在着千丝万缕的关系。我们将坊成员所在的各个学段的衔接方法以及对应的策略依托英语组这个大团队进行有效研究。

在分享中发展：通过专家讲座、实践课堂等活动引领我们及时反思，站在学段衔接的高度整体研读教材，继而分享每个人的创意、成果和反思内容，集众家之所长，丰厚自身的科学研究知识及能力。

具体策略：根据工作坊主题通读教材、研讨、读书；撰写个人心得体会，交流；归纳各学段知识点并整理教法中的不同点；撰写论文，并请专家点评，进一步完善后交流。

四、做好工作坊成果展示、推广

1. 借助优质教育品牌的影响力，开展展示活动

推举骨干教师工作坊参与者，在一定范围内进行优秀课程展示。此类活动在提升教师知名度同时，更是为老师创造机会感受优质教育；名师还可针对自己的优质科研成果开展各类讲座、宣讲活动，学区提供资源与支持，将活动进行推广。

2. 成果发表

集团各校区选拔各个工作坊的优秀科研成果发表成书，以出版的形式体现史家学区教师的实力，增强教师影响力。名师带领成员将日常工作中总结的教育经验出版成书；各个工作坊参与人员积极向国内外学术期刊、杂志投稿，发表学区的教科研成果、教育经验分享等。

工作坊成员取得的部分成绩：

- 撰写各年级英语形成性自主评价。
- "北京市/东城区原创课程辅助资源征集评选"中，多篇教学案例被评为一等奖。
- 获得外研社×kindle"书虫"英语阅读大赛北京赛区"优秀指导教师奖"、荣获阅读之星——北京外国语大学全国青少年阅读风采大赛北京赛区"优秀指导教师奖"。
- 教学设计发表在《小学英语教学设计》《北京教育》期刊。
- 在各学期的英语教研活动中，每位坊成员均参加主持、做研究课、讲座、交流等活动。
- 参加北京市、东城区各类教学大赛荣获一、二等奖。

在工作坊平台中对于学段衔接的问题研究得比较深入，也为教师们提供了更多的展示机会，助大家作品出版、研究课、论文获奖，为推动集团教师的科研、教学能力贡献了力量。随着工作坊的发展和教师们的提升，

这种形式已不能满足大家的需求，在新的学期中工作坊将升级为研究室，与市级教育专家对接，为打造专家型教师搭建平台、继续前行！

以研促教，以研兴教
——李民惠骨干教师工作坊

一、指导思想

为实施人才强教战略，学校结合教师现状，秉承和谐教育理念为每一位教师的专业成长和谐发展创造良好的发展空间，针对每个阶段教师的发展特点，充分发挥骨干教师的示范、引领、指导和辐射作用，加快学校青年优秀教育教学人才的成长，构建骨干教师工作坊，使之成为"研究的平台、成长的阶梯、辐射的中心和师生的益友"，我有幸聘为工作坊的主持人，深感任重道远。

二、事件回顾

2013年9月10日，在第29个教师节来临之际，"共同分享发展的幸福——史家小学、七条小学庆祝教师节暨师资队伍建设推进会"隆重举行，确立了骨干教师工作坊。

2014年3月11日，召开了"推动教师专业发展、提升教师职业幸福——史家小学名师工作室、骨干教师工作坊工作推进会"，拟定了《史家小学"名师工作室""骨干教师工作坊"管理办法》。会议的召开标志着史家小学"名师工作室""骨干教师工作坊"将进入正式实施阶段。学校为骨干教师工作坊聘请区教研员为导师，指导工作坊的教研工作。在区教研员的指导下，骨干教师工作坊也成为学区的教研团队。

三、职责任务

"骨干教师工作坊"主持人为学员制定学习计划，总结自身"骨干教师工作坊"工作经验，并通过问题研究、专题讲座、课题带动等形式面向学员或全体教师切实开展活动加以推广。搭建平台，资源共享，共同发展。

四、成果梳理

工作坊这种新型的教师培训模式已经经历了5年的探索，我们工作坊的工作也在有序地开展，我们力争将工作坊和市区校教研活动形成合力，共同带动更多的教师成长。一枝独秀不是春，百花齐放花满园。"骨干教师工作坊"播下了希望的种子，带着满满的欣喜，怀着美好的展望，孕育、成长。

工作坊的研究机制促进教师的专业成长。我们工作坊的成员参加了校，区，市，全国级的各级别培训和经验交流的工作。全国大赛一等奖的获得者崔旸老师录制了人教社的课例包，赴云南做教师培训，在北京市微课程培训做主讲教师并承担东城区的微课录制工作，担任精通版教材的修订工作等。刘璐晨老师也在迅速成长，她取得了东兴杯一等奖的成绩，获得了市级和区级展示课的机会，并有自己的思维发展的专项讲座。王映老师取得了东兴杯二等奖的成绩，做市级和区级展示课，并形成了英语游戏活动在课堂中的应用这个专题讲座。付蕊老师也是东兴杯一等奖的获得者，其凭借扎实的信息技术功底为每位做课的老师提供服务，并担任工作坊的所有信息收集整理工作，同时也承担各级各类展示课。谢添老师更是在工作坊的带领下成长起来的年轻教师，获得东兴杯一等奖的成绩，并在颁奖典礼上作为代表发言，作为东城区代表做市级比赛课任务，做区课和学区课若干节。高幸老师获得东兴杯一等奖的成绩，做各级各类展示课和引领课。

工作坊工作机制不仅促进教师成长，更重要的是要学生获益。我们工作坊的重点工作配合学校的学习力的研究展开日常教学研讨与实施。学习力是培养学生的能力，结合英语学科，我们重点培养学生的口语表达能力，每节课前我们都给学生3~5分钟的时间进行专题讲述或讲故事，给每个孩子提供表达的平台和机会，并且由其他同学根据他的讲述提出问题进一步交流。除了学习力的培养，我们工作坊还尝试研发了许多学生喜爱的个性化作业，如小报的设计、思维导图的创作等。在教学实践中尝试、反思、修正、再实践的过程激励着我们不断前行。

五、未来发展

我作为工作坊的主持人压力很大，如何带动这么优秀的教师继续前行，给我提出了巨大的挑战，作为主持人不能放松对自己的要求，更好地承担各项工作。

我想表达的是老师们凭借一支粉笔、三尺讲台，与成长中的生命进行富有教育价值的交往与对话，影响着、见证学生生命的成长，同时收获、体验着教师职业的幸福。老师们也在自己的专业发展过程中积极地创造幸福和享受幸福，因为这种发展不仅仅意味着教书能力的增强，更是一种内心的充盈与满足。我们也希望更多的老师能参与到工作坊的工作，为我们出谋划策，我相信有全体老师的分享和交流，史家小学"骨干教师工作坊"会成为研究的平台、成长的阶梯，展示自我、实现理想的舞台！

工作坊建设及其机制下的青年教师发展
——宋莉骨干教师工作坊

一、工作坊成立背景

教师的队伍建设是学校教育教学质量的根本保证，是学生以及学校可持续发展的关键因素。随着课程改革的深入发展，学校教师深感其自身素质提高的必要性、紧迫性。2013 年，为实施人才强教战略，认真落实东城区"促进教育人才队伍健康、快速可持续发展"的举措，我校结合史家教师的现状，秉承和谐教育理念，为每一位教师的专业成长和谐发展创造良好的发展空间，探索培养人才的新机制，针对每个阶段教师的发展特点，充分发挥学校名师、骨干教师的示范、引领、指导和辐射作用，特级教师和市学科带头人成立了 4 个名师工作室，骨干教师成立的 19 个骨干教师工作坊，以加快学校优秀教育教学人才的成长。

2014 年，在东城区教育均衡发展的大环境下，结合史家教师现状，秉承和谐教育理念，与东城区七条小学深度联盟，吸收七条小学教师进入工作坊，同时正式与东城区教研室建立导师制度，在导师指导下，更好地发挥名师工作室、骨干教师工作坊的引领和辐射作用。

2015年，在东城区义务教育综合改革中，史家小学组织结构又有了重大变革，在与七条小学深度联盟的基础上增加了深度联盟校——史家小学分校、西总布小学，九年一贯制学校——史家实验学校（原曙光小学），优质资源带学校——遂安伯小学，形成了包涵6所学校的史家学区。

2016年，史家教育集团成立，集团工作室、工作坊以发挥领袖教师学术领导力为载体，以引领、带动集团教师专业发展为目标，继续开展有效的工作室、工作坊研修，在名师工作坊研修机制下，使不同教师得到不同层次的发展。在行动研究中归纳总结形成促进教师专业发展的方法，对于进一步加强史家集团教师队伍建设，为教师专业发展的理论研究提供丰富的案例，为促进学区教师专业发展提供指导。

二、史家集团"名师工作室""骨干教师工作坊"的重要意义

（1）名师可以培养高徒，高徒也会受到身边良好成长氛围的感染而自觉地见贤思齐，催生其成长的内在驱动力。

（2）工作室工作坊不是普通的培训班，它是一个充分发挥名师的示范、引领、辐射作用，为优秀教育人才的成长创设的平台。对于加强史家教育集团教师队伍建设，全面推进素质教育，促进学校教育和谐、均衡、可持续发展具有重要意义。

三、史家教育集团工作室、工作坊指导思想

（1）以全面提高教师队伍的整体素质为核心；

（2）以名师教师队伍建设为重点；

（3）通过各校区的通力配合；

（4）通过课堂、师徒制、导师制、座谈会等 不同形式开展培训，形成行之有效的完整的学区名师培训体系，提升学区教师队伍的整体水平。

四、工作坊的日常工作

（1）确定工作坊规划，制订各个工作室、工作坊成员发展性评价方案。

（2）与导师做好对接，确保每学期2~4次学区教研活动，4次工作室、工作坊内活动。

（3）通过各级各类教科研培训活动，及时收集整理过程性资料，包括活动记录、照片，教学设计等等。

（4）以课题引领推动工作，制定研修机制下教师专业发展策略，通过各种形式的科研活动，呈现研修方式的不同，凸显专长、自主、个性，凸显专业范围、专业品质、专业能力的公共性和统一性，满足教师专业发展的多元、多向、多层次需求。

（5）学期末坊内进行交流探讨，总结工作坊工作并对坊内成员进行和评价。

五、工作坊机制下教师的发展

1. 积极参与，发挥骨干教师示范和引领作用

目前史家教育集团学生发展中心英语教研部有三个教学工作坊，每个工作坊都有自己的研究主题。我工作坊的主题是：小学英语课堂教学中的有效设问。最初成员以各校区骨干教师为主，工作坊坊主、东城区骨干教师宋莉多次组织和主持市区教研活动，做现场课或专题讲座，让老师们在研讨过程中通过学习和观摩，提高自身能力；骨干教师姚静文老师、李跃老师多次在全国、市区等级别的教学研讨会中做研讨课，闫辉老师参加东兴杯大赛并取得特等奖的优异成绩，力争以工作坊为平台，骨干教师为引领，积极参加和完成各级各类的教学交流研讨活动。

"关注学生思维，落实有效设问"
工作坊联合教研活动

宋莉老师主持工作坊专题讲座

李洁老师在市级研讨会做展示课

姚静文老师进行市级专题讲座

2. 为青年教师搭建平台,锻炼机会

2014年与教研室对接后,我们吸收了不少青年教师,力求通过工作坊活动,关注青年教师个人现状及未来发展,在明确自身优势和不足的同时,通过坊内研修活动为年轻教师创造机会,搭建平台,加快他们成长的步伐。正是通过工作坊丰富多彩的研讨活动,在一次一次集体备课,反复试讲、反复修改、反复磨合的过程中得到了历练,迅速地成长起来。

青年教师郑钰茜参加区教研活动

青年教师李享工作坊教研活动

青年教师胡媛媛区教研活动

青年教师博岚联合教研现场课

3. 专家指导，指明方向，迅速成长

工作坊或联合教研，听课老师们进行详细评课，提出了宝贵的意见和建议，教研室王桂云老师对每次活动均给予大力支持和细致的指导，给了我们不少建设性的、指导性的意见，给我们指明了方向。在教学资源有效合理运用，板书如何结合语境，内容如何补充，语言实践以及画面如何丰富方面提供了更多的方法和指导。工作坊努力为每位成员提供学习和锻炼的机会，几乎都进行了现场课或说课展示，大家在研讨中相互学习，共同进步。

六、工作坊成员所获得的成绩

工作坊研修机制，对每位教师的专业成长都具有重要意义和有效途径，通过工作坊可以共同带动更多的教师成长，在这个过程中，老师们有过困惑，有过问题，有过不解，但他们克服一切困难，抓住一切可以学习的机会，积极参与各项研讨活动、勇于承担说课、现场课，并及时反思、总结、撰写心得体会，定期上交并在各校区之间进行交流和探讨，将自己的所思、所想、所学有机结合并运用到教学实践中，最终让学生受益。

李洁老师：

北京市中"非虚构文本"研讨活动做研究课《butterflies》

北京市教育综合改革学科教学研究现场会 研究课《unit 3 lesson 12》

《how many stars can you see?》获东城区中小学优秀课堂教学设计一等奖

《what is nature?》教学设计获东城区中小学优秀课堂教学设计一等奖

闫辉老师：

《Children's Day》2016 年 中国科学文化音像出版社有限公司出版发行

北京市首届科研课程研究课《Children's Day?》北京市二等奖

东城区第九届"东兴杯"小学教师教学基本功培训与展示活动 东城区特等奖

《Children's Day》荣获东城区中小学优秀课堂教学设计一等奖

论文《分层教学提高学生学习积极性的研究》获京研杯教学论文一

等奖

胡媛媛：

《L22 复习课》获东城区中小学优秀课堂教学设计特等奖

《戏剧教学与小学英语融合课程初探》戏剧教学方法融入一节小学四年级英语课获北京市第八届"京研杯"教育教学研究成果二等奖

《英文戏剧仲夏夜之梦》《唯我出租车》获得北京市特等奖

李辉：

《激发学生学习兴趣，提高英语教学效果》获史家教育集团优秀论文二等奖，教学课件获京研杯教学资源一等奖

李丹鹤：

《Unit 4 Lesson 5》东城区中小学优秀课堂教学设计小学英语学科三等奖

郝杰宏：

《What do flowers do》获东城区原创课程辅助资源征集 一等奖

《Chinese Zodiac》教学设计获东城区三等奖

《Unit 7 What are the 12 animals》在东城区教研活动中展示

李享：

《I'm sorry I'm late》在东城区"课堂中有效设问"为研究主题区级展示

《I was born on May 23rd》全国展示课

荣岩：

《基于单元整体的教学设计》东城区研修活动专题讲座

工作坊已经历时近三年，开展了各级各类、大大小小、各种形式的教科研活动，无论是经验丰富的老教师还是初出茅庐的年轻教师，在理论知识、教学实践中都受益匪浅，工作坊不只是一个个小组的活动，受益者也不仅仅是参与成员，这种研修机制搭建了一个跨学科、跨年级、跨校、跨学区甚至跨省市的一种共享、交流平台，使更多的老师受益，这也是史家和谐理念的体现。

提升·卓越的前奏

英语教师前行的步伐是随着国际化的潮流与不断更新的教学理念相结合的。这就离不开扎实有效、针对性强的培训活动。我们都知道，语言在发展，教学的变革就显得尤为重要。近几年来，随着国家对英语教学的重视以及受国际大环境的影响，我区教委为全东城区特别是史家教育集团的老师们提供了优质的培训师资，与世界性的外语教学活动接轨，不仅开拓了老师们的视野，最为收益的应该是我们的学生老师们将所学的方法带进课堂，学生们感受到了国外的学习方式，与自身的情况相结合取得了较好的学习效果。集团的英语老师们积极融入高水平的培训中，利用暑假、平时工作日参加外教培训并汇报，辛苦之余也积累了点点滴滴。

英语课堂游戏活动设计

王　映

2014~2016年连续三年暑假，开展了为期三周的东城区英语教师境内培训项目，惠及每一位一线英语教师。我印象尤深，我带着烦躁的心情去培训，仅仅一天，我就感谢东城区给予老师们的这次难得的培训。工作十年，参加的培训不计其数，校内外的，中国的、外国的，但我最喜欢这次培训，它让我的课堂得到了改变，激发了我思维的火花。

这个培训最大的特点就是没有说教、没有死记硬背，而是培训者把外国流行的课堂活动带着大家一起玩儿，在玩的过程中使用语言，锻炼团队合作。更重要的是通过玩的方式，让老师们学会将这种游戏活动运用到自己的课堂中。每天的培训成了快乐的源泉，大人如此，小学生更甚。

小学英语新课程标准明确指出，要激发学生学习英语的兴趣，培养学生良好的学习习惯，培养学生的实践能力和创新精神，促进学生全面发展。游戏活动作为深受小学生喜爱的活动形式，在课堂教学中一直被广泛应用，占有极其重要的地位。这些深受小学生喜爱的英语游戏活动，在课堂上能够创造出真实多变的教学情境，提供新奇有趣的操练形式，从而激发学生的学习兴趣，调动学生的学习积极性，培养学生合作互动与交际能力，提高课堂学习效率。在教学中合理开展游戏活动，有利于培养学生积极向上的学习态度，有利于培养学生的主动参与意识以及与他人合作的精神，从而使课堂教学收到事半功倍的效果。

按照新课改精神，教师在教学过程中组织学生开展英语游戏活动，不能单一地为了游戏而做游戏，而是应该遵循小学英语教学规律，要以学生为中心，面向大多数，内容有梯度，注意密度、节奏和趣味性，讲求效率，启发诱导学生获得成功。对于小学生来说，兴趣是最好的老师。学生觉得有趣，才会积极主动参与，而我们以往的课堂往往缺乏的就是趣味性，活动操练机械化，不真实，活动形式单一。

在这次培训中，我学到了几十种游戏活动，才知道有这么多好玩儿的游戏活动能用于教学，也才明白我的课堂可以充满欢声笑语，充满学习的动力。在培训后的 4 年时间里，我尝试了近 20 种游戏形式，根据我校学生多、班额大等特点，陆续删除、改进、创新了一些活动形式，使得它们更加适合我们的学情。同时，培训激发了我研究英语游戏活动的热情，我把游戏活动内容研究后加以总结，在近几年学区活动中开展了 4 次游戏活动讲座，设计了 1 节市课，1 节区课，帮助其他老师出谋划策选游戏，取得了很好的效果。

下面重点推荐 4 种操作简单、覆盖面广、适用性强、趣味性高的游戏与大家分享。

1. Board game 桌游

这是一种灵活性强、适用性广泛、趣味性强的游戏，可以用在各种类型的学习中。教师要根据需求设计出各式各样的"桌游"。可根据主题设计，是一种特别好的教学资源，课例中的桌游是关于食品主题的。

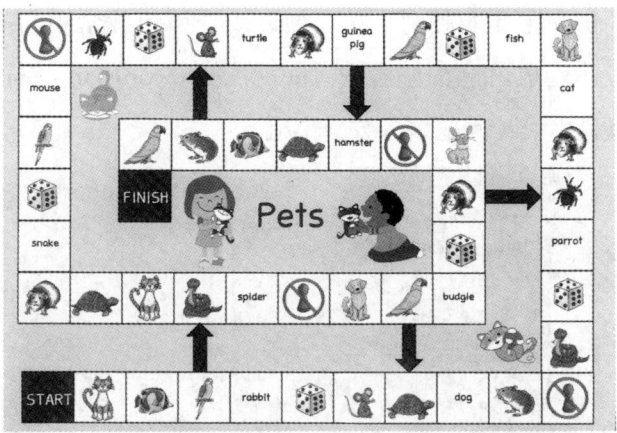

图 1　board game 游戏

2. 20 Questions

一个人想到一样东西或者一个人，你允许问 20 个问题，然而对方只能回答 Yes/No。在问完 20 个问题后只有 1 次猜的机会，猜错就输了。当然，如果在问完 20 个问题以前就想出答案，你可以用问问题的机会来猜答案。当然，猜错了你的问问题的机会就少了 1 次。这款游戏适用面广，适合主题类学习，锻炼疑问句的使用，并能够提升学生思维的逻辑性和宽度。

3. Find someone who

这是类似于调查类的游戏，学生互相询问和谈论寻找纸条上符合要求的人并写上他的名字，一个人只能问一个问题。通过这种真实的交流方式，练习运用所学目标语言。其适用范围广，语言真实。

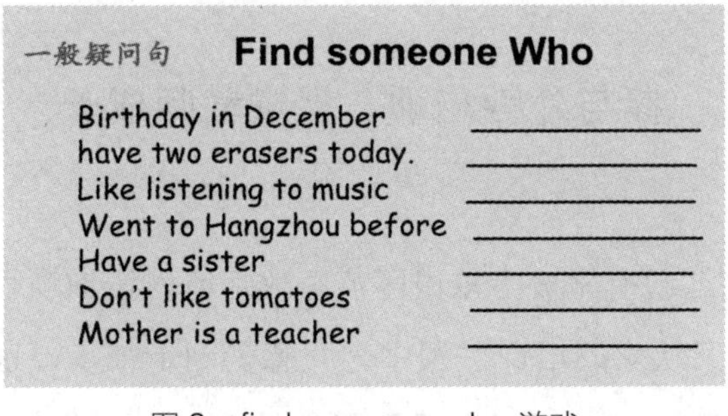

图 2　find someone who 游戏

4. Jeopardy game

源于美国的电视竞赛节目，比赛问题内容涵盖了历史、文学、艺术、流行文化、科技、体育、地理、文字游戏等多方面，通过选择不同分数的题进行回答,获取比赛的胜利。把它加以改变引入教学中,就是一款符合学生好胜心,体验成就感的好游戏。https://jeopardylabs.com 在这个网址里,教师可以自由设计问题、分数、小组。

图3 Jeopardy 游戏

总之,游戏活动教学符合小学生的年龄特点,在倡导"以学生为主体"的新课程实施中,游戏活动是一种重要的教学方法。但游戏活动能否起到应有的作用,跟教师的设计有着很大的关系。教师作为教学活动的指挥者和引导者,必须恰当合理地选择游戏活动,而不应该滥用游戏活动。只要教师把握住游戏活动的特点,大胆实践,积极反思,游戏活动教学的实效肯定能够提高,并成为课堂教学中的一个亮点。

参与外教培训,促进教师成长

马 婧

2016年暑假,我有幸成为东城区英语教师境内培训项目第三期的成员。在这紧张、充实又快乐的培训过程中,我感受到了很多,也学习到了很多。这次培训使我受益匪浅,不仅学习到了外教老师专业化的理论指导,同时也观看了丰富的教学案例和实例,还体验了趣味十足的课堂游戏活动。此次培训实行小班教学,在培训期间,外教老师以理论学习与实践为主,兼顾口语表达,日常生活,文化背景以及英语教学方法的介绍和指导,让我们在异国历史，文化习俗的氛围下自然地去感受语言，运用语言，掌握其实际应用技巧。此次培训与以往不同还有一起参与的同伴们，因为大家来自不同学校，所以相互之间并不太认识。但是随着培训时间的推移，大家的接触越来越多，不仅在课堂上一起研讨，分享彼此的教学经验与成果，而且还会通过团队合作共同完成任务。在这样的过程中，大家从不熟悉到慢慢有所了解，进而熟悉，最后建立了深厚的友谊，这也是一种快乐的体验与收获。

虽然我教授英语学科已经将近十年了，但是真正地在课堂中与外国人进行面对面的交流，这还是第一次。因此，这样的培训对我来说，既新鲜又好奇。刚开始上课的时候，本来与外教老师感觉非常的陌生，但是一节课下来，外教老师丰富的面部表情和肢体语言就拉近了我们之间的距离。原来，一个微笑、一个动作、一句幽默的语言，就能那么轻易地拉近人与人之间的距离，让大家的心更加贴近，让氛围更加轻松、愉悦，这是外教老师带给我的完全不同的感受。在他们眼里，师生是平等的，没有丝毫界限，他们教学的最大特点就是始终让学员参与课堂教学的全过程，鼓励学员自己说，亲身感受，主动交流。此外，外教老师非常尊重大家的不同见解和观点，同时也毫不吝啬他们的赞赏话语。只要大家有一点新思想、新发现，外教老师就表扬和鼓励大家，让老师们都能感受得到自己的价值，同时也敢于表达自己的想法。外教常说："Good job! That's a good point! Good idea! Nice work! Thank you!"这样，每个人都能感受到喜悦感和成就感。有时大家的观点不统一的时候，外教老师也不会直接地去纠正错误，而是会说："Good try! Do you have any other ideas?"这些话语给我留下了深刻的印象，我想在平时的英语课堂教学中，我对学生们也应该以鼓励为主，引导学生积极参与到课堂活动中，帮助他们树立学习英语的自信心。

最让我感动的是外教老师们的敬业与认真，授课老师们来到中国，还没来得及适应时差，就投身到培训课程中。每一次的授课内容，外教老师们都十分精心的进行选择和设计，一环扣一环，每个步骤都衔接得很好，授课的内容丰富多彩，从专业的理论学习到教学策略和技巧，中西方文化的差异等都有所涉及。为了上好每节课，他们进行了充分的准备，每节课都带着大量的教学材料，卡片、胶带、照片资料等。如果我们的每一节课也都是经过如此精心的准备，我想我们的教学质量也会大大提高。此外，留给我较深印象的还有外教老师们的授课方式及教法。首先，他们在上课前会给大家创设一个轻松愉悦的氛围，在教室中放好听的轻音乐或是播放有趣的小视频，还会将课堂上的单词卡片粘贴在教室四周的墙壁上，形成"word wall"。在上课过程中，外教老师们还会时不时地穿插游戏及歌曲，让每个学员都能在轻松快乐中学习知识。不同的教学内容，他们会选择不同的教学方法，如师生互动、小组协作互动，说、唱、写、游戏、表演等等，增强教学的趣味性，激发学习兴趣，强化识记效果。外教老师们给我们营造一个纯英语的学习环境，培养我们的英文惯性思维能力，我们在课堂上只讲英语，每天都在一个全英文的环境中实践与提高个人能力。

在外教老师的带动下，每一位老师们的学习热情也都很高。参与课堂活动的时候，老师们或读或写，或讨论或思考，没有一位学员能有空闲。即使下课了，在课余休息时间，老师们也都围着外教进行交流，表达个人见解，询问详细的教学步骤，了解实时的国外信息。大家顾不上休息，都抓住这次难得的机会，多听地道的英语，多了解西方的文化。这些天的培训我们从外教老师们的身上学到的不仅仅是英语理论知识、西方文化，更多的是他们的敬业精神、授课技巧、教学教法、评价方式，以及形式多样的游戏活动。很多从外教培训上学习到的游戏活动，我都运用到了自己的英语课堂中，也起到了很好的课堂效果。在此，我也和大家分享一些实用又有趣的课堂小活动。

1. No-stop talking

Teacher gives a topic and Ss in groups keep talking for about for 2 minutes. For example：A：On Macdonald's farm. There is a pig. B：On Macdonald's farm. There is a pig and a cow. C：On Macdonald's farm. There is a pig，a cow and a sheep.

这个活动可以应用到学习动物的主题中，不仅吸引学生的注意力，同时也能激活学生已有的有关动物的词汇。

2. Catergories

Teacher lists many kinds of word categories. eg: foods, animals, jobs, … Students write words beginning with a certain letter as many as possible. For example: Begin with letter "b". Animals: bird, bear…Foods: bread, beef…

这个活动和第一个活动有点类似,都可以作为热身活动,用于复习已学过的词汇。

3. Bingo

Teacher writes nine of these words in the squares below. Then listen and cross out (X) the words you hear. Say BINGO when you get a row of Xs. The first person to get a row of Xs in any direction is the winner.

这个活动可以作为复习环节使用,主要考查学生对所学词汇的掌握程度。

4. Hanging game

Teacher thinks of a word before the class and tells the students how many letters the word is. Then the teacher gives the first letter and let the students to guess the others. It the student guess wrong, the teacher will draw a line of person. If the teacher draws a whole person, but the students can't guess the right word, then the game is end.

这个活动既可以作为热身,也可以作为复习,考查学生的词汇量。

5. Eyes and ears

Teacher only plays the mouthpiece, not the voice. Students have to guess the words or sentences according to the teacher's oral pattern.

这个活动可以作为复习环节使用,主要考查学生对所学词汇和句型的掌握程度。

6. Match and say

Teacher gives the students some pictures. Behind these pictures, there are some words or pictures. Then let students choose two of them, if the word and the picture match, and the student can also say the word right, these two pictures belong to this student. At last, who has more pictures, who is the winner.

这个活动考查学生词图匹配的能力,在识认单词的基础上加深对单词的理解和记忆。

在游戏活动中享受英语学习的乐趣
——British Council 培训感受

芮雅岚

转眼间 British Council 的培训已经进入尾声了,从 2017 年 5 月开始,我们便利用寒暑假的部分时间以及平时工作日每周四上午的时间进行集中培训。经过这一年多的培训学习,我想我们每位老师都有不同程度上的收获。对我个人而言,我感觉收获很大。其实最初当得知这个培训要占用我们的部分休息时间时,心里还多少有些抵触情绪。但当我真正接触到这个培训之后,我便感觉工作之后能有这种形式的培训,还能有再学习再提高的机会,实属幸运。我也认为这次培训非常有意义,也非常有必要,因为它不仅让我充实了更多的理论知识,更让我开阔了视野,解放了思想,打动了内心。无论是从集中授课到进班听课,从课前辅导到课后反馈,每时每刻、每一堂课,都让我有所感动和收获,许多不可言语表达的收获。

实际上,这个培训与以往的培训很不同,对我来说也是一种冲击。首先,外籍教师本身的存在就给我们带了新鲜感,英语是他们的母语,发音地道纯正,所以与他们课内课外的交流实际上也就变相给我们提供了锻炼口语的机会,跟着他们学习,就学会了用地道的纯英语模式去思考,对提高我们的英语表达能力是很有帮助的。其次,外籍教师为我们带来了全新的教育理念。相比国内教师,他们则更遵循母语的学习规律,更注重调动学生的学习积极性,善于运用多种多样的教学方法,采用小游戏的模式对学生进行各项专项训练,全面提高学生的英语综合能力。在培训中,他们也为我们指导教授课程设计、教学方法和一些实用的课堂游戏,使得每节课都有所收获。

在培训中，Fraser 经常利用丰富多彩的游戏来开展教学，为我们创设了良好的英语语言环境，促使老师们都参与其中，在玩中乐，乐中学，有所创造，有所收获。我想身为成年人的老师们都这么容易被游戏活动吸引，更何况天性爱玩的孩子们呢？中国近代教育家陈鹤琴先生曾指出："小孩生来好动，是以游戏为生命的。对孩子来说，游戏就是工作，工作就是游戏。"我认为如果能够满足他们爱玩爱动的特点，借助形式多样的游戏活动来开展教学活动，让每一个学生在游戏中体验英语学习的乐趣，那么一定会让英语课堂充满活力，让学生的英语学习热情高涨。带着这些思考，我总结了一些课堂游戏，经过总结和改进，运用到自己的课堂中去。这些活动操作性强、适用面广的游戏，根据不同主题内容来设计，适用于日常的英语课堂，下面我就选择几个和大家分享。

That'me，是一个涉及口语、阅读和书写的小游戏。游戏要求先把全班分组，给每组学生们一个话题，话题可以是相同的，也可以根据学生情况，进行分层活动，给出不同的话题。然后让他们在自己的本上写出答案。最后要求学生把自己的答案在组内逐一念出，当其他人也做了同样事，就需要迅速起来说"That'me"并标注。最后全组读完，哪个同学标注的最多就是赢家。

例如，谈论他们上周末做了什么（注意：你可以根据需要变换话题，如爱好、未来计划等），让他们写下他们上周末做的 3 件事，然后写在黑板上，例如 1. 我看了电视。2. 帮忙做饭。3. 我去购物了。把你的句子读出来，并向学生解释，如果他们也和你一样做了这件事，他们需要迅速站起来说That'me，并进行标注。最后全组读完，哪位同学标注的最多就是赢家。

另一个游戏叫：Board Race。先把学生分成小组或团队，把话题写在黑板上。以表 1 为例，以动物为主题，向学生解释，必须使用每一个垂直字母为主题创建新单词，要参加比赛，最快完成的队伍是胜利者。同时，为了增加难度，有一个"不重复策略"，也就是说，如果两个队有相同的单词（例如兔子或狮子），那么两队都不会得到得分，这样可以鼓励他们思考更多更复杂的词。

	A	nt
lio	N	
rabb	I	t
	M	
	A	
	L	
	S	

通过游戏的方式，不仅帮助孩子们学习语言、巩固知识，而且在玩游戏的同时，还锻炼了孩子们合作交流的能力。比如在That'me游戏中，每个同学在玩之前都要独立思考，完成自己的答案后，认真去倾听别人的答案；而在Board Race活动中，教师又根据儿童有较强的好胜心特点，设计了竞赛类游戏，让学生在你追我赶的学习氛围中激发他们更多的学习激情。

基于此理念，我也设计了一节游戏贯穿始终的复习课，深受学生喜欢，同时也大大提高了他们的学习兴趣。本节课为北京版三年级第四单元第二课时，经过前三个单元的学习，重点已不是语句的操练，而是在复习的同时扩充知识，锻炼学习、合作交流能力。根据三年级的学龄特点，本节课以获得优惠券为主线，多种游戏活动贯穿课堂，通过一步步地完成游戏，一步步地完成本课的目标，在玩中学，在玩中使用语言、巩固知识，扩充课外内容，联系生活实际，获得学习成就感。在本节课中，结合教学目标，我设计了头脑风暴、连线、拼单词、棋盘游戏、信息差阅读等教学活动，每个活动的设计都围绕目标设定。通过活动的操练，复习了前几个单元所学，提升了学生综合语言运用的能力及思维品质的提升。学生在真实紧张的游戏活动中接触、体验和理解真实语言，思考问题，为学习生活带来启发。

总之，在小学英语教学中，教师可以根据学生的年龄特点，设计多样趣味的学习活动，让学生在玩中学习英语，玩中运用英语，交际表达，提高能力，同时，教师还需要结合教学实践不断探索，用心创造更多的趣味英语活动，寓教于乐。这样学生兴趣盎然，在玩中学习、感受英语的乐趣，英语课堂效率自然会有所提高。

"玩"转课堂

苗姗姗

开始阅读本篇文章前,请您思考以下两个问题:

1. 您的学生害怕背单词吗?
2. 在课堂上,您是如何帮助学生拼写单词的?他们感兴趣吗?

在我的教学中,经常头疼如何在课堂上帮助学生不害怕背单词,又简单有趣地让学生们动动笔,写一写。而英国大使馆的培训课程,正好为我提供了一些思路。

活动一: Shark attack

这个活动需要学生猜单词,活动设计的背景为鲨鱼猎食。老师先给出单词所含字母的数量并画出横线,每条横线代表一个字母,根据单词的长度决定学生有几次猜的机会,然后由学生猜测横线上的字母,每次回答一个字母,若猜对,则将其填写在相应横线上,若猜错,则学生将失去一次机会,失去全部机会则会被鲨鱼吃掉。

我分别在低、中、高年级尝试过此项活动,对于低年级的孩子而言,他们刚刚接触字母和单词拼写,在活动过程中,孩子们可以复习字母的发音和书写,并且形成拼写单词的概念,为接下来的学习打基础。在这个过程中,孩子们都乐于参与到活动中。

中年级的孩子们已经开始拼写单词,他们对于这样的游戏充满兴趣,非常喜欢自己出题考一考同学们。在这个过程中,孩子们不再惧怕背单词,而是在不知不觉中喜欢上这个游戏,还可以进行小组 PK 比赛。

对于高年级学生,他们已经通过前四年的学习有了一定的积累,这项活动可以激发学生求知欲,活动需要学生全员参与并思考,而在思考时,学生从无任何字母到已知部分字母这个过程中,要不断地在脑中进行单词筛选,无形中帮助学生复习单词拼写。

此项活动用时短,比较适用于课前热身,调动学生的积极性,揭示本节课学习的主题等。

活动二：主题拼写

相较于活动一的内容，本活动需要学生动笔写一写，从天马行空的猜测变为有主题、有目的进行思考并进行单词拼写。活动需要准备一张白纸作为任务单，横向使用，分为两步进行：第一，任务单中央竖着写出需要的主题词汇，如 vehicles，学生需要围绕 vehicles 这一主题，写出含有其字母的交通工具词汇，字母的位置可以是单词中任意位置，所拼单词不能重复。

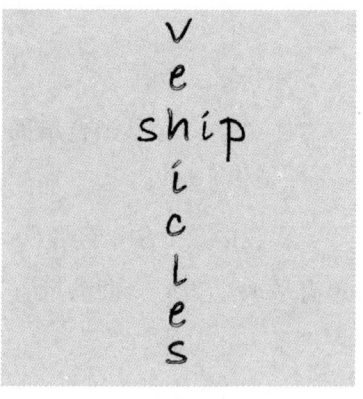

图 1　主题拼写示例

以上活动主要在高年级进行，学生们喜爱并乐于参与，并且答案并不唯一，学生在思考的过程中，先要明白主题词的含义，然后再根据主题词中的既定字母，将已有的单词储备进行筛选填写，而要完成所有子母的拼写并不容易，学生在这个过程中还要思考不能重复，有些单词需要再变换位置才能完成。一个小小活动，不仅练习了学生的拼写，在活动过程中的思考，更能帮助学生形成学习策略从而完成任务。这个活动可以用到复习课中进行小组合作，之后可以根据主题内容复习相关句型，用到写出来的单词。

两个拼写单词的游戏，我们可以将其改编适时地运用到各个年级中。那么除了这两个活动，我在培训中还学到了其他比较有意思的活动，而我也将他们用到了课堂中，其中学生们和我都比较喜欢的游戏是 runner and writer，由于课堂空间有限以及安全考虑，我们将其变为 walker and writer。根据所学内容对活动的具体知识内容进行设计，学生两人一组进行活动，一个人为 writer，只能在座位上负责书写和提问，另一个为 walker，负责寻找答案并告知给 writer，答案将贴于教室各个角落，walker 在寻找过程中不能携带任何的笔和纸。第一次操作时整个过程学生比较兴奋，需要注意提前说好规则。学生在找答案和写答案的过程中，其实也是单词拼写的练习，

walker 需要短时记忆答案，然后重复给 writer，而 writer 在书写单词的同时也需要判断 walker 的拼写是否有误。这个活动相较于前两个单词活动，是以句子为依托，学生在活动中既练习了句子，也练习了单词拼写。此活动既可以用于对新知的巩固练习，也可以用于复习课中巩固旧知。

我还在复习课中运用了活动 picture dictation，即给学生两张带有某场景的图片作为任务单，如森林、动物园、房间等，学生需要根据所复习的方位名字，创造一张属于自己的任务单，另一张备用，然后两人一组，分别描述自己的任务单，如 There is a bear on my bed，另一位学生边听边将所听到的内容画到另一张空白任务单上。这个活动适用于程度较好的学生们，用时较长。在这个过程中，学生既做了表达者进行练习，又做了输入者，画出同学描绘的任务单，双向操作，帮助学生更加巩固所学内容。

多种多样的教学活动，帮助学生提高课堂参与度，让学生对英语学习更加有兴趣，学生更加愿意参与其中，享受活动的乐趣。

除了有趣的活动，在培训中我最大的收获是如何在教学活动中有条不紊地说明活动内容，保证学生先认真听，再行动。因为本人对这些活动比较感兴趣，所以将其用到课堂上，但是刚开始的操作过程非常艰难，活动不顺利，反思原因以及回顾培训时老师所讲的要点，我找到了答案。首先，活动的操作自己要非常明确，并能够通过语言和示范，传达给学生；其次，在说明活动过程的时候，如果只问学生"Understand?""Clear?"这样的问题，得的答案大多数是"Yes"，而学生操作的时候很有可能没有按照要求去做。所以在问学生是否明白活动的内容时，需要再具体一点，如"How many paper will you have?""Can walkers take pencils and paper?"等，对细节的提问确保学生能够明白并进行操作。再者，如果有任务单，需要学生先听讲解，然后再拿出任务单，否则会有一部分孩子不听，只顾着看手里的任务单。

作为一个年轻教师，这次培训真的收获很大，为我的课堂教学提供了无限可能，我也会继续努力，将所学继续运用到教学中，也让学生们在课堂上有所收获！

外教培训的收获与思考

邹 晨

2017年9月,史家教育集团英语组有幸参加了英国大使馆文化教育协会(British Council)组织的中英"卓越教学"教师培训项目。我们的课程项目分为集中面授、专题讲座和跟踪听课等类型,在外教Fraser的帮助下,每位老师都有了适合且能有助于自己教学的知识和收获。

这个课程的主要内容围绕教师的核心技能(Core Skills)来进行,而这个技能又分为以下几个方面:Introduction to Core Skills for Teachers(初识核心技能),Teaching Communication and Collaboration(交流与合作),Teaching Critical Thinking and Problem Solving(审辩式思维与解决问题)。

英语是一门具有人文性和工具性的语言课程,所以在英语课堂中最关注的也是和同伴之间的自然交流。外教老师让我们根据自己所教授的年级选择一课,用小组合作商讨的方式集思广益,设计出一堂完整的英语课。这种方式能让大家迸发出更多的灵感,在集体备课中发挥自己的优势。在这个过程中,老师们更加注重创设贴近学生生活的情境,并寻找学生们感兴趣的话题,使文本或主题更加具有逻辑性。

在课堂教学中,应尽可能地让学生动起来,这样的游戏环节是可以适当加入教学设计中的。在低年级的会话教学中,比如Magic Hands这样的游戏就能在短时间内让全班同学走动起来,和不是自己同桌的小朋友进行对话交流。具体操作如下:以北京版教材一年级下册第二单元为例,功能句是What do you do in the evening? I…老师先做示范,向一个同学提问:What do you do in the evening? 该同学回答之后和老师击掌,这样这名同学才被激活,接着去找新同伴问同样的问题,老师也去找另一位同学提问,回答并击掌之后也被激活,随后大家在教室里寻找坐着的同学,去激活他们。在真实课堂上只需100秒左右就能让每个人都走动起来,并表达了完整的问与答,操练的效果很好,并且做到了让每位同学都有交流的机会。

这次培训还丰富了老师们的理论知识。在撰写教案方面,具体学习了

Understanding how primary children learn（了解小学儿童学习），Understanding activities and classroom space for primary（了解小学活动和教室桌椅码放），Understanding listening skills（了解听力技能），Understanding speaking（了解口语技能），Understanding teaching reading（了解阅读教学），Understanding writing（了解写作技巧）and Engaging with grammar：different approaches（了解语法教学）。图 1 以了解听力技能为例。

图 1

在学习的过程中，外教老师很注重和老师们的一线工作相结合，把一些能运用到课堂中的游戏介绍给老师们，并让大家参与其中。下面介绍最受老师们欢迎的两个游戏。

1. Word Spider

它适合中、高年级的学生，小组合作完成。游戏的目的主要练习 do／play／have 的动词搭配，其中 Danny 表示 do，Polly 表示 play，Harry 表示 have。这个游戏可以锻炼学生小组合作的沟通意识，在知道短语固定的搭配之后还要根据三只小蜘蛛的名字并运用一般现在时、一般过去时的时态分别造句，既练习了词汇短语和句子，又练习了第三人称单数和时态的变化，属于综合性的练习，但同时又不失乐趣，能吸引学生有兴致的逐步完成。

2. Wordchain

它适合低、中、高各年级段的学生，小组合作完成。游戏的目的是练习单词的拼写，左边是学生要拼写出的词汇，右边是这个词汇的英文释义。通过第一个词并结合右边的释义推断出第二个词是什么，并默写在横线上。既考察了学生认读句子、理解意思的能力，又能看出学生是否会拼写单词，为写作等综合运用打下基础。

在写作方面，外教老师在讲授写作技巧的时候告诉我们应分为 Concept-

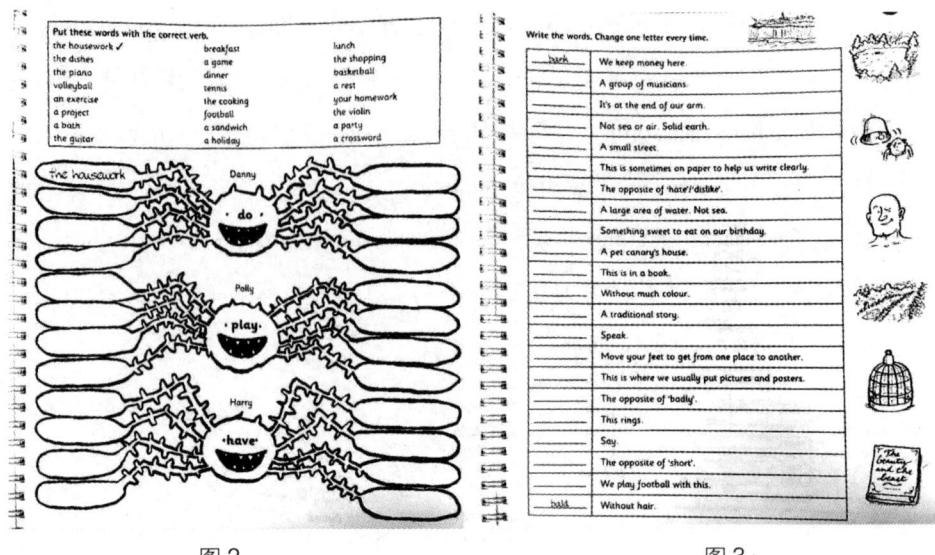

图 2　　　　　　　　　　　　　图 3

Context-Content 三步，而写作技能属于综合运用的能力，其间还能看出教师是否具备 Numeracy（计算能力）和 Literacy（读写能力）。图 4 是写作思路。

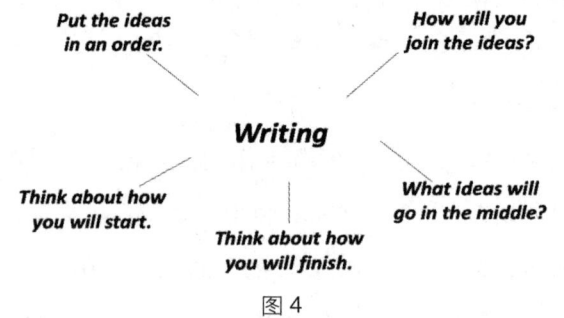

图 4

本次的中英"卓越教学"培训使老师们受益匪浅，既获得了丰富的理论知识，又能在自己的课堂上把这些理论转变成实践，让学生们在乐趣中习得语言。我很荣幸能参加这次有深度、有广度的外教培训，我会把所学到的理论和经验运用到实际的教学中去，使自己能越来越进步。

学以致用，构建精彩课堂

张　弘

王欢校长经常对我们说："教师的主阵地就是学生的课堂。"的确，课堂是学生汲取知识、发展思维和提高学习能力的主要场所。在全面深化课程改革、落实立德树人根本任务的大背景下，培养和发展学生的核心素养成为教育者们关注的焦点。集团领导十分重视英语团队的发展，与英国大使馆文化教育处共同携手合作，结合史家教育集团的发展现状，为我们精心筹划了"卓越教学"培训项目。作为项目的主要负责人，Fraser老师为我们详细地讲解了很多先进的教育理念，这些教育理论知识都具有很强的操作性。他提倡教师设计的课堂活动都要围绕着"关注学生的需求，发展学生的思维，提高学生的学习能力"这三个方面。其中，我印象最深的教育理念就是Fraser老师经常提到的"core skills"，它主要涉及以下六方面内容：communication and collaboration、critical thinking and problem solving、creativity and imagination、digital literacy、citizenship和student leadership。学生的这六种核心技能不是独立发展的，它们彼此之间是相辅相成的关系。教师在设计课堂活动时，要注重发展学生的这几种核心技能，使他们成为全面发展的人。

在参加"卓越教学"培训活动的过程中，Fraser老师强调了培养学生学会交流和合作的重要性。英语作为一门外语，最突出的一个特点就是具有交际性。这就需要教师根据具体的教学内容，在课堂教学过程中创设真实的交流情境，合理地设计一些互动性较强的课堂活动，促使学生在与同伴的合作学习中表达自己的真实想法，提高沟通和协作能力。

其实，教师在课堂上实施的学习活动形式有很多，可以是双人练习，也可以是小组活动。例如在北京版英语三年级下册第三单元第11课中，我设计了创编对话的操练环节。我依然清晰地记得，Fraser老师强调教师要为学生尽可能地营造真实的语用环境，让他们在情境中进行自由地表达。于是，我在课前录制了学生视频。在编写对话文本的过程中，我把本单元的三组功能句型都整合在了一起，包括"Do you want a banana? Yes, please. / No, thank you. What's your favorite food? It's jiaozi. May I have a cup of milk tea, please? Sure."通过模拟真实的情景交流，让学生在课堂上可以根据视频中的语境进行新的改编和演绎。

After school Lucy is going to visit Cathy. Here is the conversation between Lucy and Cathy.

(In the video, Cathy opened the door when someone was knocking at it.)

Cathy: Good afternoon, Lucy.

Lucy: Good afternoon, Cathy. How are you today?

Cathy: I'm fine. Thank you, and you?

Lucy: I'm fine, too.

(Cathy passed Lucy a red apple.)

Cathy: Do you want an apple?

Lucy: Yes, please. Thanks. What's your favorite food?

Cathy: It's rice. How about you?

Lucy: My favorite food is noodles. Cathy, I'm thirsty. May I have a cup of juice?

Cathy: Sure. Here is your orange juice.

Lucy: Thanks a lot.

Cathy: You are welcome.

Fraser老师经常会在课堂上提到"think, pair, share"这种学习模式。他提倡教师要多鼓励学生进行独立思考，为学生提供思想碰撞的机会，通过与同伴的沟通与交流，使他们能够学会倾听和分享，在课堂活动中锻炼和提升个人的沟通、交往能力。其中，最常用的一种学习模式就是画思维导图。首先，教师先引出一个话题。然后，学生以小组为单位，围绕着这个话题进行讨论，同时把伙伴们的想法和见解以思维导图的形式呈现出来，完成后把它贴在教室的四周。每组都完成之后，大家可以在教室里随意走动，相互借鉴其他小组的学习成果。Fraser把这种活动叫做"gallery walk"。这种活动的优点在于学生能够针对某一个特定的话题展开广泛的讨论，学生在不同的思维碰撞中打开了思路，有利于提高对研究问题的思想认识深度。

此外，还有一个小组活动十分有趣，它采取了"remember-repeat-write"

的形式，旨在通过与同伴的交流与协作完成小组任务。活动前 Fraser 老师把大家分成了若干个小组，并且给每个小组分发一张白纸和一支彩笔。在教室的墙上会张贴着不同内容的小短文。比赛的规则是每名成员轮流浏览小短文，需要尽可能地记住小短文中的某一句或某几句，然后迅速地把自己记忆的内容传达给同伴，同伴以最快的速度记录下来，依次往下类推，用时最短的小组即为获胜。这个活动不仅考查的是瞬时记忆和复述能力，而且还把听、说、读、写这四种能力都融合在了一起。虽然它考查的是学生的综合能力，具有一定的难度，但是这个活动本身具有比较强的趣味性，所以教师可以在今后的课堂教学中多尝试一下类似的小组活动。

此外，Fraser 老师指出，培养学生的批判性思维和解决问题的能力是十分重要的。学生可以在教师的提问、启发下逐渐培养个人的观察力，可以通过加强理解和及时复习提高个人的记忆力。但是，不同于观察力和记忆力，批判性思维和解决问题的能力，它们属于更高级别的学习能力，需要学生参与更加复杂的学习、思考过程。

以北京版英语三年级下册第二单元第 6 课为例，本课的话题是与他人从形状和颜色这两个方面讨论某种物品的外观，能够运用"What's your watch like? It's square, and it's black."进行问答。在实际的教学过程中，学生对这个话题十分感兴趣，他们乐于向小伙伴介绍自己的物品。但是在实际的小组操练环节中，学生向我提出了自己的想法，他们对我说："张老师，我们在向别人介绍物品的时候，不仅仅从物品的形状和颜色这两个方面进行描述，有时候我们还会根据它的特点，说一说其他的特点，比如大小、长短和轻重等等。"孩子们的思考给了我新的启发。于是，在操练功能句型的环节中，我又很自然地引入了"big / small / long / short / heavy / light"等形容词，丰富了学生的语言，也有利于他们在情境中更加真实地表达自己的想法。

事实上，学生不是被动接受知识的授课对象，而是积极思考、主动学习的课堂参与者。教师需要给学生提供思考和学习的空间，通过丰富、有趣的课堂活动，激发学生的学习兴趣，促使他们能够主动地参与到课堂学习的整个过程,在学习中有所思考,在思考中有所收获。

我们每位老师都在这次"卓越教学"培训活动中学到了很多的教育教学理论知识。和其他老师一样,我会把学到的知识运用到自己的课堂之中,学以致用,努力为学生构建精彩的课堂。